山西省高等教育"1331工程"提质增效建设计划
服务转型经济产业创新学科集群建设项目系列成果

中国金融市场预期管理研究

王　琳 ◎ 著

Research on Expectation
Management in China's

FINANCIAL
MARKET

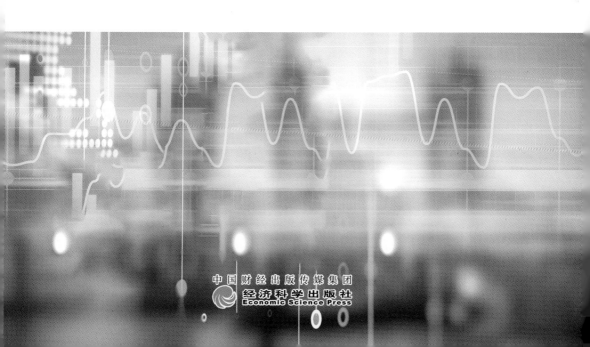

中国财经出版传媒集团
经济科学出版社
Economic Science Press

图书在版编目（CIP）数据

中国金融市场预期管理研究/王琳著 . －－北京：
经济科学出版社，2023.6
ISBN 978 - 7 - 5218 - 4785 - 7

Ⅰ. ①中… Ⅱ. ①王… Ⅲ. ①金融市场 - 研究 - 中国
Ⅳ. ①F832.5

中国国家版本馆 CIP 数据核字（2023）第 090178 号

责任编辑：杜　鹏　常家凤
责任校对：刘　昕
责任印制：邱　天

中国金融市场预期管理研究

王　琳　著

经济科学出版社出版、发行　新华书店经销
社址：北京市海淀区阜成路甲 28 号　邮编：100142
总编部电话：010-88191217　发行部电话：010-88191522
网址：www. esp. com. cn
电子邮箱：esp@ esp. com. cn
天猫网店：经济科学出版社旗舰店
网址：http：//jjkxcbs. tmall. com
固安华明印业有限公司印装
710×1000　16 开　14.75 印张　250000 字
2023 年 6 月第 1 版　2023 年 6 月第 1 次印刷
ISBN 978 - 7 - 5218 - 4785 - 7　定价：78.00 元
（图书出现印装问题，本社负责调换。电话：010 - 88191545）
（版权所有　侵权必究　打击盗版　举报热线：010 - 88191661
QQ：2242791300　营销中心电话：010 - 88191537
电子邮箱：dbts@ esp. com. cn）

总　序

　　山西省作为国家资源型经济转型综合配套改革示范区，正处于经济转型和高质量发展关键时期。山西省高等教育"1331工程"是山西省高等教育振兴计划工程。实施以来，有力地推动了山西高校"双一流"建设，为山西省经济社会发展提供了可靠的高素质人才和高水平科研支撑。本成果是山西省高等教育"1331工程"提质增效建设计划服务转型经济产业创新学科集群建设项目系列成果。

　　山西财经大学转型经济学科群立足于山西省资源型经济转型发展实际，突破单一学科在学科建设、人才培养、智库平台建设等方面无法与资源型经济转型相适应的弊端，构建交叉融合的学科群体系，坚持以习近平新时代中国特色社会主义思想为指导，牢牢把握习近平总书记关于"三新一高"的重大战略部署要求，深入贯彻落实习近平总书记考察调研山西重要指示精神，努力实现"转型发展蹚新路""高质量发展取得新突破"目标，为全方位推动高质量发展和经济转型提供重要的人力和智力支持。

　　转型经济学科群提质增效建设项目围绕全方位推进高质量发展主题，着重聚焦煤炭产业转型发展、现代产业合理布局和产学创研用一体化人才培育，通过智库建设、平台搭建、校企合作、团队建设、人才培养、实验室建设、数据库和实践基地建设等，提升转型经济学科群服务经济转型能力，促进山西省传统产业数字化、智能化、绿色化、高端化、平台化、服务化，促进现代产业合理布局集群发展，推进山西省产业经济转型和高质量发展，聚焦经济转型发展需求，以资源型经济转型发展中重大经济和社会问题为出发点开展基础理论和应用对策研究，力图破解经济转型发展中的重大难题。

　　山西省高等教育"1331 工程"提质增效建设计划服务转型经济产业创新学科集群建设项目系列成果深入研究了资源收益配置、生产要素流动、污染防控的成本效益、金融市场发展、乡村振兴、宏观政策调控等经济转型中面临的重大经济和社会问题。我们希望通过此系列成果的出版，为山西省经济转型的顺利实施作出积极贡献，奋力谱写全面建设社会主义现代化国家山西篇章！

编委会

2023 年 6 月

前　言

在全球经济下行，国内外经济复杂性、不确定性等多重因素叠加背景下，外部冲击和内部调整极易引发金融市场波动，甚至演变为"大动荡"，加强预期管理、平抑金融市场波动已成为中国乃至全球高度聚焦的重大问题。随着政策透明化趋势和预期管理思潮逐步成熟，中国政府将预期管理提高到重要战略位置，尤其在如今经济发展面临需求收缩、供给冲击、预期转弱三重压力的后疫情时代，金融市场震荡与波动使传统国家调控与监管措施遭遇挑战，仅依靠传统政策干预已无法满足新形势下国家宏观调控的需要，因此，将预期管理纳入宏观调控框架，完善预期管理体系，成为推进金融体系和治理能力现代化的必然选择。

本书以稳金融战略为指引，立足我国金融市场发展需要，以构建更为有效的预期管理及宏观政策框架、实现金融市场稳定为最终目标，旨在归纳梳理国内外经典案例及实践进程，为我国金融市场构建预期管理框架提供经验总结；构建理论模型，明晰预期管理平抑金融市场波动的内在机理；运用实证方法，评估当前我国预期管理稳定金融市场的政策效应；基于现实、理论以及实证研究三重驱动，提出优化预期管理政策框架的策略选择。

本书是我们过去几年国家社科基金项目研究的一个总结，针对金融市场预期管理的一系列重要问题进行了长期认真的跟踪、研究和推敲，以期能够经得起时代的检验。我们采用广泛的国际视野、丰富的文献资料、扎实的数据逻辑、严密的实证计算，试图寻找争论背后的真相以及事实，进而建立中国金融市场预期管理的逻辑框架，以期既能够很好地解释过去，又能够可靠地推演未来。

王琳

2023 年 4 月

目　录

第一章　绪　论

第一节　研究背景及内涵界定

一、研究背景

2008 年金融危机爆发后，国际金融市场动荡，各国央行大幅降息以应对危机、刺激经济、缓和衰退。在零利率下限约束、常规货币政策失效的大背景下，前瞻性指引等非常规手段成为发达经济体货币政策的新取向，对调节和维护宏观经济稳定发挥了重要作用。尤其在后疫情时代，中国正在经历"百年未有之大变局"，经济发展面临"需求收缩、供给冲击、预期转弱三重压力"，仅靠传统政策干预已无法满足新形势下国家宏观调控的需要，因此，将预期管理纳入宏观调控框架成为必然选择。

二、内涵界定

（一）稳金融战略

2021 年中央经济工作会议提出要坚持"稳字当头，稳中求进"工作总基调，继续做好"六稳"工作，而稳金融在"六稳"工作中起到了重要的支撑和促进作用，具有重要意义。稳金融战略下，宏观政策在实施过程中主要包括以下三个目标。一是坚守币值稳定这一根本目标，包括对内稳定和对外稳定，对内稳定是指保持物价水平基本稳定，即物价总水平在合理区间内变化，不发生大幅波动，能够为就业和经济增长营造良好的货币金融环境；对外稳定是指保持汇率水平基本稳定，即实现人民币汇率在合理均衡水平上基本稳定。二是保持宏观杠杆率基本稳定。稳金融要实现稳杠杆，保持流动性的合理充裕，即货币信贷、货币供应量、社会融资规模增长等指标要同经济发展相适应。三是防控重大金融风险，金融的核心功能是风险控制，稳金融就要深化对金融风险本质、特征、表现形式、产生根源、传染机制等的认识，守住不发生系统性金融风险的底线。

学术界对金融稳定的界定主要集中在三个方面：一是金融机构、金融市场等金融体系构成要素的稳定（Crockett，1997；吴晓灵，2004；吴念鲁，2005），即金融市场基础设施运行良好，金融体系能够承受冲击，金融系统运行良好；二是金融体系能够正常发挥资源配置、风险管理等方面的职能（Schinasi，2004；中国人民银行，2005；邹平座，2005），能够提高实体经济效率；三是采用反证归纳法，即阐释金融脆弱性、金融不稳定性、金融危机等（Minsky，1982；刘锡良，2003；周小川，2004），金融不稳定，即金融资产价格大幅波动或金融机构发生违约等现象，金融脆弱和金融不稳定均可能通过各种方式影响金融体系的正常运行，威胁宏观经济表现，甚至引发金融危机。关于金融稳定的衡量指标，学术界也进行了大量研究，目前主流的方法有宏观压力测试（Gray，2007；刘晓星，2008；马德功，2013；彭建刚，2015）、构建金融稳定指数（Butters，2011；何德旭，2011；方兆本，2012；徐国祥，2017；施建淮，2017）以及风险预警指标（Knedlik，2007；刘莉亚和任若恩，2002；任碧云，2015；张金林，2019），还有以复杂网络、随机网络、社会网络为主的网络分析法（Allen，2009；隋聪和迟国泰，2014；曹廷求，2017；张金清，2018；杨子晖，2019）。

影响金融稳定的因素较多，宏观层面包括经济政策的不确定性，如货币政策不确定性及宏观审慎监管等（Mishkin，2001；Woodford，2010；江曙霞，2012；庞晓波，2018；潘敏，2019）；资本账户开放及跨境资本流动也会在很大程度上影响金融稳定性（Bhagwati，1998；庄起善，2013；王曦，2016；金雪军，2019）；此外，商业银行、影子银行等金融机构也会影响金融稳定（Meeks，2013、2017；封思贤，2014；方先明，2017；马亚明，

2018）；微观层面投资者行为，如羊群行为、投资者预期改变等因素均会影响资产价格，从而影响金融市场的稳定（Oliver，2008；陈国进，2009；许年行，2012；唐齐鸣，2015），而资产价格稳定是金融稳定的重要条件。上述种种因素会通过多种渠道作用于金融市场，影响金融稳定，如利率渠道（Driffilla，2006；胡援成，2015；项后军，2017）、汇率渠道（Lipschitz，2006；赵进文，2013；朱孟楠，2019）、资产价格渠道（Shin，2008；谭政勋，2011、2015；沈悦，2019）、流动性渠道（Brunnermeier，2009；陆磊，2016；巴曙松，2018）以及信息渠道（Myers，2006；刘锡良，2003；唐清泉，2019）。金融不稳定会造成不确定性效应，如实体经济的联动效应（Levine，1993；刘传哲，2011；陈守东，2013；马勇，2016）以及对政策协调性的影响（Kannan，2009；方意和赵胜民，2012；王爱俭，2014；范从来，2017）。

（二）预期管理

预期是一种社会心理现象，是人们的一种心理活动，从经济学角度来说，是指经济行为人根据自身获取的信息、知识，运用各种技术手段对未来经济变量做出预测，并改变自身投资决策等行为的一种现象。预期在经济金融活动中起着至关重要的作用。其一，通胀预期只是一种心理预期，并不是真正的通货膨胀，但会影响经济主体的行为，强烈的通胀预期会改变消费者和投资者的行为决策，推动形成实际通胀，并有可能造成物价水平的螺旋式上升，进而影响经济和社会稳定。其二，预期是影响资产价格的重要因素。根据巴斯克（Bask，2012）的研究，资产价格为基础价值 q_t^f 与预期资产价格 q_t^e 的加权平均，ω 为基础价格的权重，$0 \leqslant \omega \leqslant 1$。则有：

$$q_t = \omega q_t^f + (1 - \omega) q_t^e + \varepsilon_{q,t} \tag{1.1}$$

其中，$\omega = 1$，资产价格完全取决于资产的基础价值；若 $\omega = 0$，则资产价格完全取决于预期因素。根据行为金融理论，投资者并非完全理性，在做出决策时会受到认知偏差、过度自信、从众心理等各种因素的影响，导致追涨杀跌和价格泡沫等现象，在这种情况下，ω 的值偏小，更接近于 0，即资产价格更多由预期因素决定。其三，从金融风险传染角度看，基于有限理性、认知偏差以及投资者预期的微观机制是风险传染的重要机制，风险传染的另一项重要来源是持有共同资产等导致的降价抛售渠道，当市场预期悲观时，持有共同资产的金融机构降价抛售，导致资产价格大幅下降，引起金融市场震荡，造成风险传染现象。最后，根据博弈理论，博弈双方会根据自身预期去预测其他参与者的行为，并采取能够使自身利益最大化的策略决定，预期管理主体与社会公众就是博弈的双方，为了实现自身利益最大化，他们可能会调整自身策略决定，在这个过程中可能会导致动态不一致性、公信力降低、社会福利损失等问题。由此可见，预期是影响经济发展和金融稳定的关键因素，预期管理也尤为重要。

广义上的预期管理是指政府等预期管理主体通过政令法规、政策承诺、信息披露、举行会议并公布纪要、发表讲话等方式，对政策工具、政策调整、经济统计数据等内容进行界定、说明、解读，向社会公众传递信号，使政策在某种程度上可以被预见，起到前瞻性指导作用，进而引导市场上的不同预期向政策目标收敛，最后达成一致性预期，从而实现有效管理预期、达到政策目标的效果。

早期预期管理主要是指对通货膨胀预期的引导，如较多国家所采用的通货膨胀目标制，即货币当局制定通胀目标并向市场公布，同时向公众承诺在未来一段较长的时间内，都会将通货膨胀稳定在较低水平，并将其作为货币政策的首要长期目标（Bernanke et al. , 1999）。通货膨胀目标的设定和沟通，能够锚定公众长期通胀预期，降低未来不确定性。随着预期理论的发展，预期管理形式更加多样，内容更加丰富，包括对政策利率的承诺、对汇率等资产价格走势的预测以及对宏观经济形势的描述等。

预期管理的主体是多样化的，国务院、央行、财政部、银保监会等各类政府监管部门均可以作为发声的主体向市场传递信息，但央行作为国家金融体系的核心，是国家干预和调控宏观经济的重要部门，是对公众进行预期管理的关键，从宏观经济方面来看，内需管理、市场和公众的经济预期管理的主要责任人都是央行。从政策效果方面看，央行货币政策实施效果越来越借助于央行沟通的预期管理功能。金融危机后，美联储率先形成了以前瞻性指引为核心手段的预期管理机制，通过会议声明、官员讲话等方式向公众传递政策信息，影响市场对未来政策变化的预期。中国央行也通过发布报告、开通微信公众号、答记者问等多种渠道来进行市场沟通，从而引导公众预期。

预期管理是一门与市场对话的学问，更是一门艺术。恰当、合适的政策沟通能够及时引导市场情绪，稳定金融市场，调整宏观经济动态，为政策本身提供补充，提高政策执行效率，实现预期管理目标；而过度的政策解读则可能造成资源的浪费与社会福利的损失。正确加强预期管理，需要努力提高政府宏观调控的能力，提升政府公信力，即要使经济主体相信政府对宏观经济的分析和判断，相信政府出台的相关政策措施，配合政府推动经济发展，也就是让政府能够真正引导微观主体的行为。因此，政府对宏观经济发展现状的准确判断、措施的针对性、调控的及时性等都是预期管理的重要内容，也是政府树立威信、提升公信力的重要途径。加强沟通，构建信息通畅的政策传导机制，增强前瞻性、精准性、自主性，是实现预期管理有效性的重要途径。

如上所述，基于资产价格波动、金融风险传染、预期管理、公共选择、重复博弈等理论，本书界定：预期管理是以引导市场参与主体预期为主旨，以政策性工具（实际干预）和沟通性工具（信息披露、政策沟通、回应等）为手段的金融风险管理措施。

（三）资产价格波动

对资产价格波动的内涵进行界定，首先要明晰本书研究的"资产"范围，会计学意义上的资产是指企业过去的交易所形成的，预期未来能够为企业带来收益的资源。与会计学领域不同，本书聚焦经济学、金融学领域概念，认为资产是具有交换价值、商业价值，可以作为价值贮藏的所有权或财产，其最本质的特征是收益性。根据是否具有实物形态，资产可以分为实物资产和金融资产，实物资产一般以实体或物质形式表示，归以等量的价值，如房地产、机器设备、土地资源等。与之相对应的是金融资产，具体指单位或者个人所有的以价值形态存在的资产。银行存款、股票、债券、外汇、大宗商品以及期货期权等衍生品都属于金融资产。本书聚焦金融市场，所研究的资产为股票、债券以及外汇等金融资产。

资产价格与普通商品的价格相似，即为资产能够兑换为货币的数量或比率，是资产未来收益现金流的贴现值总和，亦即资产的货币表达形式，其本质是资产的货币转换能力。狭义的资产价格是指非货币形式的金融资产的价格，大致上包括股票、债券、外汇和基金等资产的价格。现有研究多数使用股票价格、房地产价格来作为资产价格的衡量指标，也有部分研究通过构建综合指数来表征资产价格（Goodhart and Hofmann，2001）。资产价格是一个动态概念，根据劳动价值理论，价格总是围绕价值上下波动，资产价格产生偏差时，资产价格便会波动。本书中资产价格记为股票、债券、外汇等金融资产的收益率。

资产价格的波动具体是指资产的市场价格相对于基础价格所偏离的程度大小，即资产的价格脱离基本面支持的价格。金融市场的价格波动是市场风险最为核心的体现，金融资产的价格波动也呈现出更为复杂的非均衡状态。总体来看，金融资产价格波动呈现如下特征：一是波动的集聚性，指金融资产的价格或收益率在时间上呈现正相关关系，即市场在经历程度较大的波动后仍然会紧接着出现一个幅度较大的波动，程度较小的波动会紧随另一个幅度较小的波动，并且波动性相似的各个阶段往往会聚集在一些特定的阶段；二是波动的非对称性，即市场上的信息带来的资产价格波动是不对称的，坏消息带来的资产价格波动程度要远大于好消息所引起的价格变化；三是波动的长期记忆性，由于滞后性以及投资者关注、投资者偏差等原因的存在，信息对市场造成的影响会在长期内始终持续，因而波动会长期累积；四是波动的联动性，金融市场的波动并不仅受到历史波动的影响而存在于孤立的单个市场间，由于资本、信息的自由流动，跨市场交易、投资者情绪传染等现象的普遍存在，不同市场之间存在着紧密的联系，一个市场的价格波动信息和风险会对其他市场产生冲击，因此，某个市场的价格波动也会受到其他不同市场的影响。

资产价格波动的驱动因素较多，宏观方面的因素包括货币政策调控、宏观审慎监管和央行实际干预（Friedman，1982；Mishkin，2001；易纲，2002；王擎，2009；王曦，2017；陈浪南，2018），资本开放及国际资本流动也会影响汇率，进而影响资产价格（Abdalla，1997；Kim，2008；刘莉亚，2008；杨子晖，2012；朱孟楠，2017），此外，信贷扩张导致的流动性螺旋及杠杆效应也会驱动资产价格波动（Hansman，2018；陈继勇，2013；刘晓星，2018；王永钦，2019）；微观方面的因素有媒体信息、市场预期及投资者行为等（Dasgupta，2010；胡昌生，2013；张谊浩，2014；刘善存，2017；李正辉，2018）。

资产价格波动是引发金融不稳定的重要诱因和表现形式。资产价格波动会产生不确定效应，包括对消费、投资和通货膨胀的传导效应（Tobin，1997；Iacoviello，2005；郭田勇，2006；高波，2012；马亚明，2014），与实体经济的联动效应（Fama，1990；吴晓求，2006；张定胜，2018），对经济周期的解释效应（Bernanke，1999；赵振全，2003；吕江林，2005；何德旭，2010）以及对宏观经济、金融稳定性的冲击效应（Flemingetal，1998；Zigrand，2008；桂荷发，2008；陈雨露，2012；张金清，2018）。资产价格波动是主导宏观经济周期的主要因素之一，但经济稳定只是资产价格稳定的必要而非充分条件。要避免资产价格的大幅波动，实现金融稳定，就要发挥预期管理作用，提高货币当局独立性和政策透明度，减少由于预期失衡和政策传导不畅造成的市场波动（张山珊和何启志，2021）。

第二节　稳金融战略下预期管理的现实基础与内容体系

一、现实基础

（一）充分发挥政府作用推进金融治理体系和治理能力现代化

中华人民共和国成立 70 多年来，我国金融业发生了翻天覆地的变化，已发展成涵盖信贷市场、货币市场、债券市场、股票市场、外汇市场、保险市场等多元化业态的大国金融，基本建成了具有中国特色的，包含金融市场、金融服务、金融监管、金融调控以及对外开放体系的金融治理体系。第一，金融的本质是服务实体经济，目前我国利率市场化逐步完善，资本市场逐渐成熟，金融科技发展迅速，对外开放水平稳步推进，已建立起能够满足居民、企业等不同微观经济主体，具有不同风险特征金融需求的全方位、多层次的金融支持服务体系。第二，现代化的中央银行制度逐步完善，央行独立性增强，政策工具箱丰富，数量型货币政策向价格型货币政策转型进程加快，基础货币投放结构趋于优化，多维度的政策体系逐步建立，利率双轨化现象逐渐消除，宏观调控及监管能力加强。第三，更加开放的国际化金融体系逐步建立，人民币国际化水平不断提高，跨境资本流动规模增加、便利度和效率提升，汇率制度改革不断深化，汇率市场化机制逐渐形成。第四，金融体系平稳运行，金融风险总体可控。金融机构合规运营，公众预期稳定乐观，金融监管精准到位，存量风险逐步化解，违约风险处置妥善，牢牢守住了不发生系统性金融风险的底线。

但在充分肯定成绩的同时，仍有许多困难和问题值得关注。当前世界经济仍处在国际金融危机后的深度调整期，不确定性因素增多，同时国内经济发展结构性、体制性、周期性问题相互交织，预期转弱，局部风险放大，我国金融发展仍有许多亟待解决的问题。第一，金融市场化深度不够，存在货币政策传导机制不够通畅，利率及汇率的市场化机制不够健全，市场定价存在扭曲现象等问题。第二，央行独立性及专业性仍有不足，难以在多重目标之间保持协调性、清晰性，政策工具实践效果有待提升。第三，对外开放及国际化程度亟待提高，在国际环境严峻复杂，货币竞争加剧的背景下，我国当前国际化范围较实体经济发展来说相对落后，相应基础设施及配套体系有待完善。第四，不确定性复杂性背景下，金融机构风险、金融监管风险、跨境资本流动风险以及债务、实体产业等风险仍然存在。这些不稳定因素的存在，是金融治理体系和治理能力不足的内在表现，也是对国家治理体系和治理能力现代化的抑制。

为此，我们必须立足国情，充分发挥政府作用，对政府行为边界用法规予以界定和约束，让金融领域微观主体最大限度地发挥其积极性，使我国丰富的金融资源成为提升实体经济资源配置效率的引导性力量，实现市场机制的决定性作用，实现有效政府和有效金融市场双重目标。既要在经济运行、金融发展、公共服务等方面切实发挥好政府调控作用，又要在资源配置方面尊重市场主体地位，发挥市场决定性作用，推动金融治理体系及治理能力现代化。主要从以下三个方面进行。

一是发挥政府作用加强风险识别，重点防范化解金融风险，继续完善"一委一行两会"为主体的金融监管框架，提升政策监管实践效果，加强宏观政策框架、金融监管框架、风险监测、预警与处置机制等制度之间的协调性、稳定性，牢牢守住不发生系统性金融风险的底线。二是发挥政府作用提升金融职能效率，加强基础设施及配套设施建设，大力发展金融科技，从实际出发解决问题，侧重服务实体经济，提供民生保障，进一步深化金融领域改革，建立现代化的金融服务体系。三是深植国情，多元化治理手段，优化治理范围和领域，多样化治理主体，提升执行力、治理效能，构建全方位、多层次治理能力体系。

（二）完善我国货币政策、宏微观审慎监管预期管理体系

2008 年国际金融危机后，理论和实务界在世界范围内重新反思并探讨了宏观政策框架，认为货币政策的比较优势是稳定经济增长和通货膨胀，而宏观审慎政策在维护金融稳定方面则略胜一筹，货币政策与宏观审慎政策之间存在潜在冲突和协调机制。在这样的大背景下，提升货币政策及宏观审慎监管的透明度，及时为市场提供有关金融稳定、系统性风险的信息、分析和建议，强化预期管理就显得尤为重要。

近年来，国际社会继续完善宏观审慎政策框架，我国结合社会主义具体实践和经济发展形式，不断借鉴国际经验，完善宏观审慎管理框架，先后建立金融稳定委员会和人民银行宏观审慎管理局，加强金融政策统筹协调，开展系统性风险监测和宏观审慎评估，完善系统重要性金融机构监管，限制金融机构间关联程度和金融业务的复杂程度，同时，重点加强资产管理业务监管标准，强化跨境资本流动宏观审慎管理，在此基础上统筹监管金融基础设施。另外，货币政策环境及其变化也对金融稳定影响较大，因而宏观审慎要加强与货币政策协调配合，在决策过程中考虑货币政策取向，加强与相关部门的政策沟通及交流，审慎评估政策效应及执行效果，避免政策叠加效应给宏观经济带来溢出及新的不稳定因素。同时，加强现代央行制度建设，健全现代货币政策框架，完善预期管理制度框架，保持相关政策的连续性和稳定性。

二、内容体系

基于理论和现实双重驱动考量，本书研究构建如下内容体系。

（一）预期管理平抑金融市场波动的基本理论

（1）金融市场预期管理内涵界定。基于资产价格波动、金融风险传染、预期管理等理论，界定预期管理是以引导市场参与主体预期为主旨，以政策性工具（实际干预）和沟通性工具（信息披露、政策沟通、回应等）为手段的金融风险管理措施。

（2）从预期到预期管理的理论演变。梳理从传统预期理论到现代预期管理理论的发展及演变过程，明晰预期管理的本质、手段、特点、核心、工具等多层次问题，构建理论框架，为后续研究奠定坚实基础。

（二）预期管理平抑金融市场波动的内在机理

（1）预期管理政策市场信号价值以及预期管理有效性。建立央行预期管理模型，将市场参与者群体经济行为纳入模型，从信息角度探析央行对市场信息的最优依赖度，为如何进一步提高预期管理有效性提供理论指导。

（2）异质性预期、学习型预期下的预期形成及演化机制。构建德格鲁特社会网络模型，以理性预期为出发点，考察不同种类市场参与者预期变化的相互影响，以此判定央行预期管理及政策透明度所引发的市场主体预期变化、决策行为调整及其他参与主体决策影响等是影响金融稳定的重要因素。

（3）预期管理平抑金融市场波动的必要性及政策传导机制。基于利率预期、内生因素以及突发事件下投资者情绪分析央行预期管理对股票市场收益率的影响机理；基于收益率效应、信息效应以及利率期限结构理论梳理预期管理影响债券市场价格的作用机制；基于信号传导、协作传导明晰汇率市场沟通作用的作用机理。为加强金融市场预期管理找到可靠的理论依据。

（三）预期管理平抑金融市场波动的典型案例和经验总结

归纳、梳理、总结国际主要经济体预期管理的实践进程，通过经典案例分析和国别比较研究，提炼预期管理稳金融的应用场景，探究预期管理稳金融的新维度和关键影响，为我国完善预期管理政策框架、提升预期管理有效性提供经验参考。

（四）预期管理平抑金融市场波动的效应评估

（1）宏观层面预期管理平抑金融市场波动有效性比较。

（2）货币市场。

（3）股票市场。

（4）债券市场。

（5）汇率市场。

四个金融市场分别按照如下框架完成政策效应评估。

指标体系构建：构建包含社会融资规模预期偏差、经济预期偏差、信息沟通等变量的货币市场（隔夜拆借利率、同业拆借利率）、股票市场（指数收益率）、债券市场（国债收益率）、外汇市场（人民币汇率）影响因素指标体系。

指标数据提取及文本数据处理：从数据库中提取指标数据（对应政策性工具），从文本资料中提取非结构化数据（对应沟通性工具）。非结构化信息通过文本预处理及文本数值化，删除冗余信息，使用 jieba 分词工具将文本转化生成计算词典，借助 PyTorch 计算框架实现文本分析。

有效性检验：针对货币市场构建社会融资规模预期偏差指标，建立异质性社会网络模型；针对股票市场、债券市场建立包含政策工具、沟通工具和资产价格波动的实证模型，进而建立非对称性 EGARCH 模型、带有随机参数的向量自回归 TVP-VAR 模型以及多元回归及分组回归模型；针对汇率市场进行典型案例分析及经验总结；评估预期管理稳定金融市场的政策效应。

（五）预期管理稳定金融市场的策略优化

（1）基于信息质量的优化策略。采取文本分析法提取典型措辞，采用 Python 语言的 pandas、jieba、csv 软件包，统计措辞在文本中的出现频率，构建货币政策、经济形势等言辞沟通指数；结合各类政策性工具特征以及实践操作效果，考察预期管理信息质量，判断可信度。

（2）基于社会福利的评价指标优化策略。基于收入、消费、分配和就业四个一级指标，选取其包含的 9 个二级指标，采用熵值法确定权重，构建社会福利指数，研究预期管理、社会福利、金融稳定之间关联性，进行模型分析，依托结构向量自回归（SVAR）脉冲响应结果作为研判依据。

（3）预期管理稳定金融市场的策略选择。通过上述实证研究结果，综合考察我国现有预期管理框架下，信息数量、信息质量、及时性、清晰度、政策透明度等多层次、多维度，评价当前机制下的不足之处，并综合提出改进方向，优化策略选择。

（六）构建预期管理稳定金融市场的政策支持体系

（1）微观层面明确公众政策需求。加强政策沟通与协调，建立双向信息传递渠道等。

（2）中观层面开发和利用各种预期管理工具。提升各种工具对预期管理的支撑能力，逐步形成金融市场预期管理机制和惯例。

（3）宏观层面为政府构建金融市场预期管理体系提供政策建议。建立金融预期管理制度体系，为推进金融治理体系和治理能力现代化提出政策建议。

第三节　文献综述

一、金融市场波动及应对措施

（一）货币市场波动及应对措施

货币市场波动，主要关注市场利率波动以及流动性波动两大问题。市场利率是金融资产定价、社会生产运行、国际借贷等经济金融活动的参照基准，流动性也是资产价格稳定、经济平稳运行的重要基础，货币市场稳定对于金融市场稳健运行、实体经济发展具有重要意义。关于货币市场的波动，学者们进行了如下三方面的研究：一是影响货币市场以及造成市场波动的因素，二是市场波动的宏观经济及金融效应，三是应对货币市场波动的措施。

关于影响市场利率及其波动的原因，学者们考虑最多的是货币政策的影响，有学者将货币市场利率的波动作为货币政策冲击的代理变量，并在长期宏观经济框架下考察经济增长、通货膨胀等问题（Bemanke and Blider，1992）；也有较多学者从商业银行视角出发考察市场利率的波动，在理性预期视角下，在商业银行准备金波动程度较小时，逃离成本因子和冲击因子能够解释市场利率波动的绝大多数原因（Campbell，1987）；部分学者通过VAR 方法研究我国银行间同业拆借市场上的利率风险，研究结果表明利率风险较低，且货币市场利率存在反杠杆性，即利率上升时的波动性大于利率下降时的波动性（李成和马国校，2007；王德全，2009）。

随着利率走廊系统的不断完善，相关研究也逐渐丰富。伍德福德（Wood-ford，2001）研究了这一机制对货币市场利率波动的影响，结果表明，利率走廊机制有效缓解了商业银行面对冲击时的恐慌情绪，在商业银行准备金需求发生变化时降低了货币市场利率的反应。有学者研究发现，利率走廊机制可以有效引导市场预期，降低货币市场利率波动（牛慕鸿等，2017）。也有学者通过建立货币市场流动性供求模型，解释货币市场的利率时滞性问题，研究表明，央行货币政策操作及实际干预行为能够在一定程度上影响商业银行等金融机构的流动性预期，从而改变利率水平，使货币市场利率相对接近于目标市场利率（中国人民银行营业管理部课题组，2013）。孙国峰和蔡春春（2014）认为，使用常备借贷便利这一工具来直接调控货币市场利率是一种较为可行的选择，从这一视角来看，央行政策透明度和精准性较为重要，当货币市场利率快速上升时，央行应采取操作向市场注入流动性，以降低市场利率。此外，市场信息的非对称性、市场摩擦（Bartolini et al.，2001）、经济是否处于危机时期、商业银行对流动性的预期（Allen et al.，2009）、银行自身规模和能力（Ashcraft et al.，2008）以及利率的跳跃过程（孔继红，2014）等因素均是导致利率波动的动态性因素。

在货币市场波动的经济金融效应方面，研究表明，隔夜拆借利率会影响经济指标（Blinder，1998），市场利率波动与银行借贷利率之间存在正相关关系（Gambacorta，2008），利率波动也是银行股票收益和波动率的主要影响因素（Kasman et al.，2011）；此外，大量研究集中在市场利率与商业银行及其风险之间的关系，例如，市场利率波动周期会影响商业银行绩效（冯鹏熙和龚朴，2006），还会影响银行信贷结构（李仲飞等，2021）、银行风险承担（黎智滔等，2021），以及信用风险（张蕊和吕江林，2017）等。

关于如何应对货币市场波动的问题，一部分学者主张将利率纳入通货膨胀测度，学者们构建出包含短期利率的货币条件指数（monetary condition index，MCI），包括货币市场利率的广义价格指数（Goodhart and Holfman，2002）等，用以指导央行货币政策，以应对市场利率波动。熊洁敏（2010）利用理论模型推导出最优利率反应函数，认为央行应构建金融状况指数，且货币政策将资产价格纳入考虑范围后可以减少福利损失，因而要盯住通货膨胀及内生最优利率反应函数。此外，较多学者提出"逆风而行"政策，并得到巴塞尔委员会、欧洲央行、国际清算银行等金融机构的广泛支持（Svensson，2017），金融稳定与经济平稳运行之间的目标是存在不一致性的，金融系统长期累积的不稳定因素可能会导致系统性金融风险，而利率的周期性变化也会影响实体经济的发展，中央银行应当权衡二者关系并实施相应政策（Borio and Lowe，2002）。也有学者提出要采取预防性货币政策，央行采取前瞻性货币政策能够限制私人信贷以减缓市场利率的大幅波动，进而稳定宏观经济（Bordo and Jeanne，2002）。连平和徐光林（2009）认为，央行在制定前瞻性货币政策时应当更多地考虑利率未来变动的可能性。部分研究从资产价格泡沫这一视角出发考察政策有效性，2008年金融危机以后，学术界和实务界在重新进行思考后意识到，如果能对资产价格泡沫进行预警，即较早地发现资产价格泡沫形成的趋势，并及早采取如改变货币政策倾向等措施，就能抑制资产价格泡沫形成及发展的趋势，进而避免泡沫破裂带来的影响，保证实体经济及金融市场的稳定。由此，部分研究进行前瞻性预测，着眼于资产价格泡沫的预警信息即领先指标，阿莱西和德肯（Alessi and Detken，2009）的研究表明，基于货币和信贷总量的全球流动性指标可以为央行提供有效的早期预警信息。

（二）股票市场波动及应对措施

股票价格受到众多因素的影响，财政、货币、宏观审慎等宏观政策、经济周期、市场利率、公司经营效益、市场参与者的预期、投资者情绪等都会对股票价格产生影响。

从宏观层面看，股票市场指数的波动性会受到宏观经济变量变化的显著制约（Bhuiyan and Chowdhury，2020），利率、汇率等宏观资产价格的变化和调整（杨继平和冯毅俊，2017）以及宏观经济的波动（郑挺国和尚玉皇，2014）均会对股票市场波动产生显著且正向的影响，货币政策以及政策环境的变化引起的流动性因素变化也会影响股市波动性（Lyócsa et al.，2019），利率的变化以及货币供应量调整等货币政策操作会对股票市场产生显著的正向冲击（汪澜等，2019）。也有研究注意到预期管理对股票市场的作用，皮罗和拉菲斯汀（Picault and Raffestin，2020）认为，只有未预期到的货币政策变化才会对股票市场形成异常冲击，更多的研究集中在央行沟通对股票市场的影响，研究表明，央行沟通会显著影响股票收益率，甚至产生溢出效应（Hayo and Neuenkirch，2010），同时也能够显著降低股价波动，起到稳定资产价格的作用（Hayo and Neuenkirch，2015），研究还发现，央行沟通的不同内容，如金融稳定沟通（肖争艳等，2019）、宏观审慎监管沟通（刘澜飚等，2019）等，在稳定股票市场方面会产生不同的效应。此外，经济政策的不确定性会造成股票市场波动的进一步加剧，放大市场风险（李力等，2018；He et al.，2020）。

从微观视角来看，投资者情绪是引起股票市场波动的重要因素。来自美国、印度等国家的经验均表明投资者情绪能够很好地诠释股市波动（Lee et al.，2002；Kumari and Mahakud，2015），国内部分学者也认为投资者情绪会对股市波动产生显著的正向冲击，投资者情绪的变化是引起我国股票市场波动的重要因素（胡昌生和池阳春，2013）。部分学者从不同角度对投资者情绪进行分类研究，结果表明，看涨情绪会减弱股市波动，而看跌情绪会加剧股市波动（Lee et al.，2002）；与之结论不同，陈健和曾世强（2018）认为，乐观情绪与悲观情绪都会加剧股票市场波动；也有学者认为理性与非理性情绪均会导致股票市场波动（胡昌生和池阳春，2013）。此外，还有学者研究投资者情绪影响股票市场的作用机制，认为噪声交易者（DeLong et al.，1990）、投资者认知偏差（Barberis et al.，1998）等因素均会影响到投资者行为进而影响股票价格。

关于股票市场波动的应对措施，学者们也进行了大量探究，在较长时间内，经济学家们均认为，没有严重通货膨胀时，货币政策不应关注资产价格因素，即货币政策不应考虑金融稳定目标，应该保持独立性，并以稳定通胀和产出为核心诉求（Kindleberger，1995；Merrouche and Nier，2017）。日本央行制定货币政策时提出应"善意忽视"金融稳定目标（Sato，2014）。2008 年国际金融危机后，更多学者认为，将资产价格和金融稳定融入货币政策目标中可以防止资产价格泡沫破裂产生危机（Woodford，2012），并提出构建宏观审慎框架，目前，预防系统性金融风险的发生以及稳定宏观经济需要货币政策与宏观审慎政策之间的协调搭配这一观点已经得到大多数学者的认可（Svensson，2018；马勇和陈雨露，2013；王爱俭和王璟怡，2014）。此外，经济政策制定者与监管当局在发布政策时应该正确认识到政策的变化实施对股票市场波动产生的定性及定量的影响，从而致力于使政策的实施保持连续性和稳定性，避免发生朝令夕改的情况，通过稳定经济政策的实施，降低经济政策的不确定性，从而使股票市场达到健康稳定优序发展的最终目标（雷立坤等，2018；田磊和林建浩，2016；李力、宫蕾和王博，2018）。

（三）债券市场波动及应对措施

国内外学者对于债券市场波动相关方面的研究，已取得了许多有价值的成果，麦克纳利和费里（McEnally and Ferri，1982）研究发现，公司债收益率波动与公司债评级呈现负相关关系。弗莱明等（Fleming et al.，1998）在 1987 年股市出现超级低迷后，对股票、货币和债券市场之间的联系进行研究，结论表明，股票、货币和债券市场之间的联系逐渐加强，这种联动性引起了债券收益率的波动。波勒斯勒文等（Bollerslev et al.，2000）以美国国债为研究对象进行实证研究，发现债券市场开盘中间波动主要是由于信息公开。斯肯缇滋和蕾非奈（Skintzi and Refenes，2006）以欧洲债券市场为对象研究债券波动的溢出效应，结果表明，美国和整个欧盟债券市场会对单一欧洲国家债券市场产生一定的波动溢出效应，并且欧元的使用会增强这种波动溢出效应，从而增加欧盟债券市场的关联度。胡耶和马克宁（Goeij and Marquering，2006）研究发现，重大公告会对债券市场波动产生显著影响。西法雷利和帕拉迪诺（Cifarelli and Paladino，2004）的研究表明，尽管风险会跨区域传染，但对不同区域的债券进行投资仍然可以有效降低风险。

国内部分学者通过将交易所债券市场与银行间债券市场进行比较来解释我国债券市场波动性。研究者多使用非对称的 GARCH 模型来研究债市波动，吴雄伟和谢赤（2002）发现，债券市场利率波动性随利率的增大而增强。在交易所市场与银行间市场的对比研究中，学者们发现，银行间国债市场上的债券波动比交易所市场上的大，说明交易所市场的功能、效率优于银行间债券市场（袁东，2004），交易所市场和银行间市场的这种分割效应导致了国债的波动性较大，徐小华（2007）利用主成分分析与情景分析相结合的方法比较交易所和银行间债券市场利率期限结构风险值，结论表明，交易所市场中短期债券的利率风险大于银行间债券市场，而长期债券的利率风险却小于银行间债券市场。徐小华等（2006）运用 STAR-ARCH 模型和 EGARCH 模型研究银行间和交易所债券市场是否存在杠杆效应，结论表明，银行间债券市场价格波动中不存在杠杆效应，而交易所债券价格波动中存在明显的杠杆效应，这是由于两类市场对政策和信息冲击的反应程度不同。还有一部分学者研究债券波动的影响因素。肖喻和肖庆宪（2007）运用多元 GARCH 模型对企业债券波动传递效应进行研究，结果表明，相关产业的企业债之间存在双向波动溢出效应，而上游产业对下游产业企业债存在单向波动溢出效应。苏大伟等（2007）运用 ARCH 模型族研究我国债券市场利率波动，表明债券市场利率存在非对称性，并且存在相反的杠杆效应，即债券市场波动随利率上涨而增加。寇宣兵和吴浪霞（2008）运用 STR 方法证明企业债券和股票市场之间的波动关系，研究发现，企业债券与其相关联的股票波动存在非对称性，对于企业债券来说，"利空消息"引起的企业债波动比"利好消息"更大，而对于其相关联股票来说，则是"利好消息"引起的波动更大。杨辉（2009）从多视角研究我国债券利率走势与债券市场波动性，发现债券利率呈现在波动中不断上涨趋势。

（四）外汇市场波动及应对措施

由于央行对外汇市场干预行为的普遍性和广泛性，引发了越来越多的学者对该行为进行深入研究，研究范围也越来越广，运用的手段和模型也越来越丰富，包括外汇干预行为的理论基础研究、外汇干预行为的传导机制研究、外汇干预行为的有效性检验以及外汇干预的最佳时机及工具等，得出了一系列相当丰富的具有借鉴意义的结论。关于外汇干预行为的有效性方面，早期的研究对象大多数集中于发达国家，20世纪后越来越多的学者开始逐渐研究新兴市场国家。国外学者对秘鲁中央银行外汇干预行为的效果进行研究，发现其央行在外汇市场进行干预的过程中，对银行间汇率造成的非对称影响十分显著，而且对于减少和提高银行间汇率的有效程度也不同，干预对于前者更为有效（Lahura et al. ，2013；Adler，2015）。国内学者总结运用了事件分析法，运用我国实际经济数据，结合我国实际情况进行研究，结果表明，央行干预外汇市场存在显著的不对称性，即当人民币出现升值或者贬值时，央行干预行为的效果是不一样的，当人民币出现贬值时央行干预行为的效果更加有效（干杏娣等，2007；王霞，2013）。还有学者通过使用工具变量法研究了央行外汇干预对于汇率是否产生影响，结果表明，外汇干预行为确实会对汇率水平造成一定的影响，而且不论是进行正向的外汇干预还是负向的外汇干预，其产生的影响大小是一样的，故当外汇市场失灵时，央行外汇干预是一个有效的工具。对于外汇干预行为产生的效果所持续的时间这个问题来说，不同国家有不同的经济制度以及政治背景，因而外汇干预措施所产生的效果持续时间也不同（陈浪南等，2004；王维安等，2005）。虽然绝大多数学者的研究表明，央行对外汇市场进行干预是有效的，但是在干预过程中应该采用正确的手段和方法，以及精确把握干预的力度，如果央行采取的干预方向不正确甚至是相反的话，不仅不能够稳定汇率，反而会提高汇率的波动，干预力度过大或过小也是造成汇率波动的重要原因之一（奚君羊等，2008；李晓峰等，2010）。

部分研究聚焦于汇率干预的测度，早期各国中央银行普遍保持神秘主义，不愿意公布自己是否进行了外汇干预行为，关于外汇干预行为的相关数据来说就更难以获得。因此，在早期关于外汇干预的研究中，学者只能够通过研究外汇储备数量的变化来判断该国是否进行了外汇干预措施，但是这种测量方法具有很大的局限性。这些研究也缺乏完整的理论基础，没有运用有关模型去实证研究外汇市场与股票市场、货币市场等金融市场之间的联系，使得研究结果缺乏数据支持，不具有很强的适用性（Artus，1976）。随着外汇市场的不断发展，逐渐有学者将外汇市场的供求均衡和货币主义的供求模型结合起来，建立外汇干预行为的量化评价指标，研究中央银行在外汇市场干预过程中，可能为了稳定汇率而将会采用的货币调整行为（Girton，1977；Kim，1985；Burdeki et al.，1990）。国内学者结合我国实际情况，建立了包含中国产品市场、货币市场、外汇市场以及货币当局在内的中国开放宏观经济模型，利用工具变量法测量央行干预指数，得出如下结论：当人民币面临升值压力时，央行倾向于采取逆向干预，在外汇市场上卖出本币购入外币；当人民币面临贬值压力时，央行倾向于采取正向干预，在外汇市场上买入本币卖出外币。而且央行外汇干预措施在不同时期对于人民币升值或贬值的预期时不一样的，如在国际金融危机前后对市场预期的反应就存在很大的不同（卜永祥，2009；石建勋等，2015；林斌等，2013）。

在外汇干预目标与方式的研究方面，我国央行对外汇市场进行干预的主要目标是促进外汇市场供需平衡以及保持汇率基本稳定。但是在目标实现过程中也会带来其他问题，如外汇储备水平的变化、基础货币供应量数目的变化等（孙明春，1995）。国内学者通过构建理论和实证模型研究我国外汇干预行为，结论表明，我国外汇干预行为具有逆风向性、波动性、非对称性以及异方差性等特征（李科等，2010；谢赤等，2014），央行外汇干预行为能够起到逆风向干预和熨平汇率波动的作用。除此之外，蒋先玲等（2015）构建了包含产品市场、货币市场和外汇市场在内的分析框架，结合我国数据进行实证研究，认为当前我国外汇干预规模应该逐渐减少，外汇干预目标也应逐渐由稳定汇率水平转向稳定金融市场。此外，我国学者构建符合中国实际情况的央行外汇市场干预模型，提出一系列假设条件，在此基础上对不同的外汇干预行为及方式进行对比分析，研究认为，我国需要央行进行积极的外汇市场干预行为，而且主要采用的干预方式为冲销干预，再加上汇率具有非均衡型，还需要加强央行预期管理使外汇市场不断健康发展（苏桂富等，2008；李晓峰等，2009；祝炳奎；2002；叶迪，2013）。

（五）传统监管措施能够抑制金融市场的波动吗

传统宏观经济学中，新凯恩斯主义主张政府干预，而新古典宏观经济学派则主张自由放任，在全球经济逐渐趋于缓和的形势下，这一分歧逐渐模糊，并最终达成"新共识"，即货币政策的最终目标和主要任务是维持价格稳定，在相当长的一段时间内，理论及实务界均认为金融稳定是价格稳定的必要条件，货币政策应重点调控通货膨胀预期。这一共识在世界范围内受到高度认可，但 2008 年美国次贷危机爆发，进而引发全球金融危机使这一观点遭受质疑。学者们开始反思，并提出价格稳定并不一定意味着金融稳定，最多只是一种必要而不充分条件，同时指出，货币政策如果只关注通胀目标，由于经济金融在某些层面上目标的不一致性，就难以兼顾经济金融的双重稳定，因此，探讨包含金融稳定在内的多目标货币政策调控框架极为必要（Mishkin，2011；马勇，2013；邓创等，2019）。

多数研究已经表明，货币政策与宏观审慎政策"双支柱"调控框架在应对冲击、防范金融风险方面具有独特优势（叶莉等，2021），"双支柱"协调能够抵御金融市场的外部冲击（Angelini et al.，2011），也能够更好地应对非传统冲击（梁璐璐等，2014）。马丁内斯·米埃拉和罗伯洛（Martinez-Miera and Ropullo，2019）认为，宏观审慎政策在金融稳定方面更有效，并且能够带来更高的社会福利；尼尔和康（Nier and Kang，2016）认为，宏观审慎政策能够抑制货币政策对金融市场的副作用。

另外，自 2008 年金融危机以来，受到零利率下限约束，传统货币政策工具效力降低，以央行沟通为代表的预期管理工具得到迅速发展，预期渠道也逐步替代流动性渠道，成为货币政策产生效果的主要途径（Friedman and Kuttner，2010），预期管理成为货币政策精准滴灌的重要保障。经过多年的探索和发展，中国在货币政策预期管理方面已取得一定成效，能够通过央行沟通等政策工具起到引导市场预期，稳定资产价格的作用。但是，中国货币政策多重目标的限制，现有经济发展状况，金融体系的结构性问题，央行沟通的及时、明晰程度以及信息传递过程中的扭曲等现实问题都在一定程度上限制央行沟通的实际政策效果（李成和王东阳，2020）。因此，综合构建新时代下的包含货币政策、宏观审慎以及预期管理的政策框架成为未来趋势。

二、预期管理平抑金融子市场波动分析

(一) 货币市场

相比公众而言，央行具有信息优势（Romer and Romer，2000；王琳等，2020），主要表现在：与普通公众相比，央行更了解经济发展现状及前景；同时，作为货币政策制定者，央行与公众是信息不对称的双方，央行熟知自身未来将要采取的政策行动，而公众却无法准确预料这一事件。央行也更了解采取货币政策操作的真实目标、效用以及偏好。央行政策沟通能够有效缓解央行与公众之间的信息不对称，增强货币政策透明度（万志宏和曾刚，2013）。此外，央行主动与公众进行沟通，不仅可以增强货币政策透明度，而且可以起到引导公众预期，使市场向其合意的方向进行的作用（Winkler，2000）。市场主体也可以通过"适应性学习"改变自己原有认知，形成理性预期，从而使其行为朝着货币当局合意的方向变化（Evans and Honkapohja，2008）。

有关央行政策沟通影响货币市场利率的研究也较为丰富，德米拉尔普和约尔达（Demiralp and Jorda，2004）利用美国联邦基金利率数据研究发现，政策沟通能促进利率更快达到货币当局目标，冀志斌和周先平（2011）选取不同期限利率，利用 EGARCH 模型研究央行沟通对货币市场的影响，结论表明，政策沟通会对货币市场产生一定影响，且对短期利率的影响比对长期利率的影响更显著，此外，书面沟通的效力比口头沟通效力强，而在口头沟通中，行长沟通比其他人沟通效力更强。马理等（2013）选取中国银行业同业拆放利率 Shibor 的数据，通过运用 MVGARCH 和 Probit 模型研究央行沟通的有效性，研究发现，央行沟通对货币市场利率波动有显著影响，书面沟通与口头沟通对货币市场利率影响效果不同，其中书面沟通能够平抑货币市场利率波动，口头沟通则会影响利率水平。张强和胡荣尚（2014）研究央行沟通对不同期限利率的影响及其有效性，结果表明，央行沟通对短期利率有较为显著的影响，但对中长期利率的影响并不显著，口头沟通比书面沟通对货币市场的效用大，且央行沟通的影响存在非对称性，

紧缩型沟通对货币市场的影响比宽松型沟通大。

（二）股票市场

金融市场的运作过程中出现了很多具有争议性的话题，其中，关于货币政策的有效性、货币政策对股票市场产生的影响、央行的预期管理能否有效调节股票市场等都是值得分析探究的问题。预期管理是一个庞大而广泛的概念，对于特定的股票市场来说，央行通过语言和行为两种方式对股票市场进行预期管理，具体来说就是通过召开新闻发布会或实施特定货币政策以引导公众预期，最终达到调节股票市场的目的，而且两种方式产生的效果不同。通过语言沟通可以提高央行的重视程度，其效果是边际改善的；而实际行动所产生的效果是边际递减的（王宇伟等，2019）。除了央行的会议记录、新闻发布会的具体内容、管理人员的口头表述等，官员的讲话和相关的公告也会对股票市场的稳定性造成影响（肖争艳等，2019；Bennani et al.，2020）。

由于公众会对未来的情况存在预期，其现有的经济行为就会受到对未来的预期信息的影响，故央行有必要进行预期管理。巴罗（Barro，1977）认为，经济变量发生变化是因为相关信息没有被预期到，而预期到的信息则不会对经济变量造成影响。同样的，法玛（Fama，1970）基于有效市场假说，认为公众会根据自己已经获得的信息或者通过对未来情况的预测在股票市场中调整自己的投资行为，而一项具体的货币政策发生变动后，此时股票的价格当中已经包含了公众对未来的预测，造成股票市场波动的真正原因是那些没有被预测到的货币政策的变动实施。对于该问题，国内学者也开展了一系列研究且结论基本一致，陈国进等（2017）发现，我国的股票市场之所以会发生波动，是因为投资者对政策预期发生了变化而不是真实政策的颁布；朱小能和周磊（2018）认为，当公众对未来货币政策产生预期时，货币政策的颁布实施不会对股票市场造成波动，反之当公众没有对未来货币政策产生预期时，货币政策的颁布实施就会对股票市场造成冲击。

货币政策的核心在于预期管理，央行沟通可以通过信息传递引导市场预期，良好的信息传递有助于市场参与者更好地了解央行意图和行动，提高央行决策实际影响预期的程度，进而提高货币政策有效性（Woodford，

2005）。国内外学者通过构建理论和实证模型，研究央行沟通与通胀预期间的关系，发现央行沟通行为可以降低通胀和产出的波动程度（Demertzis and Viegi，2014），有效引导通胀预期，提高货币政策有效性（Hayo and Neuenkirch，2015）。因此，央行加大沟通力度能够更好地稳定通货膨胀（李云峰，2012），且信息的可信度越高，政策效果越好（陆蓓和胡海鸥，2009）。此外，部分学者对央行沟通和实际干预在引导通胀预期方面的效果进行比较，发现与传统货币政策工具相比，央行沟通在引导预期方面的时滞更短，且沟通工具与实际干预工具协调使用能够更有效地管理通胀预期（卞志村和张义，2012）。

在金融市场中，股票市场对信息较为敏感，因而央行沟通对于股价波动也有重要影响，研究表明，央行沟通会显著影响股票收益率，甚至产生溢出效应（Hayo et al.，2010），同时也能够显著降低股价波动，起到稳定资产价格的作用（Hayo and Neuenkirch，2015）。此外，研究还发现，央行沟通的不同内容，如金融稳定沟通（肖争艳等，2019）、宏观审慎监管沟通（刘澜飚等，2019）等，在稳定股票市场方面会产生不同的效应。

央行沟通作为一个重要的货币政策工具，具有时滞性短、灵活度高等诸多优点，已经越来越广泛地被许多国家所使用。我国股票市场结构与大多数发达国家股票市场结构不同，宏观政策信息以及媒体信息会更容易影响个体投资者的投资交易行为与决策。在我国的股票市场结构中，央行进行央行沟通、向市场传递信息就显得更为重要。通过央行沟通，不仅能够降低投资者获取信息的成本，而且能够在突发事件对股票市场造成剧烈波动时稳定投资者情绪。因此，加强预期管理与央行政策沟通，对于平抑股票市场波动、维护金融稳定具有重要意义。

（三）债券市场

央行能够利用政策沟通进行短期利率的预期管理，通过影响短期收益率推动长期收益率发生变化，从而实现货币政策传导。古瑟里和瑞特（Guthrie and Wright，2000）将央行沟通与传统的公开市场操作进行比较，基于新西兰的数据，研究央行沟通对不同期限债券收益率的影响，结果表明，央行政策沟通对不同期限的债券收益率均会产生显著影响，并且央行沟通比实际干预对债券利率的影响更大；古尔卡伊纳克等（Gürkaynak et al.，2005）运用美联储的相关数据得出了同样的结论；埃尔曼和弗拉茨谢尔（Ehrmann and Fratzscher，2007）研究发现，央行沟通对不同期限的债券收益率都有显著影响，并且能够降低债券市场波动性；康诺利和科勒（Connolly and Kohler，2004）通过研究 6 个不同国家央行政策沟通对债券收益率的影响，证明了政策沟通的有效性，并且证明了在不同地区书面沟通和口头沟通的效用大小不一致，进一步划分的结果表明，行长沟通的效用最大。我国关于央行沟通影响债券市场的研究起步较晚，王博和刘翀（2016）运用 EGARCH 模型研究央行沟通金融市场的影响，结果表明，央行沟通对短期债券收益率有显著且合意的影响，不同意图的央行沟通效果存在非对称性，宽松性沟通对债券收益率的影响大于紧缩性沟通，此外，随着利率市场化程度加深，央行沟通效果更好；谷宇等（2018）基于债券日度收益率数据，运用 EGARCH 模型研究央行沟通对债券市场的影响，结果表明，宽松性央行沟通会使债券收益率下降，紧缩性沟通会使债券收益率上升，书面沟通对债券市场的影响大于口头沟通，并且书面沟通倾向于降低债券市场波动性，而口头沟通则会提高债券市场波动性；张强和胡荣尚（2014）研究央行沟通对国债和企业债利率的影响，研究发现，央行沟通对短期债券利率比对中长期利率的影响更显著，悲观预期的央行沟通比乐观预期的央行沟通对债券利率的影响更大。

（四）外汇市场

央行沟通对汇率市场影响的研究成果较为丰富，法图姆和哈奇森（Fatum and Hutchison，2002）最早研究欧洲央行官员的沟通对汇率市场的影响，发现其言论能在短期内对欧元价值产生影响，但加拉蒂等（Galati et al.，2005）分析发现，央行口头干预行为对于汇率预期没有显著影响。哈恩（Haan，2005、2007）认为，汇率沟通应当更加注重本币汇率的波动程度，而不是仅仅关注对汇率水平的控制，弗拉茨尔（Fratzcher，2004、2006、2008）的研究表明，有效汇率沟通短期内会显著影响汇率水平而且会减少外汇市场的波动程度，克姆和辛（Kim and Sheen，2006）认为，央行汇率沟通行为能够增加政策透明度与央行公信力、权威性，社会公众会给予央行更多信任，从而能够起到稳定汇率市场的作用。众多研究均认为央行汇率沟通能够影响汇率水平，降低汇率波动程度，适当的演讲或声明可增强货币当局实际干预的有效性，汇率沟通应成为在实施实际干预后的一项补充政策工具（Beine et al.，2009）。贝克曼和楚达伊（Beckmann and Czudaj，2017）的研究表明，中央银行发布的正式政策公告文件能够对汇率预期产生显著性影响。

中国学者的研究也发现，央行汇率沟通能对人民币汇率以及汇率预期产生合意的影响（李云峰和李仲飞，2011；黄宪和付英俊，2017），熨平人民币在岸和离岸远期价差、即期与远期汇差等相关外汇指标的波动（卢新生和孙欣欣，2017），起到降低噪音、维持币值稳定的作用（朱宁等，2016）。李云峰（2011）从汇率沟通与实际干预的市场效力方面进行研究，结果表明，汇率沟通能够使汇率在合意方向上发生显著性变化，证明了汇率沟通的有效性，而实际干预则几乎没有对汇率水平产生任何影响。江春等（2018）研究发现，汇率预期对人民币汇率的影响具有显著的非对称性，且汇率预期对人民币汇率的动态变化作用最大。此外，也有部分学者考虑了汇率市场上预期异质性的影响，朱宁等（2017）研究发现，在异质预期条件下，央行沟通通过信息机制和协调机制影响外汇市场交易者的异质预期，从而对人民币汇率波动产生较为显著的影响，但由于我国外汇交易者预期向基本面预期转换的发生概率小于技术分析交易者预期，央行沟通对人民币汇率波动的平稳作用效力受到一定的局限。

三、系统性金融风险跨市场传染及央行预期管理有效性

（一）系统性金融风险跨市场传染

经济下行转型期是金融风险的高发期，金融风险具有隐蔽性、传染快的特征。学术界对金融风险传染的研究已取得较多成果，基本集中在针对不同部门（国家）、不同样本、不同载体，分别采用实证和模拟方法对风险来源及传染渠道的研究。目前学术界金融风险传染的探讨主要集中在以下三个视角。第一，金融风险传染机制，包括基于流动性机制（Brunnermeier，2009；王兆星，2014；任若恩，2015）、资产价格机制（Gali，2014；马亚

明，2013；陈学胜，2019）以及信息中断机制（Mishkin，2007；简志宏，2006）的宏观机制和基于有限理性、认知偏差以及投资者行为的微观机制（Neupane，2017；李志辉，2019；史永东，2019）。第二，金融风险传染渠道，包括以借贷关系等为主的银行间市场渠道（Furfine，2003；马君潞，2007；范小云，2016；方意，2016；杨子晖，2018）、持有共同资产等导致的降价抛售渠道（Greenwood，2012；李天德和刘爱民，2001；方意和黄丽灵，2019）、支付结算渠道（Eisenberg and Noe，2001；贾彦东，2010；童牧和何奕，2012）以及信息溢出渠道（Acharya，2006；Ahnert，2018；蔡庆丰，2012；梁琪，2015）。第三，金融风险传染的度量，包括网络分析法（Allen and Babus，2009；Gai and Kapadia，2019；隋聪和迟国泰，2014；杨子晖，2019）、尾部度量法（巴曙松等，2013；范小云等，2013）、或有权益分析法（Alfaro and Drehmann，2009；Hirtle，2009；Duffie，2011）、宏观压力测试法（杨俊龙，2014；方意，2017；卞志村，2019）、预警指标体系（刘锡良，2018；梁琪等，2019；陈守东，2019）等。

金融风险跨市场传染机制及渠道是相互关联、相互影响的，当一家银行遭受流动性危机时，为降低风险、弥补流动性水平的不足，可能会出售其持有的资产，而机构投资者持有的资产规模往往较大，大幅抛售资产导致资产重新定价，资产价格大幅下降，市场上其他投资者发现这一现象后预期悲观，为防止遭受进一步的损失，也加入抛售资产的行列，由于金融机构间的关联性及业务复杂性，不同机构间可能会持有共同资产，这样，局部流动性风险传染到整个市场，由于市场联动性又会全面传染到整个资产市场，最终造成系统性金融风险（李晓伟和宗计川，2018）。

（二）央行预期管理有效性

1. 作用渠道

第一，利率渠道。隔夜拆借利率影响经济指标（Blinder，1998），政策传导通过对未来短期利率的预期管理实现（Bernanke，2004）。第二，价格渠道。埃尔曼（Ehrman，2005）认为，预期管理通过资产价格影响金融市场；温元哲和耿明斋（2011）建立资产价格对政策冲击的反应模型；刘金全等（2015）构建包含资产价格及异质交易者的模型考察资产价格错位与政策调控。第三，信号渠道、协同渠道。预期管理充当信息聚点（Daleet，2011），依托创造消息（Evans，2008）、降低噪音（Geraats，2002）协调预期，通过信号渠道和协同渠道影响金融市场（Benjamin et al.，2011）。

2. 作用手段

第一，前瞻性指引。伍德福德（2012）、坎贝尔（Campbell，2012）、温克尔曼（Winkelmann，2013）、卡内（Carney，2013）将前瞻指引进行了不同形式划分。沃尔什（Walsh，2008）、鲁德布什（Rudebusch，2014）、桑顿（Thornton，2015）对该政策有效性进行度量和评估。第二，信息沟通。霍姆森（Holmsen，2008）、费拉多和霍夫曼（Filardo and Hofmann，2014）发现，信息沟通可以降低市场不确定性，减少波动。国内研究大多集中在文献评述（潘再见，2013）、国际比较（何运信，2012）及启示（曾刚和万志宏，2014）。基于实践可行性，预期管理工具不仅包括"行"的方面，即政策性工具，如公开市场操作、调整利率、窗口指导等实际干预，也应该包括"言"的方面，即沟通性工具，如政策承诺、沟通交流、信息公开、信息披露等。

作用渠道和作用手段的相关研究情况如表1.1所示。

表1.1 作用渠道和作用手段的相关研究

研究领域	相关主题		代表性作者
作用渠道	利率渠道		Sicilia and Quiros，2022；李敬辉和范志勇，2005；李云峰，2011；史焕平和韩冰，2018；周莉萍，2019
	价格渠道		温元哲和耿明斋，2011；王柏杰和冯宗宪，2012；袁晨和傅强，2012；李仲飞等，2015；刘金全等，2015
	信号渠道、协同渠道		Ben jamin，2011；王跃堂和倪慧萍，2001；崔长峰和刘海龙，2009；张成思和党超，2015；孙东民等，2016
作用手段	前瞻性指引	内涵、形式	Eggertsson and Woodford，2003、2012；Campbell，2012；Bernanke，2013；Carney，2013；李拉亚，2016
		影响因素	Arslanalp et al.，2016；张强和胡荣尚，2014；易宪容，2014；匡可可和张明，2015；程均丽和林峰，2018
	信息沟通	理论内涵	Blinder，2004；Daleet，2011；Benjamin，2011；Holmes，2014；曾刚和万志宏，2014；郭克莎等，2019
		国际比较	陆蓓和胡海鸥，2009；尹继志，2009；何运信，2012；潘再见，2013；卜振兴，2017；徐亚平和宋扬，2017

3. 政策效应

现有研究多集中于金融单个子市场单一政策效应研究。学者们围绕汇率市场（李天德和马德功，2004；彭玉镏和康文茹，2018）、股票市场（张强和胡荣尚，2013；李云峰等，2014；张成思和计兴辰，2017）、货币市场（李云峰和李仲飞，2011；张成思，2015；王书朦，2015；郭豫媚，2018；巴曙松等，2018）实证检验了相关政策效果，但尚无金融市场联动性下预期管理政策效应评估成果。

4. 研究方法

对政策效应测度方法包括主成分分析法（Gurkaynak et al.，2005）、事件分析法（Rosa，2011；巴曙松等，2018；刘澜飚等，2018）、模型分析法（Andritzk，2007；Bowman et al.，2015；卢新生和孙欣欣，2017）。

政策效应及研究方法的相关研究情况如表 1.2 所示。

表 1.2　　　　　　　　政策效应及研究方法的相关研究

研究领域	相关主题	代表性作者
政策效应	汇率市场	Campbell，2012；李天德等，2004；王傅和刘翀，2016；朱宁等，2016；卢新生等，2017；彭玉镏等，2018
	股票市场	Bowman，2015；张强和胡荣尚，2013；吴国培等，2014；李云峰等，2014；张成思等，2017；刘澜飚等，2018
	货币市场	Curcuru，2018；李云峰和李仲飞，2011；张成思，2015；王书朦，2015；郭豫媚，2018；巴署松等，2018
研究方法	主成分分析法	Curkaynak，Sack and Swanson，2005；Andrew，2007；Hausman and Wongswan，2011；Campbell et al.，2012
	事件分析法	Rosa，2011；Bao and Mateus，2016；Curcuru，2018；黄毅和周越，2018；巴曙松、曾智和王昌耀，2018
	GARCH 模型 VAR 模型	CARCH：Andritzky，2007；Hayo and Neuenkirch，2010；Nguyen and Ngo，2014；卢新生和张欣欣，2017 VAR：Bowman，Londono and Sapriza，2015；宋杨，2017；王少林和丁杰，2019；张泽华和周闯，2019

四、简要述评

国内外研究者对金融稳定、资产价格波动、预期形成机制等问题进行了较为深入的研究，其中，国外学者在预期形成机制、通胀预期管理、前瞻性指引等方面积累了众多可借鉴成果。国内学者重视央行沟通和货币政策有效性并进行大量探索性研究。已有研究的主要局限在于：第一，研究方向基本集中在货币政策领域，缺乏货币政策和宏观审慎政策双支柱调控框架下稳定金融市场的现实应用；第二，研究内容早期关注实际干预，近期注重信息沟通（局限金融单个子市场，忽略金融市场联动性），缺乏系统性研究；第三，研究方法多以案例归纳为主，动态分析和跨学科知识运用相对较少，指标选择及赋权往往依靠主观判断，相对忽视了从定量角度精确量化预期管理对金融市场的作用效果；第四，缺乏组合策略等进一步研究。为此，当前亟须进一步研究的问题有：第一，预期管理平抑金融资产价格波动的内在机理有待明晰，未来研究应运用定性、定量研究，多主体博弈相结合的研究方法深入厘清其内在机制；第二，预期管理平抑金融资产价格波动的经验证据缺乏，未来研究应基于突发事件、典型案例和大样本数据，深入评估预期管理对金融市场的政策效应，总结其规律；第三，预期管理稳金融策略组合有待完善，未来研究应从优化策略等深层次目标出发，有效引导和管理市场预期，维护金融市场稳定。

第二章 预期管理平抑金融市场波动的理论演变：从预期理论到预期管理理论

第一节 预期理论发展

预期是对未来形势的估计或预判，在经济决策中起着至关重要的作用。不仅过去和现在的情况，对未来的预期也会影响个体经济决策，经济主体会根据对未来的判断改变他们的行为。预期无处不在，包括人们对商品价格变动的预测、对未来通货膨胀率变化的估计，以及对未来经济政策和形势的预判等。经济学中关于消费或投资的大多数核心决策都是基于预期。此外，预期和随后的决策决定了重要的宏观经济结果，如总供给和需求、商业周期以及金融泡沫和崩溃。预期可以稳定经济，也可以破坏经济稳定，并推动重大经济事件的发生。预期作为一种社会心理现象，使经济行为人在自身所掌握的相关信息的基础上，判断未来经济事件或经济变量的走向，从而改变个体的现实经济行为。

传统的预期理论主要包括瑞士学派和凯恩斯的预期理论、适应性预期理论、理性预期理论等。凯恩斯（Keynes，1936）在《就业、利息与货币通论》中，将心理学中的预期引入经济学，这种跨学科的研究方法对经济学的发展有重大的贡献。他试图将预期与所谓的市场基本面联系起来，认为对于商品价格的未来走势，不同经济主体可能会有不同的预期，市场参与者的不同预期反过来又会影响商品的价格。因此，在市场中，不同的人有着不同的期望是不可避免的。在凯恩斯的静态和静态模型中，短期预期发挥了均衡作用，并在经济周期的分析中引入长期预期，强调了预期在经济运行中的作用。但凯恩斯并没有对预期的形成以及发展进行详细的论证和描述，随后，经济学家不断深入研究预期对经济的影响，逐渐形成了丰富的预期理论体系。

一、静态预期、外推性预期以及适应性预期

穆特（Muth，1961）系统梳理了当时的预期理论，包括静态、外推性预期和适应性预期。静态预期不考虑学习效应和随机扰动变量，预期经济变量水平完全由历史变量值决定，下一期的经济变量水平与前期经济变量水平相同。静态预期认为，经济体处于静态均衡状态，这种预期并没有考虑较多的相关因素，只是将其解释为一种经济现象，忽略了预期对宏观经济变量的重要作用。

此后出现了外推性预期，梅茨勒（Metzler，1941）在静态预期的基础上，利用外推性预期刻画经济变量的变化过程。外推性预期认为，预期不能只依赖经济变量的历史值，还应该把其变动的方向。以价格预期为例，根据前期的价格对未来 t 期的价格进行预测时，t 期价格就是 t–1 期价格与 t–1 期、t–2 期价格差值的贴现值之和，即经济主体会根据市场波动来调整价格预期。其基本模型可以表述为：

$$P_t^* = P_{t-1} + \varphi(P_{t-1} - P_{t-2}) \tag{2.1}$$

其中，P^* 表示预期价格，t–1 期、t–2 期的变量是形成经济主体预期的关键因素，$(P_{t-1} - P_{t-2})$ 表示信息的变动趋势，预期系数 φ 表示历史信息变化对预期的影响程度。当 $\varphi = 0$ 时，外推性预期等同于静态预期；φ 的正负反映未来价格变动趋势。外推性预期将上一期的变量值和历史变动趋势作为影响预期的重要因素，在某种程度上改良了静态预期，但仅考虑前一期的经济变量值难以对未来经济变量值作出有效预测，没有体现预测差异的影响，理论仍有较大缺陷。

此后，适应性预期将预测差异作为影响因素，综合考虑预期滞后项和误差项，本质上就是利用变量的历史信息对未来作出预测。适应性预期最

为基本的假设条件便是经济主体是有限理性的，无论是对经济变量走势的判断，还是对历史信息的掌握程度，都非完全理性。适应性预期与静态预期不同，经济主体对某一变量的预测值不是一成不变的，会根据他们所获得的信息进行调整。卡甘（Cagan）认为，经济主体形成对经济走势的预期时，会参考相关经济变量的历史信息和经验，不论正面信息还是负面信息，都是影响预期的重要因素。20 世纪 70 年代，资本主义国家经历石油危机时，主流的宏观经济理论对当时的经济现象不能做出合理的解释，适应性预期则能够较好地解释该现象，其地位也日益升高。随着预期理论的发展，适应性预期也表现出较多缺陷，该模型信息凭据缺乏严重，不考虑与经济变量相关的未来信息，这极大地限制了理论的可信度和对经济现象的解释力。现实中的经济现象表明，短期内当通货膨胀波动严重时，适应性预期不能有效地解释这一现象。

二、理性预期

对经济行为和现象的研究不够深入，仅仅凭借某一经济变量的历史信息来决定预期，忽视未来信息和变量，这是静态预期、外推性预期和适应性预期的共有缺陷，因而预期值与实际观测值差距较大。因此，理性预期应运而生。理性预期提出伊始就考虑适应性预期的缺陷，立足经济人理性基础，提出三个假设：信息是稀缺的，经济人力争最大限度利用现有信息；预期的形成会受到经济环境影响；理性公众预期对经济系统的影响较小，可以忽略不计。理性预期学派主张学习对于加强预期与未来的吻合程度有很大作用，学习效应会使公众预期达到均衡状态。

（一）理性预期的特点

理性预期不同于凯恩斯的"无理性预期"和弗里德曼的"适应性预期"，主要有三个特点：第一，最大限度利用现有信息；第二，个体预期与经济理论的预期趋于一致，预期误差具有随机性；第三，随机干扰变量序列不相关且中值为零。

穆特（1961）提出的理性预期假说认为，经济主体能对信息进行充分利用，不会出现系统性错误；长期来看，经济主体会通过学习修正预测。穆特采用蛛网模型推导的理性预期形成机制如下：

$$Q_t^d = A - BP_t$$

$$Q_t^s = C + DP_t^* + \mu_t$$

$$P_t^* = E(P_t \mid I_{t-1})$$

$$Q_t^d = Q_t^s$$

其中，t 期的供给受当期实际价格 P_t 影响，而供给数量受预期价格 P_t^* 影响，$P_t^* = E(P_t \mid I_{t-1})$ 为在获得 t − 1 期信息基础上 t 期价格的期望值。在该模型中，经济主体的预期与变量的实际期望值一致，即使预期值与实际值不一定相同，但经济主体利用历史信息得到的期望值，与真实值最为接近。

萨金特（1975）将理性预期与宏观经济理论相联系，认为在完全信息的有效市场中，政府等机构的政策可以被预知，经济主体可以更改对政策的反应。以萨金特为代表的新古典经济学派，坚持理性预期假说，认为人们会预期货币当局的政策，因而政策效果会有折扣，甚至没有效果，只有经济受到无法预知的冲击或干扰时才会引起预期值与实际值不符。现代经济学随着理性预期的兴起不断发展。

理性预期假设在提出伊始就被纳入宏观经济学研究框架，极大地丰富了其理论和模型，并在相当长的时期内牢牢把控了预期理论的制高点。实际上，在预期的形成过程中，公众学习扮演着不可替代的作用，理性预期认为，公众学习的机制使人们能够利用经济理论、模型等相关知识，不断修正错误（徐亚平，2009），但是理性预期学说没有明确阐述公众以什么样的学习方式掌握经济信息，以及怎样利用信息做出预测，使理性预期在理论层面不够严密。因此，理性预期在某种程度上有一定的缺陷。

（二）理性预期假设

理性预期假设包含两方面的内容：一是假定消费者消费行为以效用最大化为准则，生产者以利润最大化为行为准则；二是"完全预期"假设，即经济行为人对经济变量或经济形势的判断是准确的，其决策是有效的。由于经济主体会根据其获得的所有信息做出预期，在这里信息被看作一种资源，而预期的形成则是建立在合理利用这种资源的基础之上。获取相关信息需要一定成本，因此，在信息获得的过程中，最终会使该活动的边际成本与边际收益相等。

（三）理性预期理论适用条件

信息完备性和经济主体对经济形势预判的准确性是理性预期分析的基础。满足预期准确性应满足三个条件：首先，经济变量期望值是建立在真实经济模型上得出的，即对变量长期数值的精确估计；其次，经济主体能有效利用一切可获得的信息，对行情的估计越精确，所获得的利益越大，信息利用率越高，对行情的估计也会越准确；最后，对于已经被预期者所适用的理论，理性预期学派严格要求变量的理性预期数值必须和所适用的理论推算出的变量数值相等。

三、有限理性预期

亚当·斯密的理论认为，经济主体在寻求利益最大化的过程中，会对社会发展做出贡献，而人的理性则是这种逐利行为的主要驱动力。新古典经济学派秉持和发展了理性人的假定，认为经济主体能够有效利用周围的一切信息，进而达到效用最大化。众多理论的成立都具备一定的假设条件，而理性人的假设无论是在新古典经济学中还是传统经济学理论中，都是最基本的条件。这些理论中隐含着行为主体理性或非理性的假定。经济主体的行为基于效用最优化，即经济主体的主观决策是在众多策略的对比中决定的，决定的原则是成本最小化和收益最大化。20世纪60年代，随着社会交换理论的广泛传播，理性选择理论进一步得到支持和发展，逐渐有学者利用这一理论展开研究，如奥尔森（Olson. M）的集体行动分析。

赫伯特·西蒙（Herbert·Simon）认为完全理性是有失偏颇的，进而提出有限理性。迄今为止，经济学家对有限理性的看法并未统一，而西蒙认为经济主体对信息的利用并不充分，有限理性介于完全理性和非完全理性之间，基于约束理论，有限理性将不完全信息、信息的获取成本以及非传统的决策者目标函数引入经济分析。理性人在传统经济理论中往往掌握着较多的信息，并且具有很强的信息处理能力，他们往往能做出最优决策。

西蒙认为，"满意"的标准比"最优"更重要，他提出"有限理性的管理人"，即在决策活动中以满意为标准进行决策，这与理性预期的"经济人"不同，经济人在决策中会寻求最优化。现实生活中，管理人的假定比理性人的假定更符合实际，经济主体是有限理性的，他们只会花费少许时间在决策上，而让决策更多地由习惯、法律规范以及模仿行为来决定，有限理性理论发扬了理性选择理论的优点，摒弃了其缺点，使得理性选择与实际社会更加贴合。

对于传统经济学的最优决策模型和全部均衡概念，西蒙指出其关键缺陷，即前提条件中的当下状况与未来一致、经济主体的决策和结果已知，实际上这些假设无法实现。同时，西蒙的有限理性预期理论也受到质疑，但主流经济学却将有限理性预期运用到了最优决策和一般均衡的分析框架中，这增强了主流经济学对现实的解释力度，使不完全信息对经济行为和决策的作用得到解释。

运用有限理性分析预期：第一，人们对未来的预期建立在有限认知能力的基础上，不同于理性预期假定的对客观事实的准确预测；第二，预期的评判标准是满意标准，是范围概念；第三，人们对一个决策的选择是由于该决策所产生的后果在其接受的范围内；第四，在满意标准的前提下，在接受的范围内做出决策的选择点通常被称为"选择性预期"，是有限理性的预期。关于理性预期的实证结果会和实际结果出现预测偏差，理性预期假设消费者利用与通货膨胀相关的信息，对通胀的变动做出预期，但实际上这一条件难以满足。为此众多经济学家试图对宏观经济模型中的理性预期进行调整。

（一）黏性预期

在经济学中，黏性指经济变量的缓慢变化，具有非线性特点，包括黏性价格、预期黏性、政策时滞等，理性预期不能有效分析这些问题。理性疏忽、黏性信息和黏性预期等新兴预期理论使用不完备信息决策，通过不同降低信息成本的方法，从不同角度解释黏性现象。黏性预期（sticky expectations）为异质预期，由于经济人的理性疏忽以及信息黏性，根据当前和历史的信息对未来进行预测时预期会出现误差。凯恩斯主义不确定性预期也会表现出黏性的特点，例如，市场中的投机者认为未来利率变化缺乏弹性的预期，就是黏性预期。货币主义的货币幻觉理论忽视货币实际购买力的变化，认为受到货币名义价值的影响，预期通货膨胀率在短期内不变，这也是一种黏性预期。

新凯恩斯主义在凯恩斯主义基础上提出工资价格黏性假设，并汲取其他经济学派的优点，增加理性预期假设。在理性预期的假设下，根据新凯恩斯菲利普斯曲线模型，一般认为中央银行在表现出降低通货膨胀意愿时，通胀预期也会随之降低，实际通胀就会降低，这并不会对产出有任何影响。而传统的估计以及实践经验表明，通胀的降低往往以就业率和产出下降为代价。黏性预期的提出摒弃以往理性预期和黏性价格的假设，认为预期是非理性的。

经济学家对新凯恩斯主义黏性价格模型进行修改，把非完全理性预期作为货币政策传导理论的一部分，试图说明预期如何偏离理性（Roberts，1998）。这里提出两种关于通胀预期的替代性假设：第一，部分经济主体的通胀预期由过去发生的通货膨胀经验推断得来；第二，通胀预期不能及时调整，只能逐渐变化到合理值。预期不是完全理性，也不是高度非理性，人们对通胀的预期是介于完全理性和纯粹适应性预期之间的部分。通货膨胀预期的调查指标在某种程度上是理性的，通胀预期偏离理性能够解释央行为降低通胀而付出的产出和就业等成本的损失问题。虽然早期论文中没有提到黏性预期，但所提出的部分适应性预期实际上就是黏性预期。

预期呈黏性的原因在于人们获取信息的渠道不同，导致信息传播较慢，进而导致经济人获得新的信息也较为缓慢（Carroll，2005）。经济人群按照不同的预期分类，包括公众预期和专家预期。专家预期由于其特殊性更加接近理性，公众预期相对专家预期会有延迟，并且具有公众预期的经济人会向具有专家预期的经济人学习，从而提高预期的准确性。人们对预期的这种学习功能会使专家预期成为公众的普遍预期，但这一过程需要时间，进而导致黏性预期。此外，绝大多数人只会偶尔关注新的报道，对信息的疏漏也会导致预期黏性。

中国的黏性预期理论注重政府的影响，中国的实践表明，理性预期在现实生活中是站不住脚的，预期往往具有黏性和突变性。李拉亚（1995）

对中国 1988 年的通货膨胀进行研究，他将不确定性和预期相结合，系统地阐述了黏性预期理论，具体如下。

（1）黑箱与灰箱假设。黏性预期理论将经济人分为"黑箱模型"和"灰箱模型"，前者不了解也不关注模型的运作原理，只在意模型输入和输出的内容，会根据自身的知识储备和经验确定模型输入和输出间的关系，这种判断会随着对未来经济形势的预期变化而变化。后者是领域内的占小部分的佼佼者，如研究者或专家，对经济变量变化趋势的看法相对准确，对经济变量间关系的研究比较深入，对模型结构也比较了解。但也不能认为灰箱模型就是完美模型。

（2）信息成本假设。信息的边际成本等于决策的边际收益，成本来自人为收集信息所付出的时间和金钱等成本，获取的信息越多，对预期的影响也越大。信息收集的边际成本会出现"边际递减"的规律，若信息的边际成本大于决策的边际收益，人们放弃继续获得信息的行为被称为"理性放弃"。

（3）信息时滞假设。一般均衡理论认为，信息是即时发布和流通的，不存在时滞。在实际经济中，信息从发布到被最终获取有一定时滞，再对经济变量产生影响又有一定时滞，这就导致预期不会在短期内改变，从而呈黏性特点。

（4）预期学习假设。采用黑箱假设的大多数人一般不具有充分的信息和最优的预期，采用灰箱假设的少数人信息比较充分，预期也与实际大致相符，但这并不意味着他们的预期就是理性预期。那么基于黑箱假设进行预期的大多数人就会向利用灰箱假设的"专家们"学习，不断调整自己的预期，使自己的收益最大化。这种学习会使灰箱假设的预期得到推广，最后这种比较准确的预期或判断会成为公众共识，只不过不会在短期内完成，这也是预期黏性的成因之一。

（5）错误预期不能持久的假设。经济人的预期不仅依赖实践经验，还会通过学习专家预期不断修正自身的预期，保持预期准确性。所以短期内可能会出现预期失误，但长期来看预期与实际情况相符。因此，黏性预期理论认为，预期具有异质性，经济人在进行预期行为时，会通过学习减少信息成本，预期的学习过程不会在短期内完成。黏性预期理论继承了新型预期理论的合理内涵，把不确定性与预期相联系，坚持理性经济人假设。经济主体会根据历史信息和现有信息进行预测，争取最大限度降低由决策失误引致的损失，这与理性预期的假设完全相同。

不完备信息和成本决定预期的黏性和突变性。黏性预期理论用方差衡量不确定性，其公式如下：

$$P^* = E_{t-1}[P_t] \qquad (2.2)$$

其中，P^* 表示黏性预期短期内可能存在系统误差，E_{t-1} 表示在 $t-1$ 期对括号中的变量取数学期望，P_t 为 t 时期的实际观测值。

长期内，黏性预期向理性预期发展，信息黏性的经济人通过学习和收集新信息，会转变成理性预期者。但短期内，黏性预期和理性预期有很大不同。例如，人们在微观层面所做的决策会影响实际经济行为，所以当黏性预期群体发生突变效应时，往往会给经济体带来冲击。西方国家所经历的经济衰退和股市崩溃等现象与经济人群体长期经历预期偏差有着密切关系。因此，我们可以在一定程度上认为市场失灵是经济人黏性预期的结果。这种预期的黏性和突变性是黏性预期的两个重要性质。

实际生活中，央行会不断使用货币政策工具调整宏观经济，说明预期并非完全理性，黏性预期理论诠释了理性和现实间的差距，这也要求央行进行预期管理。

（二）教育性预期

为放宽假设，经济学家对理性预期模型进行调整，可划分为两大类：教育性（educative）调整和演变性（evolutive）调整（Guesnerie，1992）。前者依据经济主体对现实状况的掌握，与其他经济主体产生了联系，其他经济主体的预期是影响预期的一种动力因素。后者重视具有模仿特征的学习性行为。演变性调整的研究主要包括对学习过程以及效果的探讨，教育性调整的研究则对理性预期提出了质疑。当理性预期和市场均衡相结合时，可以视为众多因素共同影响的经济后果：第一，个人的贝叶斯理性，即由于受到主观信念的影响，经济主体做出了最优决策；第二，个体行为的共同一致性，即市场出清；第三，个体信念的合作性，即所有经济主体共享期望。但这种前提不一定能全部实现，经济主体确实有基于利益做出正确预期的动力，但是假设经济主体最优决策与预期完全相符的情况并不实际，正确的预期应既要包含其他经济主体的错误预期，也要包含自身的不准确预期。因此，有限理性预期和适应性预期理论认为，经济主体的行为和决策最终会达到纳什均衡的状态。

第二节 预期管理理论发展

预期管理是指央行为有效调控宏观经济，通过与市场进行沟通释放未来政策走向的信息来改变公众的信息集，从而引导社会公众预期与政策走向保持一致。预期管理经历了从传统预期管理到现代预期管理的过程。传统预期管理是通过一系列政策操作，直接引导社会公众预期，继而实现其与货币政策的协调。而现代预期管理是将管理过程看作一个策略问题，侧重从信息角度塑造和引导社会公众预期。现代预期管理舍弃了从政策操作层面来影响公众预期的手段，着重从信息角度开展预期管理，政府和公众间的经济信息存在着严重的信息不对称问题，政府通过信息沟通调控双方之间信息量的差异，在提高政策透明度、增加央行的可信度的基础上，使得公众预期朝着央行所期望的方向变动。公众预期朝着央行引导方向发展，基于预期，公众的经济行动也会与央行的政策目标相一致，从而达到调控经济的目的。

关于预期管理的可行性。从微观角度看，预期属于心理活动范畴，具有很强的主观性。预期并不是凭空产生，而是社会个体根据自身所掌握的信息经过一定的推理分析所得到的，因而预期也具有客观的属性。预期是社会个体以先验信念和偏好为基础，以相关信息的收集、整理、加工和决策为主线，对未来宏观经济走势和经济变量变化情况的一种判断。根据预期形成理论，人们预期的形成必须以信息为支撑，如果没有信息的支撑，预期的形成就没有逻辑性可言。但由于经济信息获取渠道的不同和信息搜寻成本的存在，不同的社会个体能够获取的信息在数量和质量方面都存在差异，因此，基于所拥有的信息形成的预期也不会完全一致。除此之外，在获取信息的时间方面也会有所不同，因而预期形成的时间也存在先后。

预期所依赖的信息在数量、质量和时间方面的差异为预期管理提供了可能性，政府作为拥有信息优势的一方，在信息数量、质量和获取时间方面都优于处于信息劣势的社会个体，所以政府可以通过向外界释放更多精准的信息来对社会公众的预期产生影响。

关于预期管理与宏观经济调控。预期是连接微观主体经济行为和宏观经济状况的纽带，微观经济主体根据所形成的预期做出经济决策，而所有微观经济主体所做的经济决策加总会奠定宏观经济的基础。由此可以看出，预期对宏观经济存在十分重要的影响，尤其当所有经济主体预期比较一致时，预期对宏观经济会产生决定性的影响。预期的精准度也会对调控宏观经济的有效性产生显著的影响，但预期的形成机制并没有保证预期的正确性与精准性。由于预期的主观属性和个体所拥有信息的不完全性，致使预期偏离经济基本面的状况是必然的，理想预期的假设只是建立在逻辑基础上的理想化假设。虽然预期产生偏误是必然的，但当偏离程度超过某个"度"时，就会造成经济状况的恶化，甚至使经济社会呈现各种异象。通过预期管理作用于预期形成的机制，提高经济主体信息的完备性、准确性和及时性，可以有效降低经济主体预期的偏离程度，从而使得经济主体的行为与宏观经济形势更好地协调，这也就为预期管理与宏观经济调控建立了联系。

预期管理在经济理论中有着重要地位，思想渊源久远，可追溯到亚当·斯密"看不见的手"的理论。而现代预期管理思想来自克鲁格曼（1998）对日本通货紧缩陷阱的解释，随后，伍德福德（2001）在其文章中初次提出"预期管理"概念。20世纪80年代以后发达国家货币政策成功转型，这预示着预期管理理论初步形成。随着预期管理思想的发展，预期管理可分为两个阶段：传统预期管理和现代预期管理阶段（Morris and Shi，2008），如表2.1所示。

表2.1 **传统预期管理阶段和现代预期管理阶段**

	传统预期管理阶段	现代预期管理阶段
本质	工程问题：直接影响预期	策略问题：预期重塑和引导
手段	央行操纵政策工具改变预期	发布信息、政策公开透明引导预期
特点	行动比语言重要：做什么？怎么做？	语言比行动重要：说什么？怎么说？
核心	宏观调控政策的规则性和相机抉择性	政策的透明性和独立性

续表

	传统预期管理阶段	现代预期管理阶段
工具	两大工具变量规则（泰勒规则、麦克勒姆规则）；中央银行资产负债表	价格型工具代替数量型工具；政策性承诺；中央银行沟通；前瞻性引导
效果	形成以货币政策为主的预期管理模式	不同管理工具的搭配使用，预期管理的准确性进一步提高

综上所述，预期管理包括两方面内容：从宏观层面来看，预期管理是经济管理部门引导公众预期，调控宏观经济的方式；从微观层面和市场层面来看，预期管理对于提振市场信心、防范和化解金融风险有重要作用。

一、传统预期管理阶段

传统预期管理阶段，预期管理就是采用政策来影响经济，主要表现形式包括附加预期的菲利普斯曲线模型和通货膨胀目标制。与货币政策调控方式相似，传统预期管理理论关注的是"做什么"和"怎么做"，认为行动比语言更有力。"理性预期革命"后，预期将公众预期、政策目标联系在一起，具有一定的前瞻性，公众行为的决定离不开预期的作用，而预期的形成依赖于经济模型的描述。影响公众预期的因素既包含所处的环境，又包含经济政策的影响。在这种情况下，预期管理逐渐成为为一种重要的经济管理手段，预期管理的关键问题是对政策规则和相机抉择的探讨。

对于二者之间的争论，学者们在早期进行了理论层面的探讨。如有学者认为，由于"时滞"的长短难以把握，相机抉择不利于经济的稳定发展，甚至有可能加剧经济的波动，由于公众预期的存在，长期货币政策未必有效。在实践上来看，受凯恩斯经济理论影响，20世纪60年代的发达经济体往往采用相机抉择的政策来调整通货膨胀和失业率的平衡关系。因无法准确预测政策的效果，以及对政策工具的使用不加约束，发达经济体的通货膨胀率较高。伍戈指出，逆经济周期操作的相机抉择受外界影响，不能发挥稳定器的作用，会带来经济的不稳定。

相机抉择的实施更灵活，不受固定原则的束缚，具有更大的操作空间，而政策规则是在货币政策实施前，根据特定的原则执行政策工具的程序，在预期稳定方面起到更显著的作用。但是，若政策规则的可信程度不高，则在某种程度上相当于相机抉择。无论政策规则还是相机抉择，货币政策工具都是传统预期管理阶段调控经济的重要法宝，并逐步形成泰勒规则和麦克勒姆规则两大规则。20世纪90年代日本经济衰退期间，央行为阻止经济进一步下滑，提出了新的以中央银行的资产负债表为主的预期管理工具，这也构成了量化宽松的基础。

通货膨胀目标制是典型的政策规则，该制度下央行直接公布通货膨胀目标的货币政策制度，"通胀目标"作为一个名义目标，影响着对物价水平的预期。通货膨胀预测目标制的流行描述通常也是纯粹前瞻性的，每个决策点的利率设定应完全根据从该日起的通胀预测（以及可能的其他目标变量）来确定。其特点不仅是公众对明确目标的承诺，而且是承诺用旨在实现这一目标的系统决策框架来解释中央银行的政策行动。对通胀率区间进行设定有利于稳定物价，增强央行政策可信度，实现货币政策的主要目标，而央行与公众进行的交流沟通，也提高了货币政策透明度和可信度，加强对通货膨胀的积极应对。埃塞皮和普雷斯顿（Eusepi and Preston，2008）认为，通货膨胀目标制会使传统货币政策体系发生重大变化，其潜在的利益是稳定预期，从而稳定宏观经济。应运用货币政策工具对经济进行调控，使通货膨胀的实际值与预期值相符，保证经济的平稳发展。

简而言之，通货膨胀目标制下，中央银行致力于追求一个指定的目标，而不是在任何时候简单地采取对社会最有利的行动，同时让银行在追求指定目标的方式上有很大的灵活性。货币政策仍是预期管理的基本手段，设定利率调控区间使政策的实施更具针对性，目标利率和实际利率之间的偏差能有效地检验政策实施效果，央行提供的和经济发展、未来政策的相关信息，逐步形成货币政策的信号渠道。通货膨胀目标制下，货币政策的实施不仅依靠货币数量的变化，而且依靠预期的作用。在公众预期对宏观经济的作用下，预期理论越来越受到重视，传统货币政策工具的不足之处显露无遗，宏观政策调整逐渐变为预期管理的问题，如何有效地通过预期管理对经济进行调控，已是当下亟待研究的问题。

二、现代预期管理理论

20世纪80年代，现代预期管理于发达国家的货币政策转型中出现雏形。具体表现为货币政策的目标以价格稳定为关键，货币透明度的提高改善了金融市场环境，增强市场参与主体的积极性，以利率为代表的价格型工具占据主导地位，成为货币政策调控的主要工具，以通胀目标为代表的名义锚在预期管理中的作用日渐增长。现代预期管理理论下，预期管理成为货币政策的核心问题，央行一改以往做法，不再只重视和利用传统政策工具，而是将预期的管理和协调视为货币政策的关键，相对于直接操控货币工具，通过央行沟通传递信息显得更加重要。

（一）政策承诺

20 世纪 90 年代，日本经济泡沫破灭导致传统利率工具失效，这时政策承诺出现在公众的视野中。克鲁格曼对政策承诺展开研究，认为通过合理运用这一工具，可以管理公众预期，进而使日本走出流动性陷阱。实际上，关于未来政策行为的可信承诺，可以增强央行实现其稳定目标的能力。即使是对未来政策决定至关重要的因素的简单说明，也将有助于澄清公众对利率和经济形势的看法。央行应该设定其政策利率，以便在与利率下限一致的范围内，实现特定的预先宣布的产出缺口调整价格的目标水平。因此，如果利率一直没有达到这一目标，即使利率处于下限，也将保持在下限；一旦达到产出缺口调整价格的目标水平，利率就应该提高到下限以上。这种承诺意味着，在产出缺口调整后的价格水平远低于目标的情况下，下限政策预计将持续相当长一段时间；强调这一目标的政策承诺会为私营部门判断这一时期的可能长度提供某种依据。但这也意味着，随着与目标之间的差距缩小，加息可能很快就会变得合适，而且还将进一步考虑此后应如何实施政策，而无须改变承诺的措辞。

研究表明，利率达到下限后，央行会采取相应的手段来影响经济发展，例如，提供前瞻指引，传达的关于未来政策利率可能如何设定的信息等。此外，公众对未来短期利率的预期也会在很大程度上影响其经济决策。为明确利率承诺政策的机制，我们借鉴布林德（Blinder，2008）的研究，利用简单的货币政策沟通理论模型来进行说明。

假设央行损失函数为：

$$L = \frac{1}{2} \sum_{t=0}^{\infty} \beta \{ (\pi_t - \pi^*)^2 + \lambda (y_t - y^*)^2 \} \tag{2.3}$$

其中，$\pi_t - \pi^*$ 和 $y_t - y^*$ 分别为通胀率和产出缺口与目标值的偏离，β 为贴现系数。

总供给曲线为：$\pi_t = E_t \pi_{t+1} + \alpha y_t + \varepsilon_t^s$，即通胀取决于通胀预期和产出缺口。

总需求曲线为：$y_t = E_t y_{t+1} - \theta(i - E_t \pi_{t+1}) + \varepsilon_t^d$，即产出缺口取决于预期产出缺口和预期实际利率。

利率通常由货币当局决定，短期利率目标是通过最小化损失函数得到政策反应函数，即政策利率关于通胀和产出预期及结构性参数的表达式。货币当局会在设定利率时考虑公众预期，而政策利率又影响到公众对经济的预期，这就使央行达到管理公众预期的目的。

为达到预期效果，货币当局利用利率承诺政策调节公众预期，以政策宣告的方式向公众承诺央行即将实行的政策，这种方式足够明确，也节约沟通成本，危机时期更具重要性。金融危机时期，动荡的经济使货币政策的稳定性难以保障，破坏了预期管理的前提，公众无法预期到即将发布的货币政策所带来的改变。因此，央行通过发布利率路径来引导公众对于未来利率的预期，假设满足下列关系式：

$$i_{t+j}^e = a_t i_{t+j}^A + b_t(i_t - i_t^A) + \varepsilon_{t+j}^e \qquad (2.4)$$

其中，i_{t+j}^e 是公众对未来利率的预期，i_{t+j}^A 是央行公布的利率路径，ε_{t+j}^e 是对未来冲击的预期。

式（2.4）说明，公众对未来利率的预期由央行公布的利率路径和真实利率与央行公布利率的差别决定，关键变量是 a_t 和 b_t。前者表示公众对央行公布利率的信任度，信任度越小，公众利率预期受货币当局的利率政策目标的影响也就越小，则预期通胀和产出缺口也会偏离央行当局确定的水平，利率引导效果较差；后者表示公众对利率偏离的容忍度，容忍度越小，表明央行面临严格的声誉约束，需要减少利率偏差，否则央行难以按照公布的利率路径对公众预期进行引导。

不难发现，当经济体系正常运行、央行透明度较高、央行信誉度较高时，央行调整短期利率的公告可以改变公众对通胀和产出水平的预期，进而实现利率调控的目的。当货币当局声誉受损，公众对央行信任度下降时，央行的利率承诺政策很难对公众预期起到引导作用，利率调控政策失效。

央行机构越来越愿意公开表示当前的政策决定，以及货币当局对未来可能实施政策的看法，这大大提高了市场对预测央行政策的能力。这对于市场和公众来说是有益的，不仅减少了市场参与者和其他经济决策人必须应对的不确定性，而且提高了货币当局能够实现其所期望的对经济影响的准确性，这是通过保持市场参与者的预期与其自身的预期同步来实现的。当名义利率达到有效下界时，应果断通过承诺性的政策引导公众预期，弥补常规政策工具的失效。

（二）前瞻性指引

作为对大衰退期间经济活动下降的反应，货币当局将名义利率降至零，试图刺激产出和就业。在达到传统货币政策的极限（零利率下限）后，面对高失业率和低产出，货币当局试图通过宣布对未来政策利率的预测来提供进一步的宽松政策。在流动性陷阱中，这种前瞻性指引已成为货币当局实施政策的主要新工具之一。理解这种新政策工具的效力及其运行机制，对于帮助抗击未来的衰退至关重要。

1. 偏离纯理性预期范式的现实世界

理性预期理论下，经济人是理性的，预期也是理性的，货币当局的经济政策是不变的。在理性预期的假设条件下，央行没有必要进行信息沟通，公众会从央行行为中了解到实际情况，进而准确地预测到货币政策的经济效果。

显然，理性预期与实际情况相悖，但理性预期也不乏有用之处——通过货币政策信息沟通所获得的任何有价值的信息都源自四种情况：现实和央行随时并非不变；缺乏政策规则承诺；存在央行政策规则时，公众不能较好地解读；非理性预期。央行进行良好的信息沟通，可以影响上述四种情况。因此，无论何种非纯理性预期条件下的货币政策分析，若忽略央行的信息沟通，都是难以成立的（Blinder，2008）。

2. 货币政策通过影响市场预期发挥效力

全球范围内各国央行都在朝着提高透明度和加强沟通的方向前进，但是在公开表明央行对未来可能的利率走势的看法可取程度方面，各国央行仍然存在很大的不确定性。随着央行参与市场活动程度的加深，货币政策最明显的变化之一是央行与市场参与机构、个人的沟通越来越频繁，其重要性也日益上升，目的就是降低信息不对称性，增加央行透明度，进而实现引导公众预期，达成政策目标（万志宏等，2013）。若央行的可信度较高，其发布的公告就会成功地影响公众预期，政策效果越佳，此时，货币政策效果在很大程度上受央行的沟通效果影响。

信息沟通是一种政策决策。央行在以通胀预期为目标的情况下，执行货币政策的逻辑，特别是与公众就货币政策决策进行沟通的方式，迫使这些银行将预测建立在它们自己未来可能采取的政策方式的模型之上。而公众的行为具有前瞻性，其经济决策取决于对未来经济环境的判定。央行影响支出、定价和决策的能力，不仅仅由当前的经济水平决定，关键取决于它们影响有关未来走势的市场预期的能力。公众对于央行行动和意图的信息，应该会提高央行政策影响这些预期的程度，从而提高货币政策的有效性。

3. 前瞻性指引有助于引导市场参与者的政策预期

当央行承诺维持既定利率的时间越长时，对长期利率的影响就越大。具体而言，前瞻性引导是央行就未来货币政策向公众所做的沟通，通常表现为对未来短期利率的预测或承诺。货币政策传导中存在时滞，而时滞的期限无法预测，这使货币当局的货币政策目标无法实现。央行的货币政策工具可以调整短期利率，而影响宏观经济运行的政策取决于长期利率，即短期利率的预期变化，当经济正常运行时，央行利用政策工具对短期利率进行调整，可以影响到长期利率。当经济运行紊乱时，短期利率与长期利率不再相关，此时若央行的承诺有效，公众会理解政策的意图，并形成正确的预期，央行实现了对中长期利率的调控，使经济主体的行为作出改变。

上述机制用新凯恩斯主义经济模型表示为：

IS 曲线： $\qquad \pi_t = \alpha x_t + \beta E_t \pi_{t+1}$ （2.5）

AS 曲线： $\qquad x_t = E_t \pi_{t+1} - \sigma [i_t - E_t \pi_{t+1} - r_t^n]$ （2.6）

零利率下限约束： $\qquad i_t \geqslant o$ （2.7）

其中，π_t 表示通货膨胀率，x_t 表示产出缺口（实际产出与自然产出的差异），E_t 表示预期因子，i_t 表示名义、短期、无风险利率，r_t^n 表示自然利率，$0 < \beta < 1$ 表示效用贴现率，α 表示菲利普斯曲线的斜率，σ 表示跨期替

代的弹性，α、σ 是正的参数。

假定在没有受到货币政策冲击的情况下，真实利率（$i_t - E_t\pi_{t+1}$）等于自然利率，产出缺口与通货膨胀率等于零。在短期利率达到零利率下限的情况下，央行向市场宣布将短期政策利率锚定在零附近相当长一段时间，试图使市场参与者在未来一段时间内预期利率为零或接近于零，那么真实利率就会低于自然利率。假定从长期来看，货币政策对产出不产生影响，由式（2.5）和式（2.6）可以推导出式（2.8）与式（2.9）：

$$x_t = -\sigma \sum_{j=0}^{\infty} E_t(i_{t+j} - E_{t+j}\pi_{t+j+1} - r_{t+j}^n) \tag{2.8}$$

$$\pi_t = \kappa \sum_{j=0}^{\infty} \beta^j E_t x_{t+j} \tag{2.9}$$

从产出缺口看，如式（2.8）所示，实施前瞻性指引后，产出缺口立即增加，并在未来一段时间内一直增加。同时，前瞻性指引的期限越长，产出缺口的累积效应越大。

从通货膨胀率看，如式（2.9）所示，实施前瞻性指引后，产出缺口决定前瞻性指引对通货膨胀率的反应，前瞻性指引的期限越长，产出缺口的累积效应决定通货膨胀的累积效应就越大。

总而言之，货币当局发布的政策产生应有的效果不能只依靠短期利率，而是依靠长期利率或长期的预期利率走势，一般地，货币政策工具只会对短期利率产生影响。在经济危机时期，公众无法依据历史信息估计未来的经济走向，对货币政策的预期也不够准确，此时，央行利用前瞻性指引通过各种渠道对公众预期加以引导，以实现政策目标。

（三）央行沟通与预期管理

在过去 20 年里，各国央行越来越多地使用公共沟通来支持政策目标，更具体地说，央行利用沟通的方式管理预期，将央行控制的政策利率与决定经济决策的市场利率联系起来（Woodford，2001；Blinder，2008）。随着名义政策利率降至接近零利率下限的水平，沟通本身就成了一种政策工具。即使主要经济体的状况趋于正常，沟通仍将是一个重要工具，具体包括如下四个渠道。

（1）联系长短期金融资产价格，实现货币政策传导。央行一般只控制短期利率（如隔夜拆借利率），短期利率变动对国民经济的影响并不显著。货币政策变动要具有重要的宏观经济效应，则必须推动长期利率、汇率等重要金融资产价格发生变化，从而真正影响经济主体行为。金融经济学相关研究发现，决定重要金融资产价格的关键性因素不仅在于短期利率的当前水平，更在于预期的未来短期利率走势。以长期利率为例，根据利率期限结构的相关知识，长期利率由短期利率的预期路径决定，$R(t, T)$ 表示时刻 t 至时刻 T 的长期利率，有 $R(t,T) = \dfrac{1}{T-t}\int_t^T E_t(r(s))ds + \varepsilon$，其中，$r(s)$表示时刻 s 的即期利率，$E_r(r(s))$ 表示时刻 t 对于未来时刻 s 的即期利率的预期，ε 为误差项，用于度量可能的期限溢酬。在汇率方面，伍德福德（Woodford，2001）根据利率平价公式证明实际汇率应满足：

$$e_t = \bar{e} + \sum_{j=0}^{\infty} E_t(i_{t+j} - \pi_{t+j+1} - \bar{r}) \sum_{j=0}^{\infty} E_t(i_{t+j}^* - \pi_{t+j+1}^* - \psi_{t+j} - \bar{r})$$

$$(2.10)$$

其中，e_t 表示实际汇率，$\bar{e}$ 表示长期均衡汇率，i_{t+j}、i_{t+j}^* 分别表示国内外短期名义利率，π_{t+j+1}、π_{t+j+1}^* 分别表示国内外通货膨胀水平，E_t 表示预期，ψ_{t+j} 表示风险贴水，$\bar{r}$ 表示 r_{t+j}^* 的长期平均值。根据实际汇率决定公式，实际汇率的决定不仅在于短期利率的当前水平，更在于预期的未来短期利率走势。驱动未来短期利率预期变化是决定货币政策有效性的核心，央行货币政策的传统工具箱内缺少可资利用的相关工具，与此相反，央行沟通提供了下述三种预期管理方法。

第一，通过对外披露货币政策运行框架，如果央行披露更多了解的情况，私营部门对经济状况理解的准确性可能会提高，从而使经济主体对于未来短期利率的预期更准确。第二，对外沟通未来货币政策倾向。央行发布就当前经营目标所做的政策决定的内容，总结历史货币政策的经验，提出对未来的规划，从而引导经济主体对未来短期利率的预期更符合实际。第三，对外沟通未来货币政策路径。央行利用自身信息优势，对未来的货币政策路径作出预判，并与公众沟通这一信息，从而达到引导经济主体改变其未来短期利率预期的目的。总之，央行隔夜利率目标的变化在影响支出决策，以及最终的定价和就业决策方面的有效性完全取决于此类行动对其他金融市场价格的影响，如长期利率、股票价格和汇率。而决定这些资产价格的应该是短期利率的预期未来走势，而不仅是当前的短期利率水平本身。

（2）在经济主体学习过程中，降低经济运行不确定性。在"政策无效性定理"论证过程中，一个重要的前提条件是：经济主体关于经济模型信息是完全的，他们可以利用所得信息得到无偏估计。但实际上，信息并非完全的，没有人能够完全了解和把握对现实解释力度极强的宏观经济模型，即使是专家学者、各个货币当局对宏观经济运行和实际的宏观经济模型也只是大致了解。在信息不完全的基础上，信息增量代表着价值增量，掌握较多信息的央行的沟通显得尤为重要。一方面，与市场上众多经济主体进行双向沟通交流，央行得以获得增量信息，进而更加深入和准确地把握经济形势，使未来的货币政策更有效。另一方面，央行可以利用央行沟通的工具向外界传递信息，促进信息的对称流动，降低信息收集成本，使公众的学习行为更便捷，最终降低公众预期的偏差。奥法尼德兹等（Orphanides et al.，2006，2007）发现，经济主体对经济运行规律的认知偏差可能会使经济系统偏离理性预期解，央行沟通能有效缓解这一问题，通过披露央行经济政策的相关信息，能够对经济主体的学习过程产生影响，进而使经济系统的运转与理性预期解相一致，促进整体宏观经济稳定和福利增进。埃塞皮（2005，2008）也发现，由于信息的不完全认知，经济系统可能卷入一种周期波动中，而产生周期波动的原因是经济受到预期的影响，此时，利用合理的央行沟通手段，宏观经济可以跳出周期，进而实现理性均衡。

（3）充当信息"聚点"，协调经济主体预期。论证"政策无效性定理"过程当中的另一个隐含假定，即"信息同质"假定，认为经济主体所面对的信息结构是一致的，任意一个经济个体即可代表所有经济主体。在实际中，"信息同质"假设同样不成立。对于同一待估参数向量 θ，经济主体往往会得出不同的解，这是由于他们的信息源是异质性的，经济主体对信息的筛选和掌握程度不同，对经济现象或经济变量的预期就会表现出不同。宏观经济系统蕴含众多因素，经济主体在进行决策时，还会对其他主体的信息拥有程度和行为模式做出预测，由于信息异质性，对其他经济主体预期的预测将呈现出高阶期望的形式，也就是"预测他人预测的预测"

(Townsend，1983)。类似这种由信息异质性引起的高阶期望，将会使经济主体对决策的调整迟缓甚至出现调整黏性，或对外生冲击产生过度反应，出现超调现象（Woodford，2003）。合理的央行沟通行为促进经济主体的预期与实际值更相符。

用上标 i 代表经济主体，经济主体 i 关于参数向量 θ 的预期为 $E_{t-1}^i(\theta \mid \Omega^i)$，其中，$\Omega^i$ 为 i 的信息集。经济主体在央行处获得信息集 Θ 后，经济主体 i 的信息集变为 Ω^i 与 Θ 的合集，相对应的经济主体关于参数向量 θ 的预期也由原来的 $E_{t-1}^i(\theta \mid \Omega^i)$ 转变为 $E_{t-1}^i(\theta \mid \Omega^i \cup \Theta)$。由于所有的经济主体都拥有央行所传递出的信息集 Θ，Θ 是众所周知的，成了信息"聚点"，利用这一信息"聚点"，经济主体可以改进对于其他主体行为模式的预测，上述高阶期望所导致的信息扭曲也可以得到部分缓解。当经济主体 i 原有的信息集 Ω^i 相较于 Θ 较小时，经济主体之间的信息结构更趋近于"信息同质"状态。

（4）部分充当货币政策承诺角色，有助于实现满足"历史依存"特性的最优货币政策。自基德兰德和普雷斯科特（Kydland and Prescott，1977）、巴罗和戈登（Barro and Gordon，1983）对货币政策"相机抉择及规则之争"进行开创性研究以来，货币政策的研究领域逐渐形成一致的意见，即单纯货币政策相机抉择的经济后果并非最优化。当央行以刺激产出以使其高于潜在产出水平为目的时，仅实施相机抉择将导致通货膨胀偏离均衡状态，即通货膨胀将高于货币政策规则下的均衡值，而较高的通货膨胀却并没有改善产出水平（Barro and Gordon，1983）。前瞻性经济模型当中，即使央行没有刺激产出，从长期来看，相机抉择的货币政策也将产生稳定性偏误，即经济主体对于暂时性冲击的错误应对，此时，最优货币政策不应是完全前瞻的，而是与历史相关的，即决定最优货币政策的不仅包括当前和对未来的预期等因素，而且应包含历史的信息（Woodford，2003）。

在伍德福德（2003）的经济模型中，最优货币政策表现出利率平滑的特性，$i_t = \theta i_{t-1} + (1-\theta) \bar{i}_t$，其中，$i_t$ 为利率，$\bar{i}_t$ 为现在以及未来预期的自然利率的平均值。最优货币政策依赖历史相关信息，前瞻性经济模型中若经济主体对经济变量的预期是准确的，目标变量受到外生经济冲击的影响会更小，前提条件是无论经济冲击是否发生改变，央行的货币政策都会照常实施，并对外生冲击有正常的反应，从而达到不改变经济主体预期的作用。解决货币政策的"动态不一致"问题，是使货币政策满足"历史依存性"的关键。央行沟通可以有效解决这一问题。两次相邻的央行沟通要保持"前后一致"，这是保证央行沟通有效性的关键，大多数情况下央行沟通行为与其后货币政策也要保证"言行一致"，即央行要说到做到，从而使央行沟通能够向公众传递出未来货币政策的相关信息，唯有如此，才能使公众相信央行沟通释放的信号，并形成正确的预期。央行沟通这种非常规货币政策"工具"，既有向公众传递信息的作用，又是公众监督央行的工具。当央行出现"言行不一"时，也就是说央行沟通与货币政策不符，公众对央行沟通行为的关注度会减少，央行的信用度将会降低，公众会不重视甚至完全无视央行沟通所传递出的信息，央行沟通这一政策工具的效用将会大打折扣。利用央行沟通货币政策"工具"可以获得的增量信息，进而获得增量价值，央行出于维护自身信誉的目的，会尽可能保证"言行一致"，缓解了货币政策"动态不一致"问题。因此，央行沟通虽然不等同于政策承诺（Blinder et al.，2008），但也有一定的政策承诺的影子，利用这一工具可以促使货币政策达到最优化。

　　综上所述，央行沟通作为一种新型的货币政策工具，只有适当地对经济主体加以引导，央行才能够更好地实现预期管理的目的。

第三章　预期管理影响金融资产价格波动的机理分析

第一节　预期管理有效性机理分析

一、预期管理机理概述

虽然从预期管理的发展过程来看，预期管理存在不同形式，其作用机理在某些细节处可能存在些许差异，但现代预期管理主要依赖与市场进行沟通，释放经济信息的手段来引导公众预期。释放信息的途径包括召开新闻发布会、央行领导讲话等口头沟通形式和发布货币政策执行报告，召开货币政策委员会例会等书面形式。社会公众对央行所释放的经济信息作出判断并形成经济预期，央行释放的信息包含较明确的内容，社会公众会形成比较一致的经济预期，从而采取较强的经济行为。央行根据这一机制从信息释放的源头入手，通过调节信息的释放影响公众的经济行为，从而达到间接调控宏观经济形势的目的。

下面将对央行释放货币政策信号引导公众预期的机制进行详细说明。

央行通过口头沟通或书面沟通的方式，就未来货币政策走向向公众传递信号，在接收到央行所传递的信息后，公众根据信息采取行动的过程可以分为两个阶段，包含央行和公众的博弈过程。

第一阶段，央行通过观察经济主体的经济行为和查阅统计部门经济数据两个途径收集国内经济数据，经济专家团队对经济数据进行解读和分析，分析结果分为两种情况，一种是根据经济数据对经济形势作出正确判断，另一种则是明显偏离经济基本面。综合上述分析结果，央行制定出下一周期的宏观经济政策，最终通过央行领导讲话、货币政策执行报告和新闻发布会等形式将下一阶段的货币政策信息公布于众。

第二阶段，公众接收到央行所传递的未来政策信息，然后结合自身私有经济信息判断经济形势，并结合央行公布的未来经济形势和下阶段货币政策执行情况，形成对未来经济状况的预期，最后根据预期做出有利于自身利益最大化的经济行为。

上述预期管理机制发生多次后，公众会根据前期与央行的博弈结果对央行信息的真实度形成大致判断。如果央行所释放的信息与未来经济发展趋势相一致，公众预期央行将要出台的货币政策会在下一阶段得到落实，且货币政策已达到实现经济状况改善和经济增长的目的，则央行权威性会得以确立，公众对央行释放的信息给予高度信任。央行在取得公众信任后，央行货币政策信号就可以在很大程度上引导公众预期，通过公众自身行为的调节影响经济走势。

央行根据经济数据对经济基本面做出判断，然后向公众传递与经济状况和未来货币政策走向相关的信息，公众根据所接收到的信息采取利益最大化的经济行为，若后期央行货币政策调控效果不佳，明显偏离调控目标，长此以往就会导致公众对央行所释放的信息和经济调控能力产生怀疑，从而在下一期的预期形成机制中降低对央行信息的依赖度。基于所传递的经济信号，央行要想合理有效地引导公众预期，必须做到如下两点：第一，提高自身对宏观经济的调控能力，有效调控经济发展方向，树立央行威信，使公众相信央行的经济调控能力；第二，与公众进行有效沟通，将经济信息清晰明确地传递给公众，政策没有达到预期调控目标时应向公众进行明确的解释，公布政策有效性降低的原因，维持公众对央行的信任度，增强货币政策透明度。

二、理论分析与模型构建

莫里斯和茜恩（Morris and Shin，2018）提出的央行预期管理模型研究央行对市场信号的关注度与央行预期管理有效性之间的关系。但莫里斯和茜恩在研究中将市场参与者看成同质性个体，央行预期管理方案对每个市场参与者个体产生同样的影响。鉴于现实中不同市场参与者对央行政策的解读存在差异，同时对央行具有不同的信任度（朱宁、许艺煊和徐奥杰，2017），本书在建立新的央行预期管理模型过程中将市场参与者划分成"依赖型"和"独立型"两个不同的群体，"依赖型"群体高度依赖央行所释放的信息，因而其经济行为决策赋予央行预期管理方案较高权重，"独立型"群体不易受央行所释放信息影响，经济行为决策赋予央行预期管理方案较低权重。此外，本书通过引入新的央行预期管理期望损失函数，将央行划分成"保守风格""稳健风格"和"开放风格"三种风格，分别开展研究。

接下来是模型中相关概念界定以及模型构建过程，首先，我们提出如下假定。

假定（1）：经济基本面 ω 服从其真实值的均匀分布。

假定（2）：市场中每个个体都可获得关于经济基本面的公共信息 μ，其服从正态分布 $N(\omega, \sigma_\beta^2)$。

假定（3）：央行通过调查统计可以获得关于经济基本面的私有信息 θ，其服从正态分布 $N(\omega, \sigma_\gamma^2)$。

假定（4）：央行预期管理方案制定时不考虑公共信息 μ。

根据我们对央行预期管理过程的分析，央行在制定预期管理方案时，会关注市场表现，即市场参与者的平均经济行为，除此之外，央行还拥有通过部门调查统计所获取的私有经济信息 θ，所以央行预期管理方案 p 的制定机制为：

$$p = \varphi \bar{r} + (1 - \varphi)\theta, \varphi \in [0,1] \qquad (3.1)$$

其中，$\bar{r}$ 为所有市场参与者的平均经济行为，θ 为央行拥有的关于经济基本面的私有信息，$(1 - \varphi)$ 为央行预期管理方案中私有信息的权重，φ 为央行预期管理方案中市场信号的权重。在此，我们将 φ 定义为央行对市场信号的关注度。

在确定了央行预期管理方案制定机制后，我们将新的央行预期管理期望损失函数引入莫里斯和茜恩的央行预期管理模型。

$$l = (\delta p + (1 - \delta)\bar{r} - \omega)^2, \delta \in [0,1] \tag{3.2}$$

其中，δ 为央行预期管理方案的权重，$(1 - \delta)$ 为市场参与者平均经济行为的权重。

央行预期管理的作用效果取决于央行预期管理方案制定和市场参与者经济行为两方面，所以央行预期管理的期望损失为央行预期管理效果与经济基本面之差的平方。根据央行预期管理期望损失函数中 δ 和 $(1 - \delta)$ 赋值的相对大小可以将央行划分成"保守风格""稳健风格""开放风格"三种不同风格。若央行认为预期管理效果仅与央行预期管理方案有关，我们称之为"保守风格"央行。若央行认为预期管理效果与央行预期管理方案、市场参与者平均经济行为均有关，且央行沟通内容占主导地位，我们称之为"稳健风格"央行。若央行认为预期管理效果与央行预期管理方案、市场参与者平均经济行为均有关，且两者对央行预期管理效果影响程度相同，我们称之为"开放风格"央行。可以看出，不同央行风格的界定与 δ 赋值的大小有关，因此，我们将 δ 定义为央行风格因子，在后续的实证分析中通过对 δ 的不同赋值来研究不同风格央行的预期管理问题。

对于市场参与者，我们将其划分为"依赖型""独立型"两个群体，同时我们提出如下假定

假定（5）："依赖型"群体中的任意市场参与者 i 和"独立型"群体中的任意市场参与者 j 均分别拥有一定的关于经济基本面的私有信息 τ_i、τ_j，且两个群体拥有的关于经济基本面的私有信息均服从正态分布$N(\omega, \sigma_\alpha^2)$。

由于市场参与者也拥有关于经济基本面的私有信息，因此，两个群体中市场参与者的经济行为不仅会受到央行预期管理方案的影响，而且会受自身私有经济信息影响。两个不同群体的区别在于"依赖型"群体的经济行为高度依赖央行预期管理方案，给予央行预期管理方案分配极高权重 λ_1，对自身关于经济基本面的私有信息 τ 分配较低权重 $(1 - \lambda_1)$。"独立型"群体的经济行为主要依赖自身关于经济基本面的私有信息 τ，对央行预期管理方案分配极小权重 λ_2，而对经济基本面的私人信息 τ 分配较高权重 $(1 - \lambda_2)$。因此，两个群体的经济行为表达式分别为：

$$r_i = \lambda_1 E_i(p) + (1 - \lambda_1)E_i(\omega) = \lambda_1 \varphi E_i(\bar{r}) + (1 - \lambda_1 \varphi)E_i(\omega)$$

$$\tag{3.3}$$

$$r_j = \lambda_2 E_j(p) + (1 - \lambda_2) E_j(\omega) = \lambda_2 \varphi E_j(\bar{r}) + (1 - \lambda_2 \varphi) E_j(\omega)$$
$$(3.4)$$

其中，r_i 表示"依赖型"群体中任意个体的经济行为，r_j 表示"独立型"群体中任意个体的经济行为。

根据式（3.3）、式（3.4），我们从市场参与者所获得的经济信息角度提出市场参与者 i、j 经济行为表达式的另外形式：

$$r_i = \xi_1 \tau_i + (1 - \xi_1)\mu, \ \xi_1 \in [0,1] \qquad (3.5)$$
$$r_j = \xi_2 \tau_j + (1 - \xi_2)\mu, \ \xi_2 \in [0,1] \qquad (3.6)$$

其中，τ_i 为"依赖型"群体中个体 i 的私有经济信息，τ_j 为"独立型"群体中个体 j 的私有经济信息，μ 为个体共有经济信息，ξ_1、$(1 - \xi_1)$ 分别为市场参与者 i 经济行为中私有经济信息权重和共有经济信息权重，ξ_2、$(1 - \xi_2)$ 分别为市场参与者 j 经济行为中私有经济信息权重和共有经济信息权重。

根据式（3.5）、式（3.6），再结合假定（2）、假定（5），"依赖型"群体的平均经济行为策略 $\bar{r}_1$ 和"独立型"群体的平均经济行为策略 $\bar{r}_2$ 分别为：

$$\bar{r}_1 = \xi_1 \omega + (1 - \xi_1)\mu \qquad (3.7)$$
$$\bar{r}_2 = \xi_2 \omega + (1 - \xi_2)\mu \qquad (3.8)$$

接下来，根据式（3.7）、式（3.8）推导全体市场参与者的平均经济行为 $\bar{r}$，我们设定全体市场参与者中，"依赖型"群体所占比例为 η，"独立型"群体所占比例为 $(1 - \eta)$。因此，全体市场参与者的平均经济行为策略 $\bar{r}$ 可以由 $\bar{r}_1$ 和 $\bar{r}_2$ 加权平均得到，权重分别为 η 与 $(1 - \eta)$。

$$\bar{r} = \eta[\xi_1 \omega + (1 - \xi_1)\mu] + (1 - \eta)[\xi_2 \omega + (1 - \xi_2)\mu]$$
$$= [\eta\xi_1 + (1 - \eta)\xi_2]\omega + [\eta(1 - \xi_1) + (1 - \eta)(1 - \xi_2)]\mu$$
$$(3.9)$$

从式（3.9）的第一部分 $[\eta\xi_1 + (1 - \eta)\xi_2]\omega$ 可以看出，全体市场参与者平均经济行为 $\bar{r}$ 中包含经济基本面信息 ω，央行关注市场信号（市场参与者平均经济行为）就是为获得经济基本面信息 ω。因此，ω 的系数 $[\eta\xi_1 + (1 - \eta)\xi_2]$ 可理解为市场信号对经济基本面信息的反映程度，故我们将 $V = [\eta\xi_1 + (1 - \eta)\xi_2]$ 定义为市场信号价值。

接下来，将式（3.7）代入式（3.3），得：

$$r_i = \lambda_1\varphi E_i\{[\eta\xi_1 + (1 - \eta)\xi_2]\omega + [\eta(1 - \xi_1) + (1 - \eta)(1 - \xi_2)]\mu\}$$
$$+ (1 - \lambda_1\varphi)E_i(\omega)$$

$$= \frac{\sigma_\beta^2}{\sigma_\alpha^2 + \sigma_\beta^2}\{\lambda_1\varphi[\eta\xi_1 + (1 - \eta)\xi_2] + 1 - \lambda_1\varphi\}\tau_i$$

$$+ \left\{1 - \frac{\sigma_\beta^2}{\sigma_\alpha^2 + \sigma_\beta^2}\{\lambda_1\varphi[\eta\xi_1 + (1 - \eta)\xi_2] + 1 - \lambda_1\varphi\}\right\}\mu \qquad (3.10)$$

式（3.10）推导过程见附录。

同理，我们也可得：

$$r_j = \frac{\sigma_\beta^2}{\sigma_\alpha^2 + \sigma_\beta^2}\{\lambda_2\varphi[\eta\xi_1 + (1 - \eta)\xi_2] + 1 - \lambda_2\varphi\}\tau_j$$

$$+ \left\{1 - \frac{\sigma_\beta^2}{\sigma_\alpha^2 + \sigma_\beta^2}\{\lambda_2\varphi[\eta\xi_1 + (1 - \eta)\xi_2] + 1 - \lambda_2\varphi\}\right\}\mu \quad (3.11)$$

将式（3.10）、式（3.11）分别与式（3.5）、式（3.6）的系数作匹配，我们可以得到：

$$\xi_1 = \frac{\sigma_\beta^2}{\sigma_\alpha^2 + \sigma_\beta^2}\{\lambda_1\varphi[\eta\xi_1 + (1 - \eta)\xi_2] + 1 - \lambda_1\varphi\} \qquad (3.12)$$

$$\xi_2 = \frac{\sigma_\beta^2}{\sigma_\alpha^2 + \sigma_\beta^2}\{\lambda_2\varphi[\eta\xi_1 + (1 - \eta)\xi_2] + 1 - \lambda_2\varphi\} \qquad (3.13)$$

最后，将式（3.12）、式（3.13）代入市场信号价值 V 的表达式中，可以得出：

$$V = \eta\xi_1 + (1 - \eta)\xi_2 = \frac{\sigma_\beta^2(1 - \bar{\lambda}\varphi)}{\sigma_\alpha^2 + \sigma_\beta^2(1 - \bar{\lambda}\varphi)} \qquad (3.14)$$

其中，$\bar{\lambda} = \eta\lambda_1 + (1 - \eta)\lambda_2$。

三、模型分析及参数赋值

（一）模型分析

从上述模型可以看出，当央行对市场信号的关注度 φ 保持不变时，"依赖型"群体比例 η 会对市场信号价值产生影响。不同的国家，由于经济管理体制、政策沟通方式和国民经济理论素养水平的不同，央行在政策沟通过程中的权威性也会有所不同。因此，"依赖型"群体比例 η 也会有所不同，鉴于此，研究不同 η 水平下的市场信号价值（$\eta\xi_1 + (1-\eta)\xi_2$）与央行对市场信号关注度 φ 之间的关系具有较强的现实意义。

根据式（3.14），我们分析发现，随着 η 数值的不断增大，市场信号价值（$\eta\xi_1 + (1-\eta)\xi_2$）与央行市场关注度 φ 之间的关系如图 3.1 所示。

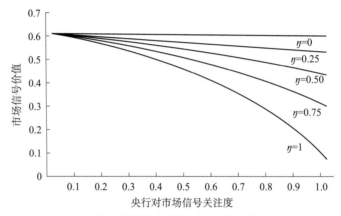

图 3.1　市场信号价值与央行对市场信号关注度关系

从图 3.1 中可以看出，首先，当央行对市场信号的关注度保持不变时，"依赖型"群体比例 η 的提高会导致市场信号价值的降低；其次，当"依赖型"群体比例 η 保持不变时，随着央行对市场信号关注度的增加，市场信号的价值反而会降低，从而会导致央行预期管理有效性的降低，并且随着央行对市场信号关注度的不断增加，市场信号价值降低的速度会进一步加快。

（二）参数赋值

在设定的模型中，需要赋值的参数包括 $\{\sigma_\alpha^2, \sigma_\beta^2, \sigma_\gamma^2, \lambda_1, \lambda_2\}$，其中，$\sigma_\alpha^2$ 为模型假定（2）中市场参与者所拥有的关于经济基本面的私有信息所服从的正态分布 $N(\omega, \sigma_\alpha^2)$ 的方差；σ_β^2 为模型假定（3）中市场参与者拥有的关于经济基本面的公共信息所服从的正态分布 $N(\omega, \sigma_\beta^2)$ 的方差；σ_γ^2 为模型假定（4）中央行获得的关于经济基本面的私有信息所服从的正态分布 $N(\omega, \sigma_\gamma^2)$ 的方差。央行作为管理经济的重要部门，可通过各级政府中的经济统计部门进行调查统计，获取相对最准确的经济信息，市场参与者通过不同渠道所获取的私人经济信息 τ 的准确度会低于央行私有信息 θ，但会高于公共经济信息 μ。结合上述分析及莫里斯和茜恩（Morris and Shin，2018）在原模型中的参数的赋值情形，对于 σ_α^2，σ_β^2，σ_γ^2，我们的赋值情况为：$\sigma_\alpha^2 = 0.8^2$，$\sigma_\beta^2 = 1^2$，$\sigma_\gamma^2 = 0.5^2$。接下来，考虑对于 $\{\lambda_1，\lambda_2\}$ 的赋值，在模型中，λ_1 表示"依赖型"群体对央行预期管理方案的依赖权重，由于"依赖型"群体经济行为高度依赖央行预期管理方案，根据莫里斯和茜恩（2018）在原模型中的参数的赋值情形，令 $\lambda_1 = 0.95$；λ_2 则表示"独立型"群体对央行预期管理方案的依赖权重，由于"独立型"群体经济行为主要依赖私有信息，不信任央行预期管理方案，同样根据莫里斯和茜恩（2018）在原模型中的参数的赋值情形，令 $\lambda_2 = 0.05$。

（三）央行最优市场信号关注度求解

根据前述分析，我们将央行最优市场信号关注度定义为能够使央行预期管理期望损失最小的央行市场信号关注度。接下来，我们分析央行在不同预期管理方式下的最优市场信号关注度求解方法。

依据李成和王东阳（2020）的观点，央行预期管理存在两种方式："承诺式"和"预测式"。"承诺式"是央行对未来的货币政策路径进行明确或隐含的承诺，这种预期管理方式有助于市场参与者获得更准确的央行未来政策信息，从而采取利益最大化的经济行为，但采取"承诺式预期管理"预期管理方式，央行会丧失未来政策调整的灵活性，在本书中，央行的"承诺式"预期管理将公布央行预期管理的制定机制式（3.1）以及机制中参数 φ 的取值。"预测式"预期管理则是针对未来的政策和经济走向进行比较模糊的描述，仅提供未来的趋势，这种预期管理方式可以为市场表明未来经济政策的大致走向，有利于市场投资者采取比较符合未来政策走向的经济行为，由于没有提供未来政策的准确内容，因而可以为央行后期的政策调整留有一定空间，在本书中，"预测式"预期管理将仅公布央行沟通内容的制定机制式（3.1），而不会公布机制中参数 φ 的取值，以便央行为后期的参数值调整留有空间。接下来，我们对两种不同预期管理方式的最优市场信号关注度进行求解。

1. "承诺式" 市场信号最优关注度

在 "承诺式" 方式下，央行会向外界公布在制定央行预期管理方案时市场信号关注度 φ 的取值，求解央行最优市场关注度，我们需要对预期管理期望损失函数 $l = (\delta p + (1 - \delta)\bar{r} - \omega)^2$ 进行变形，将式（3.1）以及参数值代入预期管理期望损失函数，我们可以得到：

$$l = [1 - \delta(1 - \varphi)]^2 (1 - V)^2 + 0.25[\delta(1 - \varphi)]^2 \qquad (3.15)$$

然后求解式（3.14）与式（3.15）的切点，在求两个曲线的切点之前，我们还需要分别利用式（3.14）、式（3.15）求解 V 关于 φ 的导函数，利用式（3.14）、式（3.15）求解的导函数结果分别如下：

$$V' = -\frac{0.64\bar{\lambda}}{(1.64 - \bar{\lambda}\varphi)^2} \qquad (3.16)$$

$$V' = \frac{(\delta^2\varphi - \delta^2 + 4\delta l)\sqrt{1 - 0.25(\delta - \delta\varphi)^2/(\delta\varphi - \delta + 1)^2}}{(\delta\varphi - \delta + 1)(\delta^2\varphi^2 - 2\delta^2\varphi + \delta^2 - 4l)}$$

$$\qquad (3.17)$$

然后令式（3.16）、式（3.17）相等，得：

$$-\frac{0.64\bar{\lambda}}{(1.64 - \bar{\lambda}\varphi)^2} = \frac{(\delta^2\varphi - \delta^2 + 4\delta l)\sqrt{1 - 0.25(\delta - \delta\varphi)^2/(\delta\varphi - \delta + 1)^2}}{(\delta\varphi - \delta + 1)(\delta^2\varphi^2 - 2\delta^2\varphi + \delta^2 - 4l)}$$

$$\qquad (3.18)$$

因此，联立式（3.14）、式（3.15）和式（3.18）可求得央行最优市场信号关注度 φ^*、最优市场关注度下的市场信号价值 V^* 和最小央行预期管理期望损失 l^*。

2. "预测式" 市场信号最优关注度

当采取 "预测式" 方式时，央行不需要公布市场信号关注度 φ 的取值，因此，央行对市场信号的关注度也会根据市场表现不断调整，根据式（3.15）可知，央行最优市场信号关注度表达式为：

$$\varphi = 1 - \frac{4(1 - V)^2}{\delta + 4\delta(1 - V)^2} \qquad (3.19)$$

因此，联立式（3.14）、式（3.15）和式（3.19）可求得央行最优市场信号关注度 φ^*、最优市场关注度下的市场信号价值 V^* 和最小央行预期管理期望损失 l^*。

第二节　预期管理对货币市场的作用机理分析

目前，社会融资规模作为我国特有的经济指标，可以全面反映金融与经济的关系，以及金融对实体经济的资金支持状况。因此，该指标受到经济研究机构和国内企业的高度关注，除关注已经发布的社融规模数据外，经济研究机构和企业往往也会对未来社融规模形成预期。为检验我国预期管理效应，本节理论分析选取社会融资规模预期作为监测指标进行研究。

在经济活动中，经济行为主体总是会对未来经济形势、经济政策、投资、消费和物价等做出主观判断和估计，即预期行为，并据此采取相应行动。预期通常包含不同个体或群体对经济变化的主观愿望和期待，并对他们的投资、消费、储蓄等各种经济行为产生一定影响。不同个体或群体都是利用已有信息和经验，通过不断学习来形成自己的预期。我们基于社会网络模型研究社融规模预期形成机制，并考虑到央行、经济研究机构和企业在社融规模信息可获取量上的差异，将关注社融规模的群体分为央行、研究机构和企业三个类别。央行作为货币政策的制定和执行部门，相比其他两个群体可获得的信息量更多，研究机构作为研究经济问题的专业机构也能获得比企业更多的信息，企业作为关注社融规模指标的群体，可获得的信息最少。本书提出如下假定。

假定（6）：研究机构群体中不同机构所获取的信息量相同；企业群体中不同企业获得相同信息量。

假定（7）：央行、研究机构和企业均符合理性预期。

三个预期主体根据自己所获信息形成自己的初始预期后，三种预期之间的影响并不是从央行到研究机构以及央行到企业的单向影响，而是三者之间相互影响，随着相互影响的持续进行，若每个主体的预期固定，则称该主体预期达到收敛状态，在收敛的基础上若三个主体的预期相同，就称预期之间形成共识性，而将达成共识的预期叫社会预期。社会预期的形成与社会网络有着密切关系，不同特点的社会网络对个体间预期的影响模式、社会预期的形成和社会预期的稳定状态都有显著影响。德格鲁特模型（De-

Groot, 1974) 较好地模拟了社会学习过程, 对社会网络中个体观点的更新和个体对社会观点形成的影响提供了适用的模拟平台, 本书利用德格鲁特模型模拟社融规模预期的形成机制, 开展对预期管理有效性的研究。

该模型设定社会网络中不同个体最初根据自己拥有的信息形成对某事物的初始观点, 然后通过和网络中不同个体进行交流, 吸收其他个体的观点, 形成自己下一期的观点。

模型的具体构建过程为: 考虑一个由央行、研究机构和企业三个主体构成的简单社会网络, $f_i^{(t)}$ 表示第 i 个主体在 t 时期形成的社融规模预期, 向量 $F^{(t)} = \left[f_1^{(t)}, f_2^{(t)}, f_3^{(t)} \right]^T$ 表示央行、机构和企业三个主体在 t (t = 0, 1, 2, …) 时期社融规模预期组成的向量 (1 代表央行, 2 代表机构, 3 代表企业), F (0) 代表三个主体的初始预期向量。假设每个主体 i 只拥有关于社融规模全部信息的一部分, 进而对下一期社融规模的预期与真实值 μ 有一个随机偏差, 即 $f_i^{(0)} = \mu + \varepsilon_i$, $\varepsilon_i \in R$ 为随机偏差。

网络中三个主体在每一次更新预期的过程中, 主体 i (i = 1, 2, 3) 下一次预期的更新过程都会受到其他两个主体当期预期的影响, 三个主体间预期相互影响的模式由一个 3 阶矩阵 P 表示, 称作社会权重矩阵。

矩阵 P 中的元素 $P_{ij} \geq 0$ 表示在修正下一期的社融规模预期时, 主体 j 的预期对主体 i 预期的影响权重, 因此, 对于每个主体 i 都有 $\sum_{j=1}^{n} p_{ij} = 1$。

$$P = \begin{bmatrix} p_1 \\ p_2 \\ p_3 \end{bmatrix} = \begin{bmatrix} p_{11} & p_{12} & p_{13} \\ p_{21} & p_{22} & p_{23} \\ p_{31} & p_{32} & p_{33} \end{bmatrix}$$

主体 i 在 t 时期修正形成的预期是对包含自身在内的三个主体在 t − 1 时期的预期进行主观分配权重后的加权平均, 即:

$$f_i^{(t)} = \sum_{j=1}^{n} p_{ij} f_j^{(t-1)} \tag{3.20}$$

网络中央行、机构和企业三个主体的预期更新过程为:

$$F^{(t)} = PF^{(t-1)} = P^t F^{(0)} (t = 1, 2, \cdots) \tag{3.21}$$

这里设定假定 (8): 三个主体在预期更新过程中影响权重分配规则不同, 且机构与企业的影响权重分配规则与央行透明度相关。

三个主体的预期在更新过程中存在以下特点：央行掌握着全面的经济信息，所以会以自己的预期为主导，在预期更新过程中，研究机构和企业的预期对央行的影响权重较小，但相比较而言，研究机构由于其专业性对央行预期的影响权重比企业大。对于研究机构和企业主体，央行预期对两者的影响与央行的透明度有关，当央行透明度较高时，机构会对央行预期有较高的信任度。因此，对于研究机构，在机构预期的更新过程中，央行预期的影响权重甚至会略微超过机构前期预期的影响权重，而企业预期对于机构预期的影响较小；对于企业主体，当央行透明度较高时，企业对央行预期和机构预期都有较高的信任度，其中对央行预期的信任度更高，所以在自身预期更新过程中，央行预期与机构预期的影响权重均大于企业前期预期的影响权重，且央行权重大于机构权重。当央行透明度降低时，机构和企业主体对央行预期的信任度会降低。因此，对于机构，预期更新过程中前期预期的影响权重增大，央行预期影响权重减小，企业预期影响权重不变。另外，对于企业而言，随着央行透明度降低，企业预期更新过程中，前期预期的影响权重增大，央行预期的影响权重减小，机构预期的影响权重不变。

为了对不同主体预期相互影响过程进行较好的模拟，在德格鲁特模型基础上，需要对社会预期达成时的聪明度（指当社会一致性预期达成时，预期是否反映真实情况）进行研究，用均方根误差（RMSE）和平均绝对百分误差（MAPE）反映社会预期的聪明度。另外，本节还研究了社会预期达成时不同主体对社会预期的影响力问题。社会网络中，对于一个随机的社会影响矩阵，如果任意一个主体 i 满足：

$$\lim_{t \to \infty} (p^t f^{(0)})_i = \pi f^{(0)} = \sum_j \pi_j f_j^{(0)} \qquad (3.22)$$

则社会预期达成时，不同主体 j 分配给同一影响主体 i 权重的均值 π_i 为主体 i 的社会影响力。

第三节　预期管理对股票市场的作用机理分析

一、影响渠道分析

股票价格受众多因素影响，包括市场利率、公司经营效益、市场参与者的预期，央行沟通会通过特定渠道和机制影响这些因素，从而对股票价格产生影响。学者们普遍认为，央行沟通主要通过信号渠道和协同渠道影响市场预期（吴国培和潘再见，2014），进而影响金融资产价格。其中信号渠道是指央行通过书面、口头等沟通形式向市场传递信号、创造信息，从而引导市场预期。协同渠道则是央行通过信息沟通来减少市场噪声，降低市场参与者的信息获取成本，减少预测误差，缓解信息不对称，减少信息和预期异质性，使资产价格更接近真实价格水平。此外，央行的政策沟通及货币政策操作还会产生数量型效应和价格型效应，对货币供应量、利率等中介目标产生影响，进而影响资产价格，如图 3.2 所示。

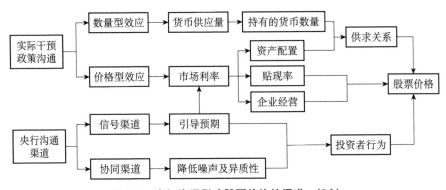

图 3.2　央行沟通影响股票价格的渠道、机制

从数量型效应看，当央行传递宽松意图或采取宽松性货币政策操作时，市场上货币供应量增加，投资者手中持有的货币量也相应增加，因而会更多地进行非货币投资，从而引发股票等资产的需求增加，推动股票价格上涨；当央行传递紧缩性意图或采取紧缩性货币政策操作时，货币供应量减少，投资者所持有的货币量也相应减少，从而进行非货币投资的意愿降低，对股票的需求降低，引起股价下跌。

从价格型效应看，实际货币政策操作会影响市场利率，央行沟通也会通过信号渠道影响市场参与者对未来短期利率的预期，接下来，我们从贴现率、资产配置、企业价值三个方面分析利率变化对股票价格的影响。

第一，央行沟通可以通过信号渠道影响公众对未来短期利率的预期，而中长期利率又可以通过短期利率及其预期值进行表示：

$$R_t = \alpha_n + \frac{1}{n}(r_t + r_{t+1}^e + r_{t+2}^e + \cdots + r_{t+n-1}^e) + \varepsilon_t \tag{3.23}$$

其中，r_t 表示当期利率，r_{t+n}^e 表示 t 时刻对 t + n 时刻利率预期值，α_n 表示期限升水（Blinder et al. , 2008）。根据现金流贴现模型，股票价格等于未来净现金流的贴现值，即：

$$SP_t = \sum_{i=1}^{\infty} \frac{D_{t+i}^e}{\prod_1^i (1 + DR_{t+i})} \qquad (3.24)$$

其中，SP_t 表示 t 时期股票价格，D_{t+i}^e 表示 t + i 时期公司对股东所支付的预期红利，DR_{t+i} 表示 t + i 时期的现金贴现率。

由上述分析可知，央行沟通影响市场经济主体的利率预期，从而影响中长期利率等市场利率，而根据资本资产定价模型，股票价格又取决于贴现率，它受市场利率影响较大，因而央行沟通可以通过影响市场利率和贴现率来影响股票价格。

第二，央行沟通引起市场利率变化，影响投资者资产配置决策，从而影响股票价格。宽松性沟通和实际干预会使投资者预期未来市场利率下降，从而银行存款等储蓄类资产的收益率会下降，相反，股票、债券等资产的收益率会相对上升，因而投资者会调整自身投资决策，减少储蓄类产品的比例，增加股票等资产的配置比例，引起股票价格上升。

第三，央行沟通引起市场利率变化，影响企业融资成本和经营业绩等，从而影响股票价格。央行扩张性意图的沟通和实际操作会降低市场利率，企业融资成本降低，企业经营业绩、盈利能力、利润率等提高，企业价值增加使得股价上升。

二、影响因素分析

央行进行政策沟通的形式包括书面沟通和口头沟通，书面沟通主要包括央行发布的报告、决议等，口头沟通包括央行领导或发言人在公开场合发表的演讲、答记者问、举行的吹风会、新闻发布会等内容。书面沟通具有正式性、权威性、规律性等特点，能引起市场参与者的关注（朱宁等，2016），但书面报告多采用原则性语言，不能向市场传递明确的信息（吴国培和潘再见，2014）；口头沟通虽具有灵活性、针对性，但又带有明显的个人主观性。因此，央行沟通形式会影响央行沟通效果。

央行权威性和信誉度的提高能降低市场参与者获取信息的成本，也有利于市场预期向央行所引导的预期收敛，从而促使金融资产价格向理性价格收敛（徐亚平，2009）。央行行长作为货币当局的主要领导人，其发言最具权威性、影响力、公信力。因此，央行行长沟通较他人沟通对股票市场的影响效应更大。

凯恩斯提出的"流动性陷阱"假说阐释了利率水平极低情况下，扩张性货币政策失灵的特殊情况，最早研究了货币政策的非对称性，此后，盖尔（Cover，1992）发现紧缩性货币政策工具比扩张性货币政策工具的冲击对产出的影响更显著，并正式提出货币政策非对称效应。央行在传递宽松意图政策时，往往会通过"增长乏力""价格低迷"等措辞对经济状况进行描述，市场悲观情绪蔓延使宽松性沟通难以发挥效果；相反，央行进行紧缩性沟通时"控制物价上涨""经济过热"等措辞会引起市场警觉性，更容易达到相应的政策效果（王宇伟等，2018）。

央行沟通会向市场传递货币政策方面的公共信息，引导公众形成一致性预期，此外，经济主体也拥有从不同渠道获得的个人信息，各主体在公共信息和个人信息的共同作用下形成自身预期（Morris and Shin，2002），当公共信息缺乏时，行为人就会更多地受到个人信息的影响，公众预期就会被扰乱，因而，央行要使公众形成一致性预期，就应当提高对政策沟通的重视程度，以引起公众对沟通信息的关注，使政策效果得到更好的发挥。央行对预期管理的重视程度也会影响政策沟通效果。

央行政策沟通效果取决于信息披露的精确度以及公众对央行信息披露的信任程度，央行进行信息披露后，应通过实际行动将承诺予以落实，若未能履行承诺，则公众信任度会降低，央行信息披露对公众预期的引导作用也将趋于无效（卞志村和张义，2012）。因此，央行"言行"的一致性会影响政策沟通效果。

三、突发事件下作用机理分析

重大突发事件对金融市场的影响研究已较为充分，《中华人民共和国突发事件应对法》将突发事件分为自然灾害、社会安全事件、事故灾难和公共卫生事件四大类，不同类型事件对金融市场造成的冲击也不相同。例如，汶川地震造成震中 500 千米以内股票收益率在 12 个月内显著为负且平均每月下降 3% 左右（山立威，2011）；美国"9.11"事件对标普 500 指数造成了永久性影响（Goel et al.，2017）；日本福岛核泄漏事故导致核电公司股票收益率在短期内显著为负（Ferstl et al.，2012）；2020 年 1~4 月，新冠肺炎疫情造成美国股票市场价值下降 11%（Alfaro et al.，2020）。部分文献研究突发事件影响金融市场的机制，学者们普遍认为突发事件引起的焦虑、恐慌等负面情绪是影响股票收益率的主要因素（山立威，2011），且突发事件引发的恐慌情绪导致金融市场的损失远大于事件本身对实体经济造成的破坏（Kaplanski and Levy，2010）。因此，投资者情绪应是突发事件发生后重点关注的指标。央行沟通能否通过投资者情绪渠道影响股票价格，也成为本书讨论的另一重点。

研究表明，投资者在接收到货币政策信号后会基于一系列心理过程对信息进行加工处理，改变自身消费或投资行为，这种心理上的"告示效应"能够快速、有效传导央行货币政策意图，这一过程表现为投资者情绪。因此，货币政策会影响投资者情绪（张博等，2021）。基于行为金融理论框架，央行沟通会通过投资者关注及投资者预期两种途径影响投资者情绪，进而影响股票价格。首先，投资者注意力具有稀缺性，且获取和学习新信息面临较高成本，因而只有在面临较大收益或损失时，投资者才会主动获取信息（Sims，2003），而投资者主动获取信息的行为预示着其交易行为的改变，也表征投资者情绪（Da et al.，2015），当央行沟通信息被投资者关注后，就会更新其信息集来稳定市场信心，抑制非理性情绪；其次，投资者接收到央行沟通所传递的信息时，会主动调整自身预期（徐亚平，2009），由于投资者是非理性的，因而资本市场中存在认知偏差和情绪传染等效应，投资者预期的变化会直接影响投资者情绪，进而影响股票价格（张前程和张德才，2015）。基于上述分析，本书认为，央行沟通会通过投资者关注和预期影响投资者情绪，进而作用于股票市场。突发事件下央行沟通作用机制如图 3.3 所示。

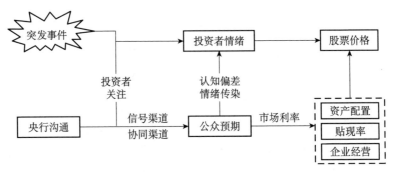

图 3.3 突发事件下央行沟通作用机制

第四节 预期管理对债券市场的作用机理分析

一、作用渠道分析

预期管理通过央行政策沟通向公众传递关于经济现状、前景以及货币政策目标、内容的信息，并通过不同渠道对资产价格产生影响，但哪种渠道发挥作用还尚未有定论。一种观点是"收益率效应"渠道在发挥主要作用，即宽松性政策沟通会使资产价格升高；另一种观点是"信息效应"渠道在发挥主要作用，也就是宽松性政策沟通会降低资产价格。

（一）收益率效应

假设央行进行宽松性货币政策沟通，高风险公司债券将从货币刺激中受益；企业融资成本降低会刺激总需求，导致企业基本面改善；另外，宽松性政策沟通会给投资者传递政策将刺激经济的信号，使投资者信用风险补偿降低，引诱投资者"追求收益"，提升高风险资产价格。紧缩性政策沟通则产生相反的效果。

（二）信息效应

央行相对一般公众更具信息优势，更加了解经济发展前景和市场走势，将对央行引导公众预期产生作用。央行政策沟通信息的发布释放了关于未来经济走势及政策方向的信息，市场也将基于央行政策沟通反推未来经济走势。因此，面对央行政策沟通信息时，投资者倾向于修改他们对经济和市场的预测——这一现象被称为"信息效应"。例如，如果央行进行宽松性货币政策沟通，投资者会将这一政策沟通解读为经济前景不乐观，并据此调整自己的投资策略，减小投资规模，导致资产价格下降，与收益率效应相反。

　　为直观体现两种渠道的效果，本书制作两种效应对资产价格产生影响的路径图，如图3.4所示。

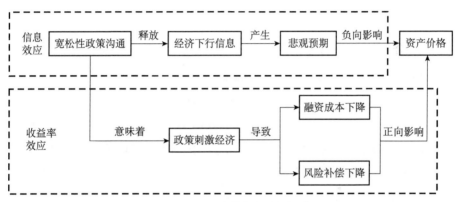

图3.4　央行政策沟通作用渠道

　　当央行进行宽松性沟通时，资产价格将受两种效应影响：第一，宽松性政策沟通给企业带来融资成本降低和信用风险补偿降低的信号，促使其为追求收益扩大投资规模，对资产价格产生正向影响，称为"收益率效应"；第二，宽松性政策沟通会使企业形成未来经济形势不乐观的预期，从而减小投资规模，给资产价格带来正向影响，称为"信息效应"。

二、传导机制分析

　　首先分析将短期利率当作操作目标进行货币政策调控的策略。短期基准利率可以由央行通过传统货币政策工具直接控制，因此，经济主体进行投资、消费等支出决策时通常不会依赖这一指标，而真正影响经济主体支出决策的是市场长期利率或其他资产价格。其中，长期利率会受当时短期基准利率影响，但短期基准利率并不是长期利率的唯一决定因素。根据利率期限结构的预期理论，长期利率还会被未来短期利率的预期值所影响。因此，计算 n 天的长期利率的公式为：

$$R = \frac{1}{n}(i_t + i_{t+1}^e + i_{t+2}^e + \cdots + i_{t+n-1}^e) + a_n + \varepsilon_{1t} \tag{3.25}$$

其中，R 表示 n 天的长期利率；i_t 表示当期短期基准利率；i_{t+1}^e 表示下一期短期基准利率的预期值（t+2，t+3，…）；a_n 表示期限溢价；误差项 ε_{1t} 表明期限溢价是随机的。从式（3.25）中可以看出，中长期利率在很大程度上取决于未来短期基准利率的预期值而不是当前短期基准利率。尤其是在极端情况下，在当前基准利率降为零时，长期利率则完全由未来短期基准利率预期值所决定，也就是取决于经济主体对未来货币政策的预期（Gauti Eggertsson and Woodford，2003；Bernanke et al.，2004）。

通过以上分析可以看出，银行间同业拆借利率会受经济主体对未来货币政策预期的影响。可以将这一思路引入简单宏观经济模型，建立方程分析央行沟通的作用。S_t（即"沟通信号"）表示央行的政策沟通行为，r 表示短期名义利率，R 表示长期利率。总需求 y_t 由 r、R、π_t^e（通货膨胀预期）以及一些不必明确列出的其他因素所决定，总需求的计算公式为：

$$y_t = D(r_t - \pi_t^e, R_t - \pi_t^e, \cdots) + \varepsilon_{2t} \tag{3.26}$$

总供给关系则可用如下的新凯恩斯主义菲利普斯曲线所表示：

$$\pi_t = \beta E(\pi_t + 1) + \gamma(y_t - y_t^*) + \varepsilon_{3t} \tag{3.27}$$

其中，π_t 表示通货膨胀率，y_t 表示实际产出，y_t^* 表示预期产出。这一模型与"泰勒规则"十分相似：

$$r_t = r^* + \pi_t + \alpha(\pi_t - \pi^*) + \beta(y_t - y^*) \tag{3.28}$$

其中，r^* 表示长期均衡的实际利率，π_t 表示通货膨胀率，π^* 表示央行的目标通货膨胀率。

假设市场总体环境不变，即式（3.25）~式（3.27）不随时间变化；并且央行不会改变货币市场中的策略规则，即式（3.28）不变；此外，经济主体能够合理预期央行货币政策行为。在这种假设下，经济主体通过观察央行行为就可以准确推断接下来可能的货币政策执行方式（Woodford，2005）。

而对于未来短期利率的预期值，经济主体也可以通过央行发布的对未来经济的预期得到。因此，在这种假设条件下，信息不对称几乎不存在，央行沟通很难独立发挥作用，任何明确的央行沟通行为都是多余而无效的。

上面的假设是一种极端情况，这一情况揭示了央行沟通能够发挥作用需要的四个条件。第一是"非平稳性"，即市场环境与货币政策并非时时不变；第二是"适应性学习"，即市场参与者会随经济结构和经济发展变化更新信念，形成新的预期，这一能力是在"非平稳"环境下自然产生的；第三是"非理性预期"，即市场参与者并不是全知全能的，个体对收益率预期的实际值偏离统计模型估计得出的事后估计值；第四是市场参与者与央行之间存在"信息不对称"，相比普通市场参与者，央行具有信息优势。如果上面四个条件中有一个或多个成立，央行沟通就能发挥作用，调控宏观经济。

很显然，这些条件都是规范而不是预期。经济状况在不断发展变化，央行具有信息优势，对货币政策意图的掌握程度远高于普通市场参与者，与简单的泰勒规则不同，央行的货币政策决策更多地依赖于当前的通胀和产出缺口。此外，央行会不断进行学习，央行沟通与学习行为有着紧密联系，尽管很多学者没有意识到这一点，但还是反映在他们对市场的预期中，即由理性预期转变为适应性预期。

将这种思想引入简单的经济模型，用利率预期显示方程代替理性预期，得到以下公式：

$$r_{t+j}^e = H_j(y_t, R_t, r_t, \cdots, S_t) + \varepsilon_{5t} \tag{3.29}$$

其中，S_t 是央行沟通信号替代变量，表示央行政策沟通行为，这种信号可以是明确的（如宣布一个明确量化的通货膨胀目标），也可以是含糊其词的（如央行行长的讲话），甚至其含义可以在明确和含糊其词之间摇摆。所谓的央行沟通，可以是长期且持续的变量（如央行宣布的通胀目标），其影响会长期持续，使经济主体对央行意图的预期长期不变；还可以是短期且高频的变量（如央行行长或货币政策委员会外部委员的讲话），其影响也是频繁不断的，会使经济主体不断改变对央行的预期。央行沟通还可以分为书面沟通和口头沟通，书面沟通通常有央行每季度发行的货币政策报告、货币政策委员会例会会议报告以及央行公告等；口头沟通则包括央行行长和货币政策委员会外部委员的讲话。此外，央行沟通还可以分为宽松性的沟通和紧缩性的沟通，以此来反映央行货币政策的执行方向。由此可见，央行沟通的长期与短期、书面与口头、宽松性和紧缩性，都会对公众对预期产生不同的影响，这些差异在实证研究中十分重要。

在这种模式下，任何央行的行为可以通过三个不同的渠道对债券收益率产生影响。首先，式（3.26）中的 D_r 可能很小，即银行间同业拆借利率会对总体需求产生直接影响；其次，式（3.29）中的 H_s 包括任何可能发生的学习行为，即央行沟通信号对未来短期利率预期值的直接影响；此外，还可以通过式（3.25）和式（3.29），即短期利率影响未来短期利率的预期值，进而影响长期利率，长期利率又会对需求变化产生影响。也就是说，当经济主体预期未来政策利率上升时，长期利率也将上升，在名义价格缓慢调整的条件下，长期实际利率也将上升。企业发现其实际借款成本上升，就会减少投资支出，家庭同样面临着实际借款成本上升的问题，也会减少消费和房屋以及其他耐用品的支出，于是宏观经济结果发生变化。而政策利率变动的有效性基本上取决于央行对市场关于未来短期利率预期的影响。给定货币政策传导时滞，引导公众形成合理预期能够促进货币政策意图更快地转化为投资和消费决策，加速必要的经济调整。在这一渠道中，央行沟通信号 S_t 显然发挥了重要作用。

第五节　预期管理对外汇市场的作用机理分析

一、作用机制分析

中国人民银行在外汇管理实践中对汇率进行预期管理的主要手段是汇率沟通，在汇率市场产生波动时，央行通过汇率沟通向市场参与者传递信息，从而降低央行与公众之间的信息不对称，使市场参与者形成一致且合意的汇率预期，降低汇率市场波动。部分学者根据汇率决定的新闻模型和外汇市场微观结构理论，提出汇率沟通影响汇率的两种渠道——信号渠道和协作渠道。

（一）信号渠道

市场参与者将央行的汇率沟通信息看作是央行向市场传递关于未来调整汇率政策走向与未来汇率波动走势的信号，市场参与者根据汇率沟通信息调整预期，并根据预期的升贴水率在外汇市场上进行交易，引起实际汇率变动，这就是信号渠道的作用机制。央行沟通通过信号渠道影响汇率需要满足以下三个条件。第一，央行透明度和可信度高。只有拥有良好的信誉，获得市场主体信任，货币当局才能有效引导市场主体形成一致预期。第二，央行发布的信息要真实有效。国内外经济不确定性因素很多，央行需要掌握充足且准确的公共信息，拥有引导市场预期的能力，从而促进政策效果的实现。如果央行发布虚假有误的信息，会引导社会公众形成错误的汇率预期，增加市场不确定性。第三，市场是充分竞争的，市场主体能够获得相同的汇率沟通信息。第四，市场交易者是理性经济人，会充分利用自身拥有的汇率沟通信息进行理性预期，从而实现自身利益最大化。在上述前提条件中，央行良好的信誉是信号传导机制发挥作用的前提，信号沟通发挥作用的关键是市场参与者能获取充足准确的信息并形成理性预期。

汇率沟通的信号传导渠道本质上是央行发布信息和市场主体反馈信息的动态博弈过程，而非货币当局单方面传递政策信息的过程如图 3.5 所示。央行具有信息优势，通过与市场参与者进行沟通，引导其形成汇率变动预期，并根据市场参与者对政策的反应及时调整。市场参与者通过接收信息并对央行发布的政策进行解读与反馈，改变市场预期。市场参与者反馈的信息能够帮助央行了解社会公众对汇率调控政策的解读情况，促使央行及时调整政策，提高央行汇率沟通有效性。

图 3.5　汇率沟通的信号传导机制

（二）协作渠道

协作渠道假定外汇市场有普通交易者和做市商两种不同的参与主体，

两种参与主体拥有的信息不同，根据信息的不同调整市场参与者的投资行为，从而在交易过程中对利率进行调控。央行对做市商进行汇率沟通，做市商据此调整对利率走势的一致性预期，并根据该预期进行外汇报价，改变普通交易者的投资行为，使汇率变动朝着央行合意的方向进行。

央行沟通通过协作渠道影响汇率需要满足以下两个条件。第一，外汇市场中有不同的参与主体且存在做市商制度。央行通过引导做市商报价间接影响普通交易者的交易行为，促使交易者向央行合意的方向调整汇率，降低外汇市场的波动性和异质性，维持汇率的稳定。第二，不同类型的市场参与者拥有不同的信息。由于普通交易者和做市商获取信息的方式和渠道存在差异，两者最终获得的信息有所不同，一般做市商更易获得内部政策信息，基于所获得的异质信息，普通交易者和做市商对汇率变动形成不同预期。即使外汇市场是完全竞争的，不同市场参与者能够获取相同的信息集，但由于异质性主体在专业性、规模等方面存在差异，面对不同信息也会有不同反应，从而对汇率的波动产生不同预期，做出不同的交易行为。

汇率沟通的协作渠道本质上是央行通过汇率沟通影响做市商的预期，从而影响普通交易者的投资行为，最终导致汇率变动朝着央行合意的方向进行。

综上所述，信号渠道与协作渠道之间存在较大差异。信号渠道默认市场参与者都是同质的，于是面对汇率沟通，信息会形成一致性预期，但协作渠道假设市场参与者分为做市商与普通交易者两类，汇率沟通主要是影响做市商的预期，做市商的汇率预期影响其外汇报价，进而影响普通交易者的投资行为，使汇率朝着央行的预期变动。

二、汇率预期异质性的影响机制

汇率预期的异质性主要体现在外汇市场的信息异质性和主体异质性。

信息异质性是指不同类型的市场参与者获得的信息不同，有的信息集被所有市场主体共知，有的信息集仅被部分市场主体持有，信息不对称导致市场中出现噪声交易者。"噪声"指无效、虚假、失真、被误判的信息。在金融市场中，一些投资者无法获得有效信息，非理性地将噪声当作信息进行交易。外汇市场上，普通公众限于自身知识和专业能力，对信息的获取能力比较低，通常只能根据以往的汇率变化作出判断，其交易行为导致汇率预期与远期汇率发生偏离，不再符合利率平价关系。

市场主体异质性指不同交易主体在市场信念、风险偏好和学习能力等方面存在明显差异，基于这些差异，不同的参与者会根据已有信息对汇率做出不同预期，异质性主体主要包括机构投资者和个体投资者。机构投资者主要通过较为专业的基本面分析、技术分析和套利分析对未来汇率进行预期。个体投资者获取汇率沟通信息的能力有限，不能准确把握基本面汇率水平，因而不能通过信号传导机制对个人投资者预期进行分析，可运用外推预期和适应性预期进行分析，当汇率沟通不能对个体投资者预期产生直接影响时，汇率沟通可能通过协作传导机制先对机构投资者产生影响，个体投资者则根据机构投资者的交易行为对自身的汇率预期及外汇交易行为进行调整，从而降低市场主体异质性和汇率波动性。汇率预期异质性能够引发市场波动，而汇率沟通可以降低市场参与主体异质性。

第四章　预期管理平抑金融市场波动的国际经验及启示

第一节　主要经济体央行预期管理手段

一、前瞻性指引

中央银行实施前瞻性指引有三种形式：一是开放式指引，即用来表示政策利率能维持现有水平的时间，典型代表有日本央行、美联储和欧洲央行；二是时间指引，即确定提高利率指引的时间，典型代表有加拿大银行和美联储；三是状态指引，明确何种经济会导致利率的上升。前瞻性指引的国际实践情况如表4.1所示。

表 4.1　　　　　　　　　　前瞻性指引的国际实践

中央银行名称	采取时间/修订时间
开放式指引（open-ended guidance）	
日本央行	1999 年 4 月
美联储	2003 年 8 月；2008 年 12 月；2009 年 3 月
欧洲央行	2013 年 7 月
时间指引（time-contingent guidance）	
加拿大央行	2009 年 4 月
瑞士央行	2009 年 4 月
美联储	2011 年 8 月；2012 年 1 月；2012 年 9 月
状态指引（state-contingent）	
美联储	2012 年 12 月；2013 年 12 月；2014 年 3 月；2014 年 12 月；2015 年 4 月
英格兰银行	2013 年 8 月；2014 年 2 月
日本央行	2001 年 3 月；2010 年 10 月；2012 年 2 月；2013 年 1 月；2013 年 1 月

（一）美联储前瞻性指引

美联储前瞻性指引的演变情况如表 4.2 所示。

表 4.2　　　　　　　　　　　美联储前瞻性指引的演变

类型	时间	前瞻性指引内容
开放式指引	2003 年 8 月	美联储将联邦基金利率降至历史新低，在"相当长时间内维持宽松货币政策"
	2008 年 12 月	美联储预测，由于经济疲软，联邦基金利率将在一段时间内维持在极低的水平
	2009 年 3 月	联邦基金利率的政策目标是 0~0.25%，由于经济疲软，联邦基金利率将在很长一段时间内维持在极低的水平
时间指引	2011 年 8 月	美联储预测由于当期经济形势（包括低的资源利用率和中期通胀率预期下降），超低利率至少保持到 2013 年中
	2012 年 1 月	美联储预测由于当期经济形势（包括低的资源利用率和中期通胀率预期下降），超低利率至少保持到 2014 年末
	2012 年 9 月	美联储预测由于当期经济形势（包括低的资源利用率和中期通胀率预期下降），超低利率至少保持到 2015 年中
清晰的状态指引	2012 年 12 月	美联储决定继续将联邦基金利率的政策目标设定为 0~0.25%。只要失业率高于 6.5%，未来 1~2 年内通胀水平预期低于 2.5% 以及长期通胀预期稳定的前提下，仍将继续维持超低联邦基金利率水平。美联储认为状态指引与前期实行的时间指引是一致的，美联储将根据劳动力市场情况、通胀压力指标、通胀预期、金融发展等其他指标，决定实行极度宽松货币政策的时间长短。当决定开始退出宽松倾向政策时，美联储将采取平衡的措施，并保持与长期最大就业目标和 2% 的通胀目标一致
	2013 年 12 月	即使失业率跌至 6.5% 以下，如果预期通胀率仍继续在 2% 以下水平，仍将继续维持超低利率。当决定开始退出宽松货币政策时，美联储将采取平稳的措施，并保持与长期最大就业目标和 2% 的通胀目标一致
模糊的状态指引	2014 年 3 月	美联储宣布保持超低联邦基金利率的时间长短取决于一系列信息，包括劳动力市场情况
	2014 年 10 月	增加时间条款，表明联邦基金利率将在一段时间内低于长期水平
	2015 年 4 月	增加时间条款，表明联邦基金利率将在一段时间内低于长期水平
退出阶段的指引	2015 年 12 月	美国经济复苏状态将使得加息以渐进方式进行，且联邦基金利率将在未来一段时间内低于长期水平

资料来源：根据美联储发布政策声明等资料整理。

（二）日本前瞻性指引

日本前瞻性指引的演变情况如表4.3所示。

表4.3 　　　　　　　　　　　　　日本前瞻性指引的演变

阶段	时间	前瞻性指引内容
零利率政策	1999 年 2 月 ~ 2000 年 8 月	1999 年 2 月，日本央行采取开放式前瞻性指引，宣布实施零利率，并承诺将持续到核心 CPI 增速为正数； 2000 年 8 月，鉴于价格下行历史明显减弱，日本央行解除零利率政策
量化宽松政策	2001 年 3 月 ~ 2006 年 3 月	2001 年 3 月，日本央行宣布实施量化宽松政策，将货币政策操作目标从无担保隔夜拆借利率转变为商业银行在央行的存款余额，并不断扩大购买长期国债规模； 2003 年 10 月，日本央行指出"核心 CPI 增长率在一定时间内非负且确定未来不会降到零以下"是退出量化宽松政策的条件，如果日本央行认为有必要继续持续该政策，即使条件满足，宽松政策仍将继续
全面货币宽松政策	2010 年 10 月 ~ 2013 年 3 月	2010 年 10 月，日本央行宣布实施全面宽松政策，即实行实质上的零利率政策，规定政策将持续到核心 CPI 增速达到 1% 且预计稳定上升为止； 2012 年 12 月，安倍内阁成立，推出了"安倍经济学"的经济刺激政策，由"大胆的宽松货币政策、积极灵活的财政和经济增长战略""三支箭"组成； 2013 年 1 月，日本央行首次引入通货膨胀目标值，将物价目标提升至 2%，不设定量化宽松政策的退出期限
量化-质化宽松货币政策	2013 年 4 月 ~ 2016 年 8 月	2013 年 4 月，日本央行推出"量化-质化"宽松政策，将货币政策操作目标从无担保隔夜拆借利率转向基础货币，扩充长期国债的购买范围并增加实物资产保有量，并承诺两年内将物价提升至 2% 的目标； 2016 年 1 月 29 日，日本央行推出"负利率的量化-质化的货币宽松政策"，对金融机构在央行持有的经常账户余额分级，部分实行 -0.1% 的负利率
收益曲线控制的量化-质化宽松政策	2016 年 9 月至今	2016 年 9 月，日本央行对量化-质化宽松政策进行调整，由货币数量调整转变为利率； 2018 年 7 月 31 日，日本央行决定通过引入政策利率的前瞻性指引来加强对实现价格稳定目标的承诺，提高"通过收益率曲线控制的定量和定性货币宽松"的持续性

资料来源：根据日本央行发布政策声明等资料整理。

（三）欧央行前瞻性指引

为应对欧债危机，欧央行先后出台证券市场计划（SMP）、超长期再融资操作（VLTRO）、直接货币交易计划（OMT）等措施，使金融市场有充足的流动性，进而维护欧元稳定。欧央行将按照对经济前景的评估，把货币政策取向的消息传递给市场中。这一行为使得欧央行打破了先前的传统，即"从不事先做出保证"，这引起了国际关注和讨论。

（四）英格兰银行前瞻性指引

金融危机爆发后，"前瞻性指引"首次在英格兰银行中提出。2014 年初期，虽然英格兰银行的失业率有大幅下降趋势，但在提高利率之后，此失业率仍然有较大下降空间，并且未来几年经济状况的好坏也会影响到利率的走势。2016 年中期，英国脱欧的事件使得英国国内经济情况不稳定，此时英格兰银行将基准利率下调到 0.25%，下调了 0.25 个基点，并且购买了大量资产，即在原有 3 750 亿英镑基础上，又购买了 600 亿英镑国债和 100 亿英镑的公司债（杨秀萍，2017）。

二、央行信息沟通

（一）美联储信息沟通

《充分就业与均衡增长法案》在 1978 年由美国政府出台颁布，法案规定美联储主席要在每年 2 月和 7 月向国会作证并向国会提交书面报告。在美联储向国会提交的书面报告中，将一些经济预测数值进行披露。1993 年，将联邦公开市场委员会的会议纪要进行公布。每年联邦公开委员会都要进行 8 次议息会议，会议内容是要对中期和长期的美国经济指标做出一定的预测，如失业率、个人消费支出价格指数等。

（二）日本央行信息沟通

日本央行对信息的沟通是在前瞻性指引框架中加入新媒体视角，共享社交媒体链接。日本央行先后注册了三个账号，第一个账号是 Twitter，该账号用户关注近3万，主要分享货币政策数据、论文、调查报告和新闻发布会等，然后再提供官网链接。第二个账号是Facebook，该账号主要分享论文、调查报告、经济、物价和货币政策数据以及形势分析、金融政策、日本银行介绍视频等。第三个账号是Youtube，其访问量高达16万次，主要上传比赛视频。

（三）欧洲央行信息沟通

欧央行管理委员会委员在例会中激烈争论，一致意见形成后进行公开发布，为避免引起欧盟经济波动，欧央行在对外沟通过程中，不对会议记录和过程进行公布。

（四）英格兰银行信息沟通

英格兰银行同样非常重视对市场公众的预期管理。英格兰银行会在不同时期根据不同情况采取不同手段引导市场预期，包括定期发布官方预测报告、定期发布有关经济变量和经济预测模型的信息、定期发布货币政策委员会会议纪要、及时利用开放渠道。

第二节　各国货币政策和宏观审慎政策预期管理实践

金融市场的套利行为使得短期市场利率与官方利率相差不大，从短期利率到长期利率，从而金融市场套利存在能影响长期资产的利率。由于进行长线投资的资产组合经理只能持有长期资产或者不断对短期资产进行展期，故长期利率（长期资产的利率）主要受预期货币政策的影响。如果不存在风险厌恶，长期利率应该等于预期未来连续短期利率的平均值。由于长期投资存在很大风险（持有债券到期关系到通货膨胀风险，到期前偿付又涉及资本风险），因而长期投资收益高于一系列连续的短期投资收益，即期限为N的债券利率i_t^N可以表示为预期短期利率i_t^1与期限溢价ρ_t^N的函数：

$$i_t^N = \frac{i_t^1 + E i_{t+1}^i + \cdots + E_t i_{t+N-1}^1}{N} \tag{4.1}$$

$$i_t^1 = r_t^1 + \pi_t \tag{4.2}$$

其中，i_{t+1}^i 表示在 $t+i$ 时刻一年期债券的市场利率，N 表示债券持有期，ρ_t^N 表示按年计算的期限溢价，表示为投资者为弥补持有高风险债券的额外回报，期限溢价与 N 同向变化，若不考虑预期利率的变化，收益曲线向上倾斜。特别强调的是，债券持有者对预期利率和期限溢价不能进行直接观察。但是，在远期市场上，进行交易的远期利率可以为评估预期利率提供途径。π_t 表示在 t 时刻的通货膨胀率，式（4.2）为费雪效应，表示名义利率是真实利率与通货膨胀率之和。

一、通胀目标与预期管理关系

（一）美联储货币政策目标——双重目标制

金融危机爆发导致美国失业率在短期内飙升，美联储的货币政策目标聚焦于缓解失业率，危机后较长时间内，美联储更加致力于就业市场的改善，2010 年 9 月，美联储发表声明，首次提出"最大化就业"，且美联储一直延续采用此类说法，强调货币政策制定和实施的最主要依据是改善就业形势，为货币政策保留了较大的政策空间。

（二）欧央行货币政策目标——价格预测锚定

欧央行独立于欧盟机构和各国政府，直接制定欧元区的政策性基准利率，并根据形势适时调整，依据《马斯特里赫特条约》规定的量化目标和双支柱分析来制定和实施货币政策。

（三）英格兰银行货币政策目标——长期通胀预测目标锚定

政府设定通胀目标，英格兰银行独立制定货币政策利率，是由《英格兰银行法》明确规定的。起初，当局政府衡量通货膨胀程度的指标以剔除住房抵押利息支出零售价格指数（RPIX）表示；2004 年 1 月，英国政府将

CPI 作为通货膨胀目标。

二、预期测度与评估的主要方法

（一）经济调查法

问卷调查衡量分析法是美联储采用的主要经济调查法。比较出名的有通胀预期月度调查、利文斯顿（Livingston）调查与家庭调查三种。有通胀预期月度调查方法的优点在于，公众及市场参与各方很容易理解与接受其直观结果；利文斯顿调查法由掌握知识、政策和预期的能力较强的专业经济学家预测，所得到的通胀预期相对准确，与理性预期更为接近；家庭电话调查法对调查数据进行加工，得出通货膨胀预期值。此外，2006 年，美联储系统为了在未来进一步优化通胀预期月度调查准确度，开始运行"家庭通胀预期项目"调查。

（二）利率期限结构法

利率期限结构法的主要思想是，取相同风险等级，通胀预期是用长期债券收益率与短期债券收益率之差来测度的。从收益率来看，长期债券在到期前的通胀预期是债券收益率在扣除短期资金成本后的差额。通货膨胀预期是依据长期债券收益率相对于相同风险等级的短期债券收益率之差来预测。从理论上来说，长期债券收益率在包含短期资金成本的情况下，同时还反映未来利率的走势，而后者通常与通货膨胀预期相关。值得一提的是，利率的期限结构不仅与通胀预期有关，同时也会受到经济增长背景、货币政策松紧、税收政策等因素干扰。因此，为精确反应通货膨胀预期，不能仅仅计算利率的时间溢价。

（三）包含预期的宏观经济预测模型——公众理性预期的影响评估

以美国为例，FRB/US 是美联储目前主要的分析工具。与动态随机一般均衡模型（DSGE）相比，FRB/US 更加灵活，可以适应经济主体假设的变化和经济形势的演进。

第三节 我国货币政策和宏观审慎政策框架 与央行预期管理实践

一、我国预期管理理论应用进程

中国人民银行自行使央行职能以来，一直致力于探索并改进宏观调控的方式和手段。央行沟通根据侧重内容的不同，分为常规货币政策沟通和金融稳定性沟通。主要包括发布金融相关数据，按季披露货币政策执行报告，央行采用直接交流的方式参与市场沟通，注重与政府机构、商业银行的沟通。

二、我国宏观审慎政策预期管理实践

为提升防范和化解系统性金融风险的能力，健全我国宏观审慎政策框架，在金融委的统筹指导下，作为宏观审慎管理牵头部门，中国人民银行会同相关部门履行宏观审慎管理责任，建立健全宏观审慎政策框架，监测、识别、评估、防范和化解系统性金融风险，畅通宏观审慎政策传导机制，组织运用好宏观审慎政策工具。

宏观审慎政策工具主要用于防范金融体系的整体风险，具有"宏观、逆周期、防传染"的基本属性，有别于针对个体机构稳健、合规运行的微观审慎监管。对于一些与微观审慎监管类似的工具如资本、流动性、杠杆等提出要求，宏观审慎政策也会适当运用，但是两类工具的视角、针对的问题和采取的调控方式不同，可以相互补充，而不是替代。对于防范系统性金融风险，宏观审慎政策工具主要是在已有的微观审慎监管要求上增加附加要求，提高金融体系应对顺周期波动和防范风险传染的能力。宏观审慎管理往往具有"时变"特征，即为了起到逆周期调节的作用，根据系统性金融风险实时状况进行动态调整，可以加强宏观审慎政策与国家发展规划、财政政策、信贷政策、产业政策等的协调配合，切实提升金融服务实体经济能力。

三、我国前瞻性指引实践

预期管理越来越受到中国人民银行的重视。1996 年 6 月起，我国央行每季度定期举办货币政策委员会会议，且会议内容以新闻稿的形式向外进行公布说明。自 2001 年起，我国央行每季度定期公布《中国货币政策执行报告》，信息传播媒介更加丰富。2005 年，我国央行对外公布内容变为《中国金融稳定报告》，同时扩充网站内容，增加与社会直接沟通交流的模块，使我国央行制定的货币政策得到民众的充分理解。不仅如此，随着现代媒体的不断发展，我国央行也通过新闻发布会的形式增加我国货币政策的"曝光度"，货币政策委员会成员直接通过媒体面向大众发表自己对相关政策的看法以及对各种经济指标的发展趋势进行解读。2014 年起，我国央行开始对外公布中国宏观经济预测，频率为每半年一次，但其中预测不包含利率路径。

2019 年，央行信息发布形式更加直接，开设微信公众号与市场进行联通，此时的前瞻性指引也更多地在于定性指引。但不可忽视的是，我国央行与市场的联通更加紧密、沟通更加频繁，从数据上看，在过去的 2016 年、2017 年、2018 年三年中，央行对市场沟通的次数仅分别为 1 次、1 次、2 次，相比之下，2019 年我国央行与市场沟通的次数共有 6 次，包含国务院政策例行会议的 5 次以及我国央行自行举办的 1 次金融统计数据会议，政策的定性指引在不断沟通中得以实现。同时，央行与市场的沟通形式也在不断补充，中国人民银行行长与市场的沟通作用也在不断加强，行长多次发表有关货币政策方向的文章，如 2019 年易纲在《求是》上发表名为《坚守币值稳定目标实施稳健货币政策》文章，"双管齐下"，向公众释放明确的政策信号，对货币政策预期起到正确的指引作用。

2020 年央行的货币政策前瞻性指引工作有了明显改进，公众对货币政策发展趋势有了更充分的了解。具体的改进内容主要表现为以下两点：一是央行采用多种方式沟通货币政策如何应对新冠肺炎疫情；二是央行官员在对外讲话中逐渐加强对货币政策的预期管理工作。同年 2 月 7 日，央行副行长潘功胜对部分经济指标走向进行预测，他指出，2 月 20 日，贷款市场报价利率 LPR 及中期借贷便利 MLF 有很大可能会下调，这一预测发言无疑向市场传递了强烈的信号，进而引导社会公众对市场利率走向的判断。

第四节　国外典型国家预期管理经验的总结

一、预期管理的制度保障包含独立性和透明度

现实经济发展的过程中，政府部门会对央行进行干扰，使其难以形成真正的独立。中央银行发布前瞻性指引并做出一定承诺时，首要的是确保自身独立，否则会削弱央行权威，难以进行前瞻性指引。

各主要经济体的央行大多都是通过立法实现独立。例如，美联储有相当大的独立权限，它虽然是向国会负责，但只是接受国会的立法和报告审议，其他方面基本上不受控制。在英国，根据《英格兰银行法》，政府制定通胀目标，而其他货币政策目标的制定以及自主选择一些调控工具都是由英格兰银行来执行的。在欧洲，从欧央行设立之初就保持着独立性，它独立的一面主要体现在可以自主设定货币政策的目标以及选择适当的政策操作工具。同时，为实现货币政策目标、降低经济和金融风险的不确定性、实现政策长期连续和稳定，央行需要加强信息披露，提升央行透明度。

二、预期管理的关键是保持货币政策的可信度

现实经济活动中，央行决策大多会偏离事先承诺，导致央行可信度被削弱。在实践中，各个国家的央行都认识到货币政策的可信度与其自身的声誉有一定的关系。当央行稳定通胀的信心和决策得到公众的信任和支持时，央行就可用一个比较低的成本来实现其目标，即这种被信任的反通胀能够有效地转化为预期，不会对就业和产出造成危害。

三、预期管理政策实施的前提是良好的规则

规则能够给公众提供政策路径，形成一致性预期。与相机决策相比，

规则所确定下来的政策工具并非一成不变，会随着经济的变动而做出相应的变动。传统的货币政策规则分为货币增长规则和利率规则，利率规则也被称为泰勒规则。对于相机决策和规则行事，大多数央行都坚持折中原则。

四、发达的金融市场是实施预期管理的基础

稳健和高度发达的金融市场是货币政策有效执行的前提。各国都高度重视金融市场建设。以美国为例，金融融资体系的主要渠道是直接融资，而美国金融体系的核心是公开的金融市场，即美联储主要通过公开市场操作调节货币供应量，从而影响微观主体投资、调整经济结构。

五、预期管理的技术支持是央行的预测和分析能力

随着信息技术的发展，中央银行也需要运用新技术，如现代经济模型、统计技术、全面的宏观经济统计指标来指导政策行动，目的是实现货币政策目标。美联储有宏观模型（FRB-US Model）和其他模型，英格兰银行是季度模型，用来对经济进行分析和预测，而这套模型只适用于自身，欧洲央行也有一套适用于自身的经济预测和货币政策工具，如通胀预期的调查法和宏观计量 DSGE 模型。通胀预期调查法主要有欧盟委员会的家庭调查、欧洲央行对专业预测机构的调查以及从通胀挂钩债券提取信息等三种。宏观计量 DSGE 模型主要有新区域（NAWM）模型和克里斯蒂诺、莫托和罗斯塔诺（Christiano-Motto-Rostagno）的建模框架——CMR 模型，其中，NAWM 模型是为了实现经济预测和政策分析，CMR 模型则是为了支持欧央行的货币分析和金融政策，两者存在互补关系。为研究欧洲区域内宏观经济互相依存关系及实现区域经济预测和分析，欧央行又分别开发了欧元区和经济全球（EAGLE）模型和新多国模型（new multi-country model，NMCM）。强大的预测及分析能力，向市场证明自己比市场看得准，对经济形势的判断比市场机构更为准确，提高了欧央行的公信力。

第五章　预期管理平抑金融市场资产价格波动的效应评估

第一节　宏观层面预期管理平抑金融市场波动有效性比较

依据前面介绍的"承诺式"和"预测式"预期管理方式下央行最优市场信号关注度的求解方法，在对模型中的参数赋值后，所求出的两种央行预期管理方式下的最优市场信号关注度 φ^* 都与两个变量相关："依赖型"群体比例 η 和央行风格因子 δ，实证中将研究以下两个问题。

（1）三种不同风格央行进行"承诺式"和"预测式"预期管理时，不同"依赖型"群体比例 η 下央行市场信号最优关注度、市场信号价值和央行预期管理有效性的求解情况。

（2）三种不同风格央行市场信号最优关注度、市场信号价值和央行预期管理有效性的对比分析。

δ 本质上表示央行预期管理效果中央行预期管理方案所占比重，因此，本书将 δ 定义为央行风格因子，若央行认为预期管理效果仅与央行预期管理方案有关，我们称之为"保守风格"央行，此时央行风格因子 $\delta = 1$；若央行认为预期管理效果与央行预期管理方案、市场参与者平均经济行为均有关，且央行预期管理方案占主导地位，我们称之为"稳健风格"央行，此时，我们令央行风格因子 $\delta = 0.75$；若央行认为预期管理效果与央行预期管理方案、市场参与者平均经济行为均有关，且两者对央行预期管理效果影响程度相同，我们称之为"开放风格"央行，此时，央行风格因子 $\delta = 0.5$。

一、计算结果分析

接下来，我们分析不同风格央行在使用两种预期管理方式时最优市场信号关注度、市场信号价值和央行预期管理有效性的情况，分析结果如表5.1、表5.2和表5.3所示。

表5.1   保守风格央行分析结果

依赖型群体比例（η）	承诺式			预测式		
	最优市场信号关注度（φ^*）	市场信号价值（V^*）	央行沟通期望损失（1^*）	最优市场信号关注度（φ^*）	市场信号价值（V^*）	央行沟通期望损失（1^*）
0.00	0.61	0.60	0.097	0.61	0.60	0.097
0.25	0.55	0.57	0.107	0.57	0.57	0.107
0.50	0.50	0.54	0.115	0.53	0.53	0.116
0.75	0.46	0.51	0.124	0.50	0.50	0.125
1.00	0.42	0.49	0.131	0.47	0.47	0.133

表5.2   稳健风格央行分析结果

依赖型群体比例（η）	承诺式			预测式		
	最优市场信号关注度（φ^*）	市场信号价值（V^*）	央行沟通期望损失（1^*）	最优市场信号关注度（φ^*）	市场信号价值（V^*）	央行沟通期望损失（1^*）
0.00	0.48	0.60	0.096	0.49	0.60	0.039
0.25	0.41	0.58	0.104	0.45	0.58	0.044
0.50	0.35	0.56	0.110	0.41	0.55	0.050
0.75	0.31	0.55	0.115	0.38	0.53	0.055
1.00	0.27	0.54	0.119	0.35	0.51	0.060

表5.3   开放风格央行分析结果

依赖型群体比例（η）	承诺式			预测式		
	最优市场信号关注度（φ^*）	市场信号价值（V^*）	央行沟通期望损失（1^*）	最优市场信号关注度（φ^*）	市场信号价值（V^*）	央行沟通期望损失（1^*）
0.00	0.22	0.61	0.095	0.24	0.61	0.059
0.25	0.14	0.60	0.098	0.21	0.60	0.065

依赖型群体比例（η）	承诺式			预测式		
	最优市场信号关注度（φ*）	市场信号价值（V*）	央行沟通期望损失（1*）	最优市场信号关注度（φ*）	市场信号价值（V*）	央行沟通期望损失（1*）
0.50	0.08	0.60	0.100	0.19	0.59	0.070
0.75	0.04	0.60	0.100	0.17	0.58	0.074
1.00	0.01	0.61	0.101	0.15	0.57	0.078

从表 5.1 中可以看出，无论央行采取"承诺式"还是"预测式"预期管理方式，随着市场参与者中"依赖型"群体比例的增加，央行最优市场信号关注度和市场信号价值都会下降，而央行预期管理期望损失会上升，即央行预期管理有效性下降。另外，随着"依赖型"群体比例的增加，采取"承诺式"预期管理方式时的最优市场信号关注度会逐渐低于采取"预测式"时的最优市场信号关注度，同时，市场信号价值和央行预期管理有效性会逐渐高于"预测式"时的市场信号价值和预期管理有效性。因此，当央行属于保守风格时，采取"承诺式"预期管理方式相比于"预测式"可以减少对市场信号的关注度，从而减弱市场信号的内生性问题，使得央行预期管理更有效。

从表 5.2 中可以看出，同保守风格央行结果一样，无论央行采取"承诺式"还是"预测式"预期管理方式，随着市场参与者中"依赖型"群体比例的增加，央行最优市场关注度和市场信号价值都会下降，而央行预期管理期望损失会上升，即央行预期管理有效性下降。另外，随着市场参与者中"依赖型"群体比例的增加，采取"承诺式"方式时的市场信号价值会逐渐略高于采取"预测式"时的市场信号价值，然而对于任意"依赖型"群体比例，采取"承诺式"预期管理方式时最优市场信号关注度都低于采取"预测式"的最优市场信号关注度，同时，央行预期管理有效性也低于采取"预测式"时的有效性。因此，当央行属于稳健风格时，若着重考虑央行预期管理的有效性，应采用"预测式"预期管理。

从表 5.3 中可以看出，当央行采取"预测式"预期管理时，同保守风格央行和稳健风格央行一致，随着市场参与者中"依赖型"群体比例的增加，央行最优市场信号关注度和市场信号价值都会下降，而央行预期管理期望损失会上升，即央行预期管理有效性下降。当央行采取"承诺式"方式时，随着"依赖型"群体比例的增加，央行最优市场信号关注度会出现下降，央行预期管理有效性同样会下降，但市场信号价值出现先下降后上升的趋势。另外，随着"依赖型"群体比例的增加，采取"承诺式"时的市场信号价值会逐渐略高于采取"预测式"时的市场信号价值，但对于任意的"依赖型"群体比例，采取"预测式"时的央行预期管理有效性显著高于采取"承诺式"时的有效性。因此，若央行为开放风格央行，为了更有效地进行预期管理，应采取"预测式"预期管理。

二、不同风格央行预期管理有效性比较

（一）央行最优市场信号关注度比较

对于不同风格的央行，分别对采取"承诺式"和"预测式"预期管理时的最优市场信号关注度进行分析比较，结果如图5.1和图5.2所示。

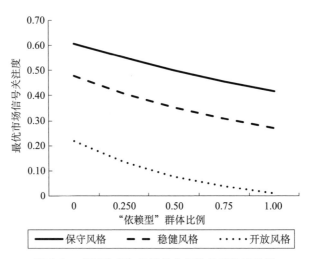

图5.1 "承诺式"的最优市场信号关注度比较

从图5.1和图5.2中可以看出，无论是"承诺式"还是"预测式"，随着市场参与者中"依赖型"群体比例的增加，央行的最优市场信号关注度显著降低，并且在两种央行预期管理方式中，开放风格央行的最优市场信号关注度最低，稳健风格央行的最优市场信号关注度居中，保守风格央行的最优市场信号关注度最高。另外，随着"依赖型"群体比例的增加，对

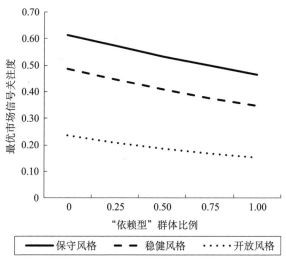

图 5.2　"预测式"的最优市场信号关注度比较

于开放风格央行，选择"承诺式"时的最优市场信号关注度明显低于选择"预测式"时的最优市场信号关注度。

（二）市场信号价值比较

对于不同风格的央行，分别对采取"承诺式"和"预测式"预期管理时的市场信号价值进行比较分析，结果如图 5.3 和图 5.4 所示。

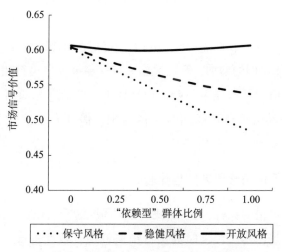

图 5.3　"承诺式"的市场信号价值比较

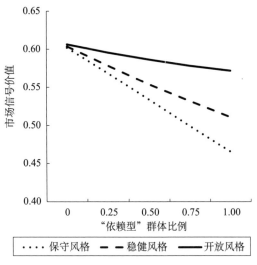

图5.4 "预测式"的市场信号价值比较

从图5.3和图5.4中可以看出,若央行采取"承诺式",当市场参与者中"依赖型"群体比例为零时,三种风格央行采取最优市场信号关注度时的市场信号价值相近,随着"依赖型"群体比例的增加,开放风格央行市场信号价值几乎保持不变,而稳健风格央行和保守风格央行市场信号价值显著下降,但整体上,开放风格央行的市场信号价值最高,稳健风格央行市场信号价值居中,保守风格央行市场信号价值最低。同"承诺式"结果类似,若央行采取"预测式",当市场参与者中"依赖型"群体比例为零时,三种风格央行采取最优市场信号关注度时的市场信号价值相近,随着"依赖型"群体比例的增加,开放风格央行、稳健风格央行和保守风格央行的市场信号价值均开始显著下降,但整体上,开放风格央行的市场信号价值最高,稳健风格央行市场信号价值居中,保守风格央行市场信号价值最低。

(三)央行预期管理有效性比较

对于不同风格的央行,"承诺式"和"预测式"预期管理情形下,对央行采取最优市场信号关注度时的央行预期管理有效性进行分析比较,结果如图5.5和图5.6所示。

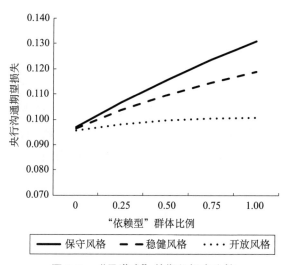

图 5.5 "承诺式"的期望损失比较

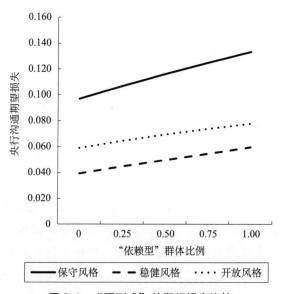

图 5.6 "预测式"的期望损失比较

从图 5.5 中可以看出，若央行采取"承诺式"，当市场参与者中"依赖型"群体比例较低时，三种风格央行最优市场信号关注度下央行预期管理的有效性相近，随着"依赖型"群体比例的增加，保守风格央行和稳健风格央行的央行预期管理有效性均明显下降，而开放风格央行的央行预期管理有效性下降较缓慢。因此，整体上，开放风格央行下的预期管理有效性最高，稳健风格央行的预期管理有效性居中，保守风格央行的预期管理有效性最低。

从图 5.6 中可以看出，若央行采取"预测式"，对于任意的"依赖型"群体比例，三种风格央行的央行预期管理有效性均存在较大差异，同时，随着"依赖型"群体比例的增加，三种风格央行的预期管理有效性均呈现明显的下降趋势。整体上看，稳健风格央行的预期管理有效性最高，开放风格央行的预期管理有效性居中，保守风格央行的预期管理有效性最低。

第二节　货币市场

一、预期管理稳定货币市场的背景和意义

近几年，预期管理作为新型货币政策受到多国中央银行的青睐，央行预期管理能力会对常规的实际干预手段效果产生影响。目前国内经济面临的不确定性因素增加，货币政策走向备受关注，2019 年 12 月，央行行长易纲发表文章《坚守币值稳定目标实施稳健货币政策》称，货币政策的有效性很大程度上取决于对预期的引导和把控，这也是央行可信度的重要体现，表明预期管理已经成为最重要的货币政策手段之一，央行预期管理的重要性逐渐凸显。

货币当局往往会采用公告操作，主要是通过各种媒体渠道向公众传达政策意图，包括定期发布《中国货币政策执行报告》《公开市场业务交易公告》等相关信息，起到预期管理的作用，其实质是通过提升政策透明度引导公众预期从而实现政策调控目标。由此，如何实现央行对公众预期的有效引导，以及提升央行透明度是否能够影响货币政策预期管理的有效性成为当前货币政策研究的重要内容。

二、实证分析

（一）初始参数赋值

在建立模型模拟社会网络中央行、研究机构和企业三个主体社会融资

规模预期的相互影响过程的基础上，结合收集的数据，采用 Matlab 对真实的社会网络中三个主体预期之间的影响过程进行模拟。由于三个主体所掌握的有关社会融资规模信息量有所不同，因而在初始时期三个主体会形成不同的预期值，而社会预期的形成就是三个主体之间相互影响达成共识的过程。

在当前的信息社会中，微观主体的信息可得性变强，之前已经设定假定（6）：各主体对社会融资规模的预期均符合理性预期，即各个主体对未来社会融资规模的预期服从正态分布，均值为社会融资规模的真实值，方差则根据主体的预测误差近似确定。为使模拟能更接近现实水平，采用 2015 年 1 月 ~ 2019 年 2 月共 49 期数据，央行官网会公布月度社融规模值，媒体报道中会发布每月的机构对于社融规模的预测值，然后计算这些机构预测值与社融规模实际值的误差作为机构对社融规模的预测方差。通过计算得出，2015 年 1 月 ~ 2019 年 2 月的月度机构预测值与月度社融规模实际值的均方根误差为 0.50，赋值机构的社融规模预期 $f_2^{e(t)}$ 服从正态分布：$N(S, 0.50^2)$，其中 S 表示每月社融规模的真实值，0.50 表示机构预测的标准差。由于央行不发布关于社融规模的预测数据，假定央行因为具有更多的经济方面的内部信息，因此，央行社融规模的预期误差小于机构的预期误差，选取央行预期误差为机构的 0.7 倍，所以央行社融规模预期服从正态分布：$N(S, 0.35^2)$。同理，由于企业拥有比机构更少的信息，假定企业的社融规模预期大于机构的预期，取企业预期误差为机构预期误差的 2.3 倍，所以企业的社融规模预期服从正态分布：$N(S, 1.15^2)$。

在确定央行、机构和企业的社融规模预期分布后，需要确定 2015 年 1 月 ~ 2019 年 2 月每月的三个主体预期值 $f_1^{e(0)}$、$f_2^{e(0)}$ 和 $f_3^{e(0)}$。本书规定每月初始预期的取值方法为：将三个主体预期的正态分布标准化后统一取误差为 1.73 的预期值，即：

$$f_i^{e(0)} = 1.73\sigma + S \qquad (5.1)$$

其中，$f_i^{e(0)}$ 表示主体 i 的初始预期，σ 表示正态分布的标准差，S 表示当月的社融规模真实值。

假设企业主体中含有 1 000 个个体，研究机构主体中有 10 个个体，企业主体中 1 000 个个体受其他主体的影响程度相同，再结合假定（6）和假定（7），1 000 个企业具有相同的预期。同样地，也假设机构主体中的 10 个个体受其他主体的影响程度相同，且根据假定（6）和假定（7），其预期相同。因此可以判定，主体内个体的数量并不影响模拟的结果。

（二）央行透明度下降模拟分析

央行是国家干预和调控国民经济发展的重要部门，因而央行掌握着比较全面的经济信息，但是央行为实现多元化经济目标，通常情况下不会将所掌握的信息全部披露，因而存在央行透明度问题。

社会形成社融规模预期的动态过程中，社会影响矩阵会因央行透明度的不同而显著不同。当央行透明度高时，央行会释放出大量信息，机构和企业在形成下一时期的社融规模预期时会更加依赖央行所释放的信息，反映在社会影响矩阵中也就是给央行预期分配更高的权重，当央行释放出少量信息，央行的透明度也就较低，机构和企业在形成预期的过程中就会较少依赖央行的信息，即在社会影响矩阵中给央行预期分配较小的权重。用社会影响矩阵中的权重变量 P_{ij} 表示主体 j 对主体 i 社融预期的影响程度，然后设 P_{11} 为央行的社融规模预期受自身影响的权重；P_{12} 为央行的社融规模预期受机构影响的权重；P_{13} 为央行的社融规模预期受机构和企业影响的权重；P_{21} 为机构预期受央行影响的权重；P_{22} 为机构预期受自身影响权重；P_{23} 为机构预期受企业影响的权重；P_{31} 为企业预期受央行影响的权重；P_{32} 为企业预期受机构影响的权重，P_{33} 为企业预期受自身影响的权重。其中，$0 \leqslant P_{ij} \leqslant 1$，i，j = 1，2，3，且有，$P_{11} + P_{12} + P_{13} = 1$，$P_{21} + P_{22} + P_{23} = 1$，$P_{31} + P_{32} + P_{33} = 1$。

$$P = \begin{bmatrix} p_{11} & p_{12} & p_{13} \\ p_{21} & p_{22} & p_{23} \\ p_{31} & p_{32} & p_{33} \end{bmatrix}$$

根据前面设定的假定（8），央行透明度下降的模拟过程为：

（1）央行给予包括自身的主体分配的影响其预期形成的权重不变，即 P_{11}，P_{12}，P_{13} 均不变；

（2）随着央行透明度下降，机构分配给央行影响其预期形成的权重不断下降，分配给自身的权重不断增加，分配给企业的权重一直保持不变；

（3）随着央行透明度下降，企业分配给央行影响其预期形成的权重不断下降，分配给机构影响其预期形成的权重一直保持不变，分配给自身的权重不断增加。

根据 2015 年 1 月 ~2019 年 2 月共 49 期的数据对央行透明度对社会预期形成的影响进行研究。对于每一期数据，都计算了模拟结果的收敛性、共识性以及平均收敛速度，同时计算出共识社融规模预期和真实社融规模的均方根误差（RMSE）以及平均绝对百分误差（MAPE）。另外，也计算了社融规模预期达成共识时，央行、机构和企业对于共识预期的影响程度。在假定（3）中，央行在预期更新时，会以自己的预期为主导，研究机构和企业的预期对央行的影响权重较小，但相比较而言，研究机构由于其专业性对央行预期的影响权重比企业大。因此，在模拟央行透明度下降过程中，可以设定央行自身对其他主体分配的影响权重为：$P_{11}=0.6$，$P_{12}=0.3$，$P_{13}=0.1$，央行透明度的下降使机构和企业对其他主体分配的影响权重分三种情况，分别为：

（1）$P_{21}=0.5$，$P_{22}=0.4$，$P_{23}=0.1$；$P_{31}=0.7$，$P_{32}=0.2$，$P_{33}=0.1$

（2）$P_{21}=0.3$，$P_{22}=0.6$，$P_{23}=0.1$；$P_{31}=0.5$，$P_{32}=0.2$，$P_{33}=0.3$

（3）$P_{21}=0.1$，$P_{22}=0.8$，$P_{23}=0.1$；$P_{31}=0.3$，$P_{32}=0.2$，$P_{33}=0.5$

在上述基础上对不同央行透明度进行社融规模预期形成机制的模拟，结果如表 5.4 所示。

表 5.4　　　　　　央行透明度对社融规模预期形成机制影响模拟

社会影响矩阵	收敛性	共识性	收敛速度	共识聪明度		主体影响力		
				MAPE	RMSE	央行	机构	企业
$P_{11}=0.6$，$P_{12}=0.3$，$P_{13}=0.1$								
$P_{21}=0.5$，$P_{22}=0.4$，$P_{23}=0.1$	49/49	49/49	2	69.37	0.8318	0.58	0.32	0.10
$P_{31}=0.7$，$P_{32}=0.2$，$P_{33}=0.1$								
$P_{11}=0.6$，$P_{12}=0.3$，$P_{13}=0.1$								
$P_{21}=0.3$，$P_{22}=0.6$，$P_{23}=0.1$	49/49	49/49	3	74.17	0.8893	0.47	0.40	0.13
$P_{31}=0.5$，$P_{32}=0.2$，$P_{33}=0.3$								
$P_{11}=0.6$，$P_{12}=0.3$，$P_{13}=0.1$								
$P_{21}=0.1$，$P_{22}=0.8$，$P_{23}=0.1$	49/49	49/49	7	82.34	0.9873	0.30	0.56	0.14
$P_{31}=0.3$，$P_{32}=0.2$，$P_{33}=0.5$								

从表 5.4 中可以看出，49 期的社会预期全部收敛并达成共识，与央行透明度无关。但是随着央行透明度的下降，收敛速度变慢，且变慢的速度越来越快，同时，形成社会预期的误差逐渐增大，但增加幅度不大，央行的主体影响力逐渐减小。为了消除央行预期更新过程中权重分配数值对模拟结果的影响，在调整权重分配值后增加了两次模拟（结果如表 5.5、表5.6 所示），模拟结果表明，央行权重分配情况并不影响上述所得结论。

表 5.5   央行透明度下降模拟结果（$P_{11}=0.7$，$P_{12}=0.2$，$P_{13}=0.1$）

社会影响矩阵	收敛性	共识性	收敛速度	共识聪明度		主体影响力		
				MAPE	RMSE	央行	机构	企业
$P_{11}=0.7$，$P_{12}=0.2$，$P_{13}=0.1$								
$P_{21}=0.5$，$P_{22}=0.4$，$P_{23}=0.1$	49/49	49/49	3	67.81	0.8130	0.65	0.25	0.10
$P_{31}=0.7$，$P_{32}=0.2$，$P_{33}=0.1$								
$P_{11}=0.7$，$P_{12}=0.2$，$P_{13}=0.1$								
$P_{21}=0.3$，$P_{22}=0.6$，$P_{23}=0.1$	49/49	49/49	4	72.49	0.8692	0.54	0.33	0.13
$P_{31}=0.5$，$P_{32}=0.2$，$P_{33}=0.3$								
$P_{11}=0.7$，$P_{12}=0.2$，$P_{13}=0.1$								
$P_{21}=0.1$，$P_{22}=0.8$，$P_{23}=0.1$	49/49	49/49	7	80.90	0.9700	0.34	0.50	0.16
$P_{31}=0.3$，$P_{32}=0.2$，$P_{33}=0.5$								

表 5.6   央行透明度下降模拟结果（$P_{11}=0.6$，$P_{12}=0.3$，$P_{13}=0.1$）

社会影响矩阵	收敛性	共识性	收敛速度	共识聪明度		主体影响力		
				MAPE	RMSE	央行	机构	企业
$P_{11}=0.6$，$P_{12}=0.3$，$P_{13}=0.1$								
$P_{21}=0.5$，$P_{22}=0.4$，$P_{23}=0.1$	49/49	49/49	4	62.60	0.7506	0.73	0.21	0.06
$P_{31}=0.7$，$P_{32}=0.2$，$P_{33}=0.1$								
$P_{11}=0.6$，$P_{12}=0.3$，$P_{13}=0.1$								
$P_{21}=0.3$，$P_{22}=0.6$，$P_{23}=0.1$	49/49	49/49	6	66.78	0.8007	0.63	0.28	0.09
$P_{31}=0.5$，$P_{32}=0.2$，$P_{33}=0.3$								
$P_{11}=0.6$，$P_{12}=0.3$，$P_{13}=0.1$								
$P_{21}=0.1$，$P_{22}=0.8$，$P_{23}=0.1$	49/49	49/49	11	75.72	0.9079	0.42	0.45	0.13
$P_{31}=0.3$，$P_{32}=0.2$，$P_{33}=0.5$								

（三）央行预期管理模拟分析

央行作为国家经济的主要部门，可以发挥自身信息优势，实现对社会预期的引导。预期管理途径有两种，第一种是通过吹风会、座谈会等方式对机构加强窗口指导，提高机构预期的精确度，再经过企业对机构信息的吸收，实现央行对社会预期的引导。这种引导途径表现在社会影响矩阵中，也就是增加机构预期形成过程中央行的影响权重。第二种是央行提高自身的公信力和透明度，从而直接提高自身在企业群体中的关注度，然后通过机构所做的调研、问卷等活动影响机构预期，实现对社会预期的引导。这种预期管理途径在社会影响矩阵中表现为增加企业预期形成过程中央行的影响权重。

在社会融资规模的社会预期形成过程中，央行也可以通过上述两种途径实现对社会预期的引导，通过德格鲁特社会影响模型模拟央行的两种预期管理方式，通过模拟结果研究两种引导方式的有效性。

央行加强对机构预期管理的过程模拟如下：

央行给予包括自身的主体分配的影响其预期形成的权重不变，即 P_{11}，P_{12}，P_{13} 均不变；

机构增加在自身预期形成过程中央行的影响权重 P_{21}，相应地减小分配给自身的影响权重 P_{22}，分配给企业的影响权重 P_{23} 保持不变；

企业给予包括自身的主体分配的影响其预期形成的权重不变，即 P_{31}，P_{32}，P_{33} 均不变。

央行加强对企业预期管理的过程模拟如下：

央行给予包括自身的主体分配的影响其预期形成的权重不变，即 P_{11}，P_{12}，P_{13} 均不变；

机构给予包括自身的主体分配的影响其预期形成的权重不变，即 P_{21}，P_{22}，P_{23} 均不变；

企业增加在自身预期形成过程中央行的影响权重 P_{31}，相应地减小分配给自身的影响权重 P_{33}，分配给企业的影响权重 P_{32} 保持不变。

同样利用 2015 年 1 月 ~2019 年 2 月的 49 期数据对央行的预期管理进行模拟，由于央行对社会预期有两种引导途径，第一种是央行主要直接加强对机构预期的引导；第二种是央行主要直接加强对企业的预期管理。可以对央行的两种预期管理途径分别进行模拟，研究两种途径形成社会预期效果的差别。

根据前面所述两种预期管理模拟过程，央行对研究机构和企业预期管理力度的加强分别体现在机构和企业在预期更新过程中央行预期对其影响权重 P_{21}、P_{31} 的增加，以及机构、企业对其自身前一期预期影响权重 P_{22}、P_{33} 的减小，在央行预期管理力度较低的初始阶段，央行对机构和企业的预期更新影响权重 P_{21}、P_{31} 较低，而机构和企业自身的前一期预期分别对自己的预期更新影响权重 P_{22}、P_{33} 较大。因此，为了尽可能多地模拟央行预期管理力度加强的过程，设定初始的社会影响矩阵 P 如下：

$$P = \begin{bmatrix} 0.8 & 0.15 & 0.05 \\ 0.1 & 0.8 & 0.1 \\ 0.1 & 0.4 & 0.5 \end{bmatrix}$$

（四）央行引导机构预期的有效性

模拟央行引导机构预期的有效性，逐渐增加机构预期形成过程中央行影响的权重，相应减小机构对自身影响的权重，其他权重均保持不变。即 P_{21} 逐渐增大，P_{22} 相应地逐渐减小，其他均不变。社融规模预期模拟形成结果如表 5.7 所示。

表 5.7　　　　　　　　　　央行引导机构预期有效性模拟

机构的权重分配	收敛性	共识性	收敛速度	共识聪明度		主体影响力		
				MAPE	RMSE	央行	机构	企业
$P_{21}=0.1$，$P_{22}=0.8$，$P_{23}=0.1$	49/49	49/49	13	78.31	0.9389	0.33	0.53	0.14
$P_{21}=0.2$，$P_{22}=0.7$，$P_{23}=0.1$	49/49	49/49	10	74.34	0.8913	0.47	0.40	0.13
$P_{21}=0.3$，$P_{22}=0.6$，$P_{23}=0.1$	49/49	49/49	10	71.87	0.8617	0.55	0.33	0.12
$P_{21}=0.4$，$P_{22}=0.5$，$P_{23}=0.1$	49/49	49/49	9	70.19	0.8416	0.61	0.27	0.12
$P_{21}=0.5$，$P_{22}=0.4$，$P_{23}=0.1$	49/49	49/49	8	68.97	0.8270	0.65	0.24	0.11
$P_{21}=0.6$，$P_{22}=0.3$，$P_{23}=0.1$	49/49	49/49	8	68.05	0.8159	0.68	0.21	0.11
$P_{21}=0.7$，$P_{22}=0.2$，$P_{23}=0.1$	49/49	49/49	7	67.33	0.8073	0.70	0.19	0.11
$P_{21}=0.8$，$P_{22}=0.1$，$P_{23}=0.1$	49/49	49/49	8	66.75	0.8003	0.72	0.17	0.11

接下来，把央行对机构影响增加的权重和相应模拟出的预期误差（RMSE）与央行影响力进行描述，如图 5.7 所示。

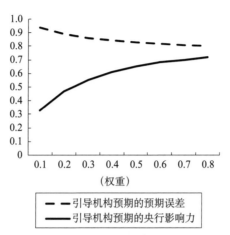

图 5.7　央行引导机构预期的有效性

从图 5.7 中可以看出，首先，社融规模预期的收敛性和共识性与央行对机构预期的引导力度无关，49 期数据显示，社融规模预期形成模拟过程全部收敛并最终达成共识。其次，从表 5.7 中可以看出社融规模预期形成的收敛速度随着央行对机构预期管理的加强整体上出现先加快后变慢的趋势，但收敛速度变化幅度不明显。社融规模预期形成的误差随着央行对机构预期管理的加强逐渐减小，同时央行对社会预期形成的影响力有较大幅度增加。为了消除央行预期更新过程中权重分配数值对模拟结果的影响，调整权重分配值后增加两次模拟（结果如表 5.8、表 5.9 所示），两次模拟结果中社融规模预期的收敛速度变化与上述趋势不同，出现多次变慢变快的波动，说明央行权重分配情况会影响预期收敛速度的变化趋势，除此之外，权重分配状况不影响上述其他结论。

表 5.8　央行引导机构预期模拟结果（$P_{11}=0.7$，$P_{12}-0.2$，$P_{13}-0.1$）

机构的权重分配	收敛性	共识性	收敛速度	共识聪明度		主体影响力		
				MAPE	RMSE	央行	机构	企业
$P_{21}=0.1$，$P_{22}=0.8$，$P_{23}=0.1$	49/49	49/49	8	82.71	0.9917	0.25	0.58	0.17
$P_{21}=0.2$，$P_{22}=0.7$，$P_{23}=0.1$	49/49	49/49	7	80.18	0.9613	0.37	0.46	0.17
$P_{21}=0.3$，$P_{22}=0.6$，$P_{23}=0.1$	49/49	49/49	7	78.49	0.9411	0.44	0.39	0.17

续表

机构的权重分配	收敛性	共识性	收敛速度	共识聪明度		主体影响力		
				MAPE	RMSE	央行	机构	企业
$P_{21}=0.4$, $P_{22}=0.5$, $P_{23}=0.1$	49/49	49/49	6	77.29	0.9267	0.50	0.33	0.17
$P_{21}=0.5$, $P_{22}=0.4$, $P_{23}=0.1$	49/49	49/49	7	76.38	0.9158	0.54	0.29	0.17
$P_{21}=0.6$, $P_{22}=0.3$, $P_{23}=0.1$	49/49	49/49	6	75.68	0.9074	0.57	0.26	0.17
$P_{21}=0.7$, $P_{22}=0.2$, $P_{23}=0.1$	49/49	49/49	7	75.12	0.9007	0.60	0.23	0.17
$P_{21}=0.8$, $P_{22}=0.1$, $P_{23}=0.1$	49/49	49/49	8	74.66	0.8952	0.62	0.21	0.17

表5.9 央行引导机构预期模拟结果（$P_{11}=0.6$，$P_{12}=0.3$，$P_{13}=0.1$）

机构的权重分配	收敛性	共识性	收敛速度	共识聪明度		主体影响力		
				MAPE	RMSE	央行	机构	企业
$P_{21}=0.1$, $P_{22}=0.8$, $P_{23}=0.1$	49/49	49/49	10	83.80	1.0047	0.20	0.63	0.17
$P_{21}=0.2$, $P_{22}=0.7$, $P_{23}=0.1$	49/49	49/49	6	81.50	0.9772	0.30	0.53	0.17
$P_{21}=0.3$, $P_{22}=0.6$, $P_{23}=0.1$	49/49	49/49	6	79.87	0.9576	0.38	0.45	0.17
$P_{21}=0.4$, $P_{22}=0.5$, $P_{23}=0.1$	49/49	49/49	8	78.64	0.9429	0.44	0.39	0.17
$P_{21}=0.5$, $P_{22}=0.4$, $P_{23}=0.1$	49/49	49/49	7	77.69	0.9315	0.48	0.35	0.17
$P_{21}=0.6$, $P_{22}=0.3$, $P_{23}=0.1$	49/49	49/49	7	76.92	0.9223	0.51	0.32	0.17
$P_{21}=0.7$, $P_{22}=0.2$, $P_{23}=0.1$	49/49	49/49	11	76.30	0.9148	0.54	0.29	0.17
$P_{21}=0.8$, $P_{22}=0.1$, $P_{23}=0.1$	49/49	49/49	6	75.78	0.9086	0.57	0.26	0.17

（五）央行引导企业预期的有效性

模拟央行引导企业预期的有效性，即逐渐增加企业预期形成过程中央行影响的权重，相应减小企业对自身影响的权重，其他权重均保持不变。即 P_{31} 逐渐增大，P_{33} 相应地逐渐减小，其他均不变。社融规模预期形成模拟结果如表5.10所示。

表5.10 央行引导企业预期的有效性

企业的权重分配	收敛性	共识性	收敛速度	共识聪明度		主体影响力		
				MAPE	RMSE	央行	机构	企业
$P_{31}=0.1$, $P_{32}=0.4$, $P_{33}=0.5$	49/49	49/49	13	78.31	0.9389	0.33	0.52	0.15

续表

企业的权重分配	收敛性	共识性	收敛速度	共识聪明度		主体影响力		
				MAPE	RMSE	央行	机构	企业
$P_{31} = 0.2$，$P_{32} = 0.4$，$P_{33} = 0.4$	49/49	49/49	13	75.35	0.9035	0.37	0.51	0.12
$P_{31} = 0.3$，$P_{32} = 0.4$，$P_{33} = 0.3$	49/49	49/49	12	73.23	0.8780	0.40	0.50	0.10
$P_{31} = 0.4$，$P_{32} = 0.4$，$P_{33} = 0.2$	49/49	49/49	11	71.63	0.8588	0.42	0.49	0.09
$P_{31} = 0.5$，$P_{32} = 0.4$，$P_{33} = 0.1$	49/49	49/49	13	70.38	0.8438	0.44	0.48	0.08

　　继而把央行对企业影响增加的权重和表 5.10 中预期误差与央行影响力进行描述如图 5.8 所示。由表 5.10 和图 5.8 可以看出，与央行对机构预期管理的效果相类似，社融规模预期的收敛性和共识性与央行对企业预期的引导力度无关。央行对企业预期管理的加强也使社会预期的收敛速度先加快再变慢，但变化幅度较小。社会预期的误差随着央行对企业预期管理的加强缓慢减小，同时央行对社会预期的主体影响力逐渐增加。为消除央行预期更新过程中权重分配数值对模拟结果的影响，调整权重分配值后增加两次模拟（结果如表 5.11、表 5.12 所示）。两次模拟结果中社融规模预期的收敛速度变化与上述趋势不同，出现相反变动和多次变慢变快的波动，说明央行权重分配情况会影响预期收敛速度的变化趋势，除此之外，权重分配状况不影响上述其他结论。

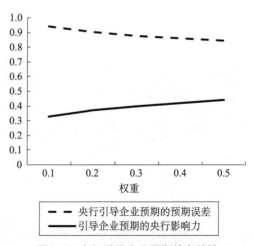

图 5.8　央行引导企业预期的有效性

表5.11　央行引导企业预期模拟结果（$P_{11}=0.7$，$P_{12}=0.2$，$P_{13}=0.1$）

企业的权重分配	收敛性	共识性	收敛速度	共识聪明度		主体影响力		
				MAPE	RMSE	央行	机构	企业
$P_{31}=0.1$，$P_{32}=0.4$，$P_{33}=0.5$	49/49	49/49	8	82.71	0.9917	0.25	0.58	0.17
$P_{31}=0.2$，$P_{32}=0.4$，$P_{33}=0.4$	49/49	49/49	11	79.71	0.9557	0.29	0.57	0.14
$P_{31}=0.3$，$P_{32}=0.4$，$P_{33}=0.3$	49/49	49/49	8	77.46	0.9288	0.31	0.56	0.13
$P_{31}=0.4$，$P_{32}=0.4$，$P_{33}=0.2$	49/49	49/49	8	75.71	0.9078	0.34	0.55	0.11
$P_{31}=0.5$，$P_{32}=0.4$，$P_{33}=0.1$	49/49	49/49	7	74.31	0.8910	0.35	0.55	0.10

表5.12　央行引导企业预期模拟结果（$P_{11}=0.6$，$P_{12}=0.3$，$P_{13}=0.1$）

企业的权重分配	收敛性	共识性	收敛速度	共识聪明度		主体影响力		
				MAPE	RMSE	央行	机构	企业
$P_{31}=0.1$，$P_{32}=0.4$，$P_{33}=0.5$	49/49	49/49	10	83.80	1.0047	0.20	0.63	0.17
$P_{31}=0.2$，$P_{32}=0.4$，$P_{33}=0.4$	49/49	49/49	6	80.95	0.9706	0.23	0.63	0.14
$P_{31}=0.3$，$P_{32}=0.4$，$P_{33}=0.3$	49/49	49/49	12	78.82	0.9450	0.25	0.62	0.13
$P_{31}=0.4$，$P_{32}=0.4$，$P_{33}=0.2$	49/49	49/49	11	77.16	0.9251	0.27	0.62	0.11
$P_{31}=0.5$，$P_{32}=0.4$，$P_{33}=0.1$	49/49	49/49	6	75.83	0.9092	0.28	0.62	0.10

（六）两种预期管理途径的比较

对央行引导社会预期的两种途径的有效性进行比较，如图5.9、图5.10所示。

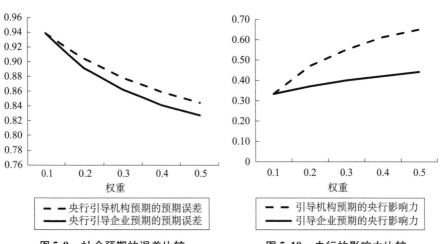

图5.9　社会预期的误差比较　　　图5.10　央行的影响力比较

对于央行相同的预期管理力度，引导企业预期比引导机构预期所形成的社会预期误差更小，且随着央行引导力度的增加，引导企业所形成社会预期的误差与引导机构所形成的社会预期的误差相比，有加速减小的趋势。

由图 5.9 和图 5.10 可以看出，对于央行相同的预期管理力度，引导机构预期与引导企业预期相比，能够更好地提升央行在形成社会预期中的主体影响力，同样，随着央行引导力度的增加，引导机构预期与引导企业预期相比，央行的主体影响力有加速提高的趋势。

基于德格鲁特模型，本书动态模拟关于社融规模的社会预期的形成过程，在此基础上，本书分析了央行透明度对社会预期形成的影响和央行预期管理的有效性，研究有如下发现。

（1）通过 2015 年 1 月~2019 年 2 月共 49 期的数据分析央行透明度变化和预期管理有效性时，每一期的社会预期形成动态模拟结果都能有效收敛并最终达成共识，与央行透明度和央行的预期管理力度没有较大关系。由于社会预期总是能够收敛并达成共识，也就为政府通过各种途径引导社会预期达成共识的结果来实现经济的更好发展提供了可能。

（2）随着央行透明度下降，社会预期的收敛速度变慢，且变慢的速度越来越快，同时形成社会预期的误差逐渐增大，增大幅度较小；同时，伴随央行透明度的下降，央行的主体影响力逐渐减小。央行作为国家经济管理的重要部门，其公信力对于央行经济政策的有效性有着重要影响，另外，社会预期收敛速度变慢会使央行新经济政策出台后社会群体的适应期限延长，不利于政府政策效用评估。因此，政府需要提高央行的透明度，从而提高央行的公信力，并加快社会预期的达成共识的速度。

（3）央行引导社会预期有两种路径，第一种是央行直接加强对机构预期的引导，第二种是央行直接加强对企业的预期管理。实证结果表明，两种不同的引导路径产生的效果存在差异，对于社会预期的误差，相同的预期管理力度，引导企业能更有效地减小社会预期的误差；央行的主体影响力方面，相同的预期管理力度，引导机构能更有效增加央行的公信力。因此，央行可以是根据减小社会预期误差还是提高央行公信力两个不同的首要政策目标选择相应的预期管理路径。

第三节　股票市场

一、预期管理稳定股票市场的背景及意义

在资产价格与金融稳定、宏观经济以及货币政策联系日益紧密的大背景下，货币政策在进行宏观调控时，除关注通胀及物价稳定目标外，还应将资产价格和金融稳定目标纳入管理范围（李强，2009）。2020 年，央行《政策研究》刊发央行前行长周小川署名的文章《拓展通货膨胀的概念和度量》，也提出"应将资产价格纳入货币政策的范畴内考虑"。货币政策应关注资产价格已成为理论界与各国中央银行政策实践的共识（肖卫国等，2012），但关于货币政策以何种方式干预以及在何种程度上干预资产价格仍未达成共识。

2007 年，美国爆发次贷危机并急剧恶化为金融危机，并迅速向欧洲甚至全球蔓延，部分国家如冰岛甚至出现了国家性危机，对全球金融市场及实体经济产生了巨大冲击。在全球经济步入衰退、国际经济环境不确定不稳定因素明显增多、国际金融市场动荡加剧的大背景下，各国央行大幅降息以刺激经济、缓和衰退。美联储 2008 年下调联邦基金目标利率七次、贴现率八次，联邦基金利率目标由 4.25% 下调至 0~0.25%，贴现率由 4.75% 下调至 0.5%。2009 年，日本银行将无抵押拆借利率维持在 0.1%，欧洲央行将主要再融资利率降至 1%，英格兰银行将官方利率三次下调各 50 个基点，使利率降至 0.5%。在各国央行都将基准利率下降至接近"零"时，已经难以运用常规价格调控机制对市场进行调控，此时运用"非常规"货币政策对市场进行调控就显得十分必要。危机期间，各主要经济体通过创新流动性管理工具（如美联储推出定期拍卖工具、短期证券借贷工具、一级交易商借款机制、商业票据融资机制等）、扩大资产负债表规模、推出资产购买计划等以"量化宽松"为特点的非常规货币政策手段，向市场大量注入流动性。

在基准利率接近于"零"的背景下，量化宽松政策的使用使价格预期

稳定，避免了"大萧条"式衰退的发生。但是，在刺激经济的同时，以量化宽松为特点的非常规货币政策手段也可能带来一些风险，影响国际金融市场。首先，该类政策可能造成全球通货膨胀的发生。如果央行在经济恢复时无法及时回收巨额流动性，可能再次埋下资产泡沫和通货膨胀的隐患。并且通货膨胀会进行传染，某个主要央行发生通货膨胀可能导致全球性的通货膨胀。其次，主要货币汇率波动可能性变大。各国都采取量化宽松的非常规货币政策，可能导致主要货币汇率降低。最后，影响主要经济体债券市场。运用量化宽松的非常规货币政策短期内也许能使债券价格维持在较低水平，但当经济复苏、市场逐渐稳定时，通货膨胀预期强化、利率上涨、央行回收流动性等原因可能会使债券市场发生变化。

　　因此，在经济复苏逐渐显现，美国量化宽松导致全球流动性泛滥的大背景下，如何制定超宽松政策的退出机制就成为各国央行考虑的另一重点。首先，要考虑退出的时机和力度。理论上，危机影响基本消除、经济逐渐恢复是退出的标准。但在实践中要较为准确地把握退出时机，如果退出时机过早，政策效果可能来不及发挥，经济难以复苏；如果退出过晚，又可能因为回收流动性等原因造成全球通货膨胀。其次，要选择合适的退出工具。除常规工具以外，还可以使用其他新型工具，以保证在经济复苏时既可以较快地回收大量流动性，又不会使信贷市场发生较大波动。最后，要将货币政策与其他政策如财政政策等配合使用，也要加强各国之间的交流沟通。在这样一种实体经济仍然脆弱、经济形势仍不明朗的复杂情况下，各国央行面临政策的艰难抉择，在此背景下，美联储创新货币政策工具，就政策利率未来的可能走势与公众进行沟通，进而管理市场对未来政策的预期，实现货币政策目标，这一过程就是央行沟通。研究表明，联邦公开市场委员会的声明降低了利率、国债收益率的波动程度，也使得股票价格上升，金融环境得到改善，同时调整公众宏观经济预期，使宏观经济基本面得到改善。由此，央行沟通成为增强政策透明度，引导市场理性预期，提高货币政策有效性，维护经济与金融稳定的核心工具。

　　中国央行也逐步将预期管理提到重要位置：2010年5月，中国人民银行发布2010年第一季度《中国货币政策执行报告》，首次设置"通货膨胀预期管理"专栏，提出"加强公众沟通，提高货币政策透明度，引导公众预期";2018 年,中央政治局会议将"稳预期"作为"六稳"工作的一项重要要求;2019 年,人民银行办公室工作座谈会提出"加大政策发布解读和预期管理力度,加强与市场沟通,及时回应关切、稳定预期";2019 年 8月,中国人民银行开通微信公众号,加强与公众沟通;2021 年 3 月,中央发布"十四五"规划,提出要"重视预期管理,提高调控的科学性"。种种举措均体现出预期管理的重要性,也体现出我国已将预期管理工作提到更加重要的位置,预期管理已成为一种货币政策工具以引导市场预期,实现政策目标。

而在如今全球经济下行、突发事件频发、国内外经济复杂性、不确定性等多重因素叠加的背景下,外部冲击和内部调整极易引发金融市场波动,甚至演变为"大动荡",2008 年金融危机期间美国道琼斯指数从最高 14 198.1点暴跌到最低 6 469.95 点,跌幅达 54.43%,2020 年春节后第一个交易日受新冠肺炎疫情影响,沪指跌幅达 7.72%,A 股市场 3 000 多只股票跌停;3 月美股 10 天内四次触发熔断机制。疫情发生后,中国央行连续召开多场新闻发布会,分析经济形势,解读金融抗疫政策,以安抚市场情绪,维护宏观经济与金融市场稳定,如表 5.13 所示。

表 5.13 2020 年 2 月中国人民银行政策沟通表

时间	事件	主要内容
2020 年 2 月 1 日	《金融时报》专访	解读金融支持疫情防控的重要举措
2020 年 2 月 7 日	国新办新闻发布会	解读利率调控措施
2020 年 2 月 14 日	国务院联防联控机制新闻发布会	介绍金融支持重点领域和行业情况
2020 年 2 月 15 日	国新办新闻发布会	介绍金融科技和重要金融基础设施安全运行状况
2020 年 2 月 21 日	央视财经专访	分析疫情对经济影响
2020 年 2 月 22 日	《金融时报》专访	分析疫情影响下经济形势
2020 年 2 月 23 日	英国《金融时报》刊发署名文章	就新冠肺炎疫情对中国经济的影响等问题进行分析解读
2020 年 2 月 24 日	国新办新闻发布会	解读金融抗疫政策
2020 年 2 月 24 日	国务院联防联控机制新闻发布会	介绍金融支持疫情防控企业复工复产情况
2020 年 2 月 27 日	国新办新闻发布会	介绍金融支持中小微企业发展和对个体工商户扶持力度有关情况

资料来源:中国人民银行官方网站。

　　由此可见，股票市场市场作为金融市场的重要组成部分，具有对政策信息敏感、对冲击反应速度快、资金量庞大等特点，任何货币政策及实体经济的细微变动都会引起市场波动。股票市场作为主要金融子市场之一有很多功能，包括资源配置、信息传递、风险定价、公司治理等，股价波动会影响投资和消费，从而对实体经济造成影响，突发事件对股票市场的冲击甚至会造成实体经济的崩塌，因此，股票市场成为货币政策不得不考虑的重要部分。同时，随着利率市场化以及金融市场发展，我国股票市场也不断完善，已成为重要的投融资渠道，股票在资产结构中的比例也在持续增加，在此期间，股票市场及价格对实体经济的影响也越来越明显，对宏观经济政策变化的反应也更加灵敏，股票市场传导货币政策的功能日益增强。央行沟通作为重要的货币政策工具，相比传统货币政策有很多优点，如灵活性强、时滞短等。越来越多的国家增强运用央行沟通调节经济的频率与力度。多数发达国家的股票市场主要由机构投资者构成，与此不同的是，我国股票市场交易者主要是散户，受专业能力所限，因为散户更容易被市场上的信息影响，从而改变其投资行为。在这种情况下，央行向市场传递的信息就显得尤为重要，不仅能够降低投资者的信息获取成本，也能够在突发事件等冲击造成市场剧烈波动时稳定投资者情绪。此外，历史上多次股市大波动证明了要想保持宏观经济稳定与增长就必须使股票市场保持稳定。因此，央行始终将保持股票市场稳定作为重要目标。近年来，央行多次用口头沟通的方式稳定股票市场。央行领导曾多次面向公众为 A 股发声。例如，在 2019 年 4 月，时任央行副行长陈雨露就公开表明"中国股市正显示出触底和复苏迹象"。2018 年股市低迷时，为稳定股票市场，央行行长易纲和党委书记郭树清等也多次面向市场参与者进行政策沟通。历史经验已经表明，股票市场的大幅波动可能会蔓延至实体经济，从而导致系统性风险，保持股市稳定对于金融市场至关重要。因此，加强预期管理与央行政策沟通，对于平抑市场波动、维护金融稳定具有重要意义。

　　基于上述分析，我们将把央行沟通作为预期管理工具的重要代表，探究央行沟通对股票市场的作用机制，从沟通形式、沟通意图、沟通时间以及与实际干预的协调性等方面考察央行沟通平抑市场波动的政策效果，并进一步分析突发事件下的政策效应，以评估我国预期管理工具的实际政策效果。

二、效应评估

(一) 研究设计

1. 变量选取

（1）央行沟通变量。本书选取中国人民银行定期发布的《中国货币政策执行报告》和货币政策委员会季度例会纪要作为书面沟通变量代表，对于口头沟通变量，则对中国人民银行官方网站"新闻发布"一栏中的内容进行筛选整理，选取央行领导、货币政策司成员及相关发言人发表的有关货币政策取向的言论作为样本。样本区间为 2006 年第三季度至 2019 年第四季度。根据上述方法，得出样本区间内央行信息沟通及其政策意图的统计数据如表 5.14 所示。

表 5.14　　　　　　　　央行信息沟通政策意图统计　　　　　　　单位：次

项目	宽松	中性	紧缩	总计
全样本	131	185	50	366
书面沟通	32	57	19	108
口头沟通	99	128	31	258
行长沟通	39	68	10	117
他人沟通	60	60	21	141

国内外已有研究中对于央行沟通的测度方式主要有以下三种：第一种是人工赋值法，即根据央行所传递的货币政策倾向对变量进行赋值（Ehrman and Fratzscher，2007），若央行沟通传递释放出宽松的货币政策信号，则赋值为 -1，反之，若传递紧缩性政策意图，则赋值为 +1，中性意图则赋值为 0；第二种是以货币政策时期划分为基础进行关键词词频统计，从而通过措辞提取构建沟通指数；第三种是基于机器学习的文本分析法，如构建特定领域词典从而对沟通内容进行量化（林建浩等，2019），通过聚类、降维等思想提取核心主题及关键词进而实现文本量化（Hansen and McMahon，2016）。

由于中国发布的《中国货币政策执行报告》等正式书面文件中有较大

篇幅是对过去国际国内经济形势和已进行政策操作所做的解释，而本书中所考察的沟通事件更倾向于对货币政策的前瞻性指引，因而采取文本分析法可能会带来一定的误差，且本书所考察的样本除书面正式文件外还包括相关领导人的口头沟通，因此采取第二种方法，对所筛选出的内容根据政策意图进行赋值，若沟通事件中提及"继续实施适度宽松的货币政策""向市场提供充裕的流动性"等措辞时，认为央行沟通表现出宽松性意图，则赋值为 -1；若提及"控制物价上涨""抑制通货膨胀""坚持实施从紧的货币政策"等措辞时，则认为沟通表现出紧缩性意图，赋值为 +1；若没有表现出明显的政策意图，则视为中性，赋值为 0，对于无沟通事件的时点，也赋值为 0，因为中性沟通与无沟通带来的市场效应是无差异的，我们记作沟通变量。此外，若沟通事件发生在当日交易时间结束之前，即当日 15：00 之前，则认为此次沟通可以在当日呈现沟通效应，将沟通事件记在当日，若沟通事件发生在当日交易时间结束以后，即当日 15：00 以后，则认为沟通效应在下一交易日呈现，沟通事件记在下一交易日。

（2）金融资产价格变量。股票收益率能够较好地反应股票市场价格以及股市整体运行情况，因此，我们选择上证综指日收益率和深证成指日收益率作为金融资产价格变量，并将其表示为 Stocksh 和 Stocksz。计算公式如下：

$$Stock = \ln(p_t / p_{t-1}) \tag{5.2}$$

其中，p_t 表示 t 时刻股票日收盘价格。

（3）控制变量。资产价格波动会受到众多因素影响，除央行沟通外，实际货币政策操作及宏观经济数据的发布也是两个重要的影响因素。因此，我们将实际干预和宏观经济数据的发布作为控制变量引入方程。

我国央行通常通过采取调整存款准备金率、存贷款基准利率，开展中期借贷便利等操作来对市场进行干预，与上述沟通变量赋值方法相似，我们根据中国人民银行官方网站公布的货币政策决定，对采取宽松货币政策的交易日赋值为 -1，对采取紧缩性货币政策的交易日赋值为 +1，不进行干预的交易日赋值为 0，实际干预变量记作 IV_t。通常中央银行在发布货币政策决定与实际进行干预之间会存在几个交易日的间隔，由于存在理性预期，在央行发布货币政策决定时便对市场预期产生影响。因此，将实际干预赋值在政策发布之时。统计得出，在样本区间内，我国央行共采取 49 次宽松性货币政策，39 次紧缩性货币政策。

GDP、CPI、PPI 等宏观经济数据的发布也会对市场价格产生一定的影响，本书根据国家统计局历年发布的"经济统计信息发布日程表"，采用虚拟变量的方式将宏观经济数据的发布作为控制变量纳入方程，宏观数据发布当天记为 1，否则记为 0。

以上数据中，沟通变量、实际干预变量来源于中国人民银行官方网站，金融资产价格变量和宏观经济变量来源于 CSMAR 数据库。本书数据分析使用 Eviews8.0 实现。相关变量描述性统计如表 5.15 所示。

表 5.15　　　　　　　　　　　　变量描述性统计

项目	Stocksh	Stocksz	Com	IV	Macro
均值	0.000228	0.000341	− 0.0230	− 0.00312	0.2562
中位数	0.000775	0.000579	0.0000	0.0000	0.0000
最大值	0.0945	0.0959	1.0000	1.0000	1.0000
最小值	− 0.0887	− 0.0929	− 1.0000	− 1.0000	0.0000
标准差	0.0165	0.0190	0.2302	0.1654	0.4366
偏度	− 0.5298	− 0.4565	− 1.5874	− 0.6309	1.1169
峰度	7.4775	5.9019	18.3785	36.5217	2.2474
观测值	3 216	3 216	3 216	3 216	3 216

2. 模型设定

对变量进行 ADF 单位根检验，发现所有变量均平稳，而且从表 5.15 可以看出，股票收益率变量偏度均不为 0，峰度值也较大，均不服从正态分布且表现出有偏、尖峰的特征，回归误差项可能存在异方差，因而本书选择标准的 EGARCH（1，1）模型，这样不仅可以修正偏态和尖峰态以及股票收益率随时间变化的波动性，而且对模型方差方程中的参数没有非负限制。模型具体形式如下：

$$r_t = \alpha + \beta r_{t-1} + \lambda Com_t + \delta IV_t + \kappa Macro_t + \varepsilon_t \tag{5.3}$$

$$\ln(h_t) = \omega + \varphi_1 \ln(h_{t-1}) + \varphi_2 \left(\left| \frac{\varepsilon_t}{\sqrt{h_{t-1}}} \right| - \sqrt{\frac{2}{\pi}} \right) + \varphi_3 \frac{\varepsilon_{t-1}}{\sqrt{h_{t-1}}}$$

$$+ \tau ACom_t + \theta AIV_t + \varphi Macro_t \tag{5.4}$$

式（5.3）为模型的均值方程，用于衡量央行沟通对股票收益率水平的影响，其中 r_t 表示 t 时刻的股票收益率，α 为常数项，Com_t 表示 t 时刻央行的沟通，IV_t 表示 t 时刻央行的实际干预，$Macro_t$ 表示控制变量即 t 时刻宏观经济数据的发布。式（5.4）为模型的方差方程，用来衡量央行沟通对股票收益率波动程度的影响，因而无须区分沟通意图及政策的方向性，我们采取虚拟变量的形式将沟通变量与实际干预变量引入方差方程，$ACom_t$ 为沟通变量的虚拟变量，当有沟通发生时取值为 1，否则为 0。AIV_t 为实际干预变量的虚拟变量，实际进行干预时取值为 1，否则为 0。控制变量也同时进入方差方程。

（二）央行沟通稳定股票市场的效应分析

1. 央行沟通对股票价格波动的总体效应

首先，我们将央行所有形式的沟通作为同一变量纳入回归方程，由于在此主要研究央行沟通是否对股票价格水平及其波动性产生影响，因而选取实证结果中沟通变量的系数进行分析，同时为对比央行沟通这一新型政策工具与传统政策工具的效果，我们对实际干预变量系数也进行列示。具体回归结果如表 5.16 所示。

表 5.16　　　　　　　　　央行沟通对股价波动的总体效应

变量		Stocksh	Stocksz
均值方程	Com	- 0.00275 ***	- 0.00413 ***
		(0.000881)	(0.00108)
	IV	0.00192	0.00165
		(0.00118)	(0.00152)
方差方程	ACom	- 0.0301	0.0229
		(0.0248)	(0.0249)
	AIV	0.0327	0.0484
		(0.0373)	(0.0412)

注：*** 表示 $P < 0.01$。

从均值方程看，股票市场沟通系数小于 0，说明央行沟通对于股票市场收益率有着显著且合意的影响，即宽松取向的沟通会引起股票收益率的上升，紧缩取向的沟通会引起股票收益率的下降，而央行实际干预对股票市场并没有显著影响。从方差方程看，央行沟通对沪市收益率的回归系数小于0，说明央行沟通在一定程度上降低了股票价格的波动性，起到平抑市场波动的作用，而央行的实际干预则增加股票市场收益率的波动性。

2. 央行不同沟通形式、沟通主体对金融资产价格波动的非对称效应

央行主要通过书面和口头两种形式来进行沟通，根据表5.14的统计数据，样本区间内中国央行共进行366次有关货币政策内容的沟通，其中书面沟通108次，口头沟通258次，考虑到由于其形式不同，也可能产生不同的市场效应。因此，我们将统计数据中的书面沟通和口头沟通作为两个不同的变量引入模型，以此来考虑央行的不同沟通形式是否对股价波动的影响效果存在差异。具体回归结果如表5.17所示。

表5.17　　　　　　书面沟通、口头沟通对股价波动的效应

变量		Stocksh	Stocksz
均值方程	书面沟通	− 0.00313 * (0.00168)	− 0.00429 ** (0.00206)
	口头沟通	− 0.00259 ** (0.00104)	− 0.00382 *** (0.00124)
方差方程	书面沟通	0.1142 * (0.0684)	0.1454 ** (0.0709)
	口头沟通	− 0.0481 * (0.0280)	0.00743 (0.0268)

注：*** 表示 $P < 0.01$，** 表示 $P < 0.05$，* 表示 $P < 0.1$。

从均值方程看，书面沟通和口头沟通的系数均小于0，即宽松取向的沟通会引起股票收益率的上升，反之则引起股票收益率的下降，这与总体沟通的效应一致，说明书面沟通和口头沟通均对股市收益率有着显著且与预期方向相一致的影响。且书面沟通系数的绝对值较口头沟通系数的绝对值来说更大，说明书面沟通较口头沟通来说能够引起股票价格更大幅度的波动，对市场的影响效应更大；从方差方程看，书面沟通显著增加了股票价格的波动，从数值上看也远大于口头沟通引起的市场波动。基于以上分析，可以发现，央行的书面沟通较口头沟通来说对市场的影响效应更大。

　　口头沟通主要是央行、货币政策司及相关部门的主要领导人及发言人通过讲话、会议等形式来对市场传递信息。从表5.14的统计数据中可以看出，样本区间内258次口头沟通中，行长沟通117次，占到口头沟通总次数的45.35%，较其他领导人来说沟通次数更多，频率更高。将口头沟通进一步划分为行长沟通和他人沟通，并将其作为两个变量引入模型，得到的回归结果如表5.18所示。

表5.18　　　　　　　　行长沟通、他人沟通对股价波动的效应

变量		Stocksh	Stocksz
均值方程	行长沟通	− 0.00447 *	− 0.00620 ***
		(0.00194)	(0.00206)
	他人沟通	− 0.00116	− 0.00257 *
		(0.00114)	(0.00139)
方差方程	行长沟通	− 0.1297 **	0.0246
		(0.0533)	(0.0531)
	他人沟通	− 0.0300	− 0.0003
		(0.0386)	(0.0377)

注: *** 表示 $P < 0.01$，** 表示 $P < 0.05$，* 表示 $P < 0.1$。

　　从均值方程看，行长沟通和他人沟通都能在合意的方向上影响股票价格，但行长沟通系数较他人沟通来说绝对值更大，也更显著，说明行长沟通较他人沟通来说对股票市场收益率的影响更大。从方差方程看，行长沟通能够显著降低沪市股票价格的波动性，且影响幅度较他人沟通来说更大，从而证明央行行长的沟通较其他领导人沟通效果更好，在影响市场预期、稳定市场波动方面均发挥着更为重要的作用。

　　3. 央行不同意图政策沟通对金融资产价格波动的非对称性效应

　　过往理论研究以及实际经验表明，宽松性货币政策和紧缩性货币政策之间存在着非对称效应，即当实施紧缩性货币政策时，金融市场会受到明显的影响，而宽松性货币政策的实施带来的影响却较为有限。为考察这种非对称效应是否同样存在央行沟通中，同时验证央行的实际干预效应，将央行沟通变量和实际干预变量按照政策意图区分为宽松性沟通、紧缩性沟通、宽松性干预和紧缩性干预，分别记作 Com_loose、Com_tight、IV_loose、

IV_tight，作为虚拟变量引入模型，得到的具体回归结果如表 5. 19 所示。

表 5. 19　　　　　不同政策意图沟通及实际干预对股价波动的效应

变量	均值方程		方差方程	
	Stocksz	Stocksh	Stocksz	Stocksh
Com_loose	0. 00236 **	0. 00395 ***	− 0. 0588 **	0. 00563
	(0. 00107)	(0. 00131)	(0. 0266)	(0. 0292)
Com_tight	− 0. 00376 **	− 0. 00474 **	0. 0293	0. 0464
	(0. 00164)	(0. 00200)	(0. 0484)	(0. 0514)
IV_loose	− 0. 00191	− 0. 00110	− 0. 0290	− 0. 00769
	(0. 00140)	(0. 00180)	(0. 0477)	(0. 0502)
IV_tight	0. 00220	0. 00290	0. 0415	0. 1026
	(0. 00223)	(0. 00288)	(0. 0584)	(0. 0722)

注：*** 表示 $P<0.01$，** 表示 $P<0.05$。

从表 5. 19 的均值方程回归结果可以看出，宽松性和紧缩性沟通均能引起股票收益率在合意方向上的变动，且影响均显著，但宽松性和紧缩性实际干预对股票收益率的影响均不显著，此外，我们还可以发现，紧缩意图的沟通和干预系数绝对值均大于相应的宽松意图的系数绝对值，从而说明紧缩性措施对股票市场产生的影响要大于宽松性措施产生的影响。从方差方程看，宽松性措施能够在一定程度上抚平市场波动，紧缩性措施却会使市场波动加剧，且从数值上看，紧缩性措施对股价波动程度产生的效应较宽松性措施更大。基于上述分析，可以认为，央行不同政策意图沟通存在非对称效应，即紧缩性沟通的市场效应要大于宽松性沟通的市场效应，同时也印证了不同政策意图的实际干预非对称效应的存在。

4. 不同时间区间内央行沟通稳定资产价格的政策效果对比

早期中国货币政策工具以传统的"三大法宝"为主，央行主要通过实际干预的手段对市场进行调节，很少通过政策沟通向市场传递信息，2010年以来，央行才逐步重视政策沟通工具，2010 年 5 月 10 日，中国人民银行发布 2010 年第一季度《中国货币政策执行报告》，首次设置"通货膨胀预期管理"专栏，提出"加强公众沟通，提高货币政策透明度，引导公众预期"，这是人民银行首次在官方文件中提及政策沟通与预期管理的重要性，明确体现出央行对政策沟通这一工具的重视程度得到提高，自此，央行进行政策沟通的频率更高，内容更为丰富，形式也更加多样。因此，2010 年 5 月 10 日为中国央行政策沟通重要性上升的关键时点。本书以 2010 年 5 月 10 日为时间节点，将样本划分为两个子区间，第一阶段为 2006 年 10 月 9 日～2010 年 5 月 10 日，第二阶段为 2010 年 5 月 10 日～2019 年 12 月 31 日，以此检验央行沟通以及实际干预的效果随时间的变化。具体回归结果如表 5.20 所示。

表 5.20　　　　　　不同时间区间央行沟通及实际干预股价波动的效应

变量		均值方程		方差方程	
		Stocksh	Stocksz	Stocksh	Stocksz
2006 年 10 月 9 日～2010 年 5 月 10 日	Com	− 0.00119	0.000236	0.0344	0.0325
		(0.00243)	(0.00256)	(0.0720)	(0.0713)
	IV	0.00705 **	0.00545	0.2651 **	0.1876
		(0.00311)	(0.00385)	(0.1150)	(0.1221)
2010 年 5 月 11 日～2019 年 12 月 31 日	Com	− 0.00292 **	− 0.00524 ***	− 0.0415	0.0258
		(0.000955)	(0.00124)	(0.0284)	(0.0286)
	IV	0.00129	0.00129	− 0.00298	− 0.00129
		(0.00130)	(0.00166)	(0.0469)	(0.0486)

注：*** 表示 $P < 0.01$，** 表示 $P < 0.05$。

从均值方程看，第一阶段央行沟通对深市股票价格的影响不符合预期，对沪市的影响方向虽与预期相一致但并不显著，第二阶段央行沟通系数均显著为负，说明沟通起到预期的效果，并且第二阶段沟通系数绝对值大于第一阶段的相应值，说明央行沟通对股票收益率水平的影响程度随时间的推移得到明显提升；另外，实际干预系数随时间推移减小，说明传统货币政策工具对市场的影响逐渐减弱，因而可以认为，中国股票市场波动在第一阶段更多受制于实际干预，即传统货币政策的影响，而在第二阶段则更依赖于央行沟通的影响，进而印证央行沟通这一新型政策工具的效果逐步得到发挥。从方差方程看，第二阶段央行沟通和实际干预较第一阶段起到更好的平抑市场波动的作用。此外，第二阶段政策效应不仅优于第一阶段效应，且优于前述总样本的效应，进一步证明央行沟通效果随时间推进的显著提升。

5. 央行"言行一致"与否对稳定资产价格的政策效果对比

央行的"言"是指央行的政策沟通，而央行的"行"则是指实际货币政策操作，即央行实际干预。一般来说，央行的实际干预行为应当与政策沟通意图保持一致以维护自身公信力，但事实上，却存在着央行"言行不一致"的现象。例如，2010 年 1 月至 2011 年 1 月，央行在《中国货币政策执行报告》中多次提到"继续实施适度宽松的货币政策"，向市场传递适度宽松的信号，但在此期间却多次上调人民币存款准备金率和存贷款基准利率以收紧流动性。考虑到央行"言"与"行"会从不同的渠道影响市场价格，因而"言"与"行"是否一致，也会对政策效果产生不同的影响。本书将实际干预与政策沟通的意图相一致定义为"言行一致"，反之定义为"言行不一致"。

由于政策沟通具有前瞻性，对未来的货币政策决定具有指导作用，因而央行的政策沟通与实际干预之间通常存在一定的时间间隔，我们以一次沟通事件发生后至下一次沟通事件发生前，作为考量"言""行"是否一致的区间。在这段时间区间内，若央行所采取的实际干预行为与政策沟通的意图保持一致，则将此区间界定为"言行一致"区间，否则界定为"言行不一致"区间。据此，对样本进行分类，划分为"言行一致"和"言行不一致"两类样本，并分别对其进行回归，具体结果如表 5.21 所示。

表 5.21　　　　　　央行"言行一致"与否对股价波动的效应

变量		均值方程		方差方程	
		Stocksh	Stocksz	Stocksh	Stocksz
"言行一致"	Com	-0.00197	-0.000909	-0.0173	-0.1204
		(0.00362)	(0.00447)	(0.1789)	(0.2261)
	IV	0.01463***	0.0131*	0.5258**	0.3776*
		(0.00442)	(0.00674)	(0.2154)	(0.2001)
"言行不一致"	Com	-0.00288***	-0.00463***	-0.0296	0.0430*
		(0.000914)	(0.00111)	(0.0250)	(0.0246)
	IV	0.000781	0.000893	0.00847	0.00291
		(0.00127)	(0.00159)	(0.0419)	(0.0448)

注：*** 表示 $P < 0.01$，** 表示 $P < 0.05$，* 表示 $P < 0.1$。

根据表 5.21 所示，从均值方程来看，"言行不一致"时，央行沟通对市场的影响程度较小且不显著，实际干预的影响方向也与预期相悖，"言行一致"时，央行沟通对市场价格有着显著且合意的影响，影响程度也更高，实际干预的影响程度也降低，说明"言行一致"能够提高央行沟通的可信度，使市场产生正确的预期，引导股票价格向合理方向波动，而"言行不一致"会降低央行沟通的可信度，甚至引起市场预期混乱。从方差方程来看，"言行一致"能更好地降低沪市股票价格的波动性，而"言行不一致"时，实际干预也会大大增加市场的价格波动。

（三）小结

2008 年金融危机以来，受零利率下限约束，传统货币政策工具效力降低，以央行沟通为代表的预期管理工具得到迅速发展，货币政策发挥作用的主要途径也由流动性渠道转变为预期渠道（Friedman and Kuttner，2010），预期管理成为货币政策精准滴灌的重要保障。经过多年的探索和发展，中国在货币政策预期管理方面已经取得一定成效，能够通过央行沟通等政策工具起到引导市场预期、稳定资产价格的作用。但是，中国货币政策多重目标的限制、现有经济发展状况、金融体系的结构性问题、央行沟通的及时、明晰程度以及信息传递过程中的扭曲等现实问题都在一定程度上限制央行沟通的实际政策效果（李成和王东阳，2020），因此，如何对央行政策沟通的效果进行优化，为货币政策有效性提供保障，成为研究的重点。

上述研究央行沟通对稳定股票价格的政策效应，分析央行不同形式、不同主体、不同政策意图沟通的非对称效应，此外，创新性地研究随着预期管理重要性的提升，政策工具在不同时间区间内的不同效果，以及央行言行一致与否对政策工具效果的影响，得到以下结论。

（1）央行沟通能够显著影响股票价格，并且与预期方向相一致，即宽松性沟通能够引起股票价格上升，而紧缩性沟通会引起股票价格下降。此外，央行沟通能够起到平抑金融资产价格波动的作用，但是央行的实际干预行为对中国股市并不存在显著影响，且会在一定程度上增加股市价格波动。

（2）从央行沟通的不同形式上来看，书面沟通较口头沟通对市场的影

中国金融市场预期管理研究 ● ● ●

响效应更大，能够引起股票价格更大幅度的波动；从央行沟通的不同主体上来看，央行行长的沟通效应更好，能够更好地引导市场预期，稳定市场波动。

（3）央行不同政策意图的沟通和实际干预对股票市场的影响存在非对称效应，紧缩意图的政策相比宽松意图的政策对股票价格的影响更明显，说明市场参与者对紧缩性政策更为敏感，反应更加强烈。

（4）随着预期管理重要性的提升，央行逐步提高对政策沟通这一工具的重视，2010年之后央行沟通对股票市场的效应逐渐显现，平抑资产价格波动的效果也更好；相应地，实际干预对市场的影响程度逐渐减弱，市场更依赖央行沟通，意味着这一新型政策工具的效果逐步得到发挥。

（5）央行"言行一致"时，可以正确引导市场预期，引导股票价格向合理方向波动，而"言行不一致"时，政策效果大大减弱，甚至会引起市场预期混乱和资产价格大幅波动。

基于此，本书提出相应的政策建议。首先，央行沟通作为新型政策工具，能够与其他政策配合使用，起到引导市场预期、稳定金融资产价格的作用，央行要对这一政策工具给予足够重视，加强与市场沟通，及时向市场传递信息。其次，要增强央行可信度，书面沟通更加注重规范性、规律性，内容力求真实、准确，同时也要充分利用央行行长的讲话具有权威性这一特征，加强行长与市场的沟通，从而发挥更好的政策效果。再次，央行要注重政策沟通等预期管理工具与传统货币政策工具的协调使用，对实际货币政策操作展开事前事后沟通，以提升货币政策有效性。最后，要注重"言行一致性"，实际干预不能有悖于政策沟通所形成的市场预期，要增强政策透明度，从而更好地引导预期，稳定金融市场。

本书关注央行政策沟通与实际货币政策操作间的一致性问题，为政策工具间的协调性提供了经验参考。预期管理要在传统货币政策工具运用的基础上进行，正如流动性效应下货币数量变化影响利率调整，利率变动也会引发货币数量变化，预期管理价格引导和传统工具流动性调节"双管齐下"的结合运用有助于增强政策调控效果。央行要将预期管理与传统货币政策工具结合起来进行宏观调控，在传统工具施行前后均进行政策沟通，并根据市场参与者的反馈调整政策运用，从而提高货币政策效果。

· 120 ·

综上所述，本书已证实，央行沟通能够有效引导预期，平抑资产价格波动，但前述研究仅考察了央行沟通在一段时间区间内的总体效应，仅对其整体政策效果进行"好"与"不好"的简单评价，但实践中由于经济周期变化、货币政策转向、沟通策略调整等复杂因素的影响，央行沟通不会保持一成不变而是不断进行改进、调整，其政策效应也会随着时间变化而变化。因此，后续研究将运用带有时变参数的向量自回归模型考察央行沟通平抑资产价格波动的动态效应。此外，如前所述，新冠肺炎疫情对中国乃至全球金融系统均带来了巨大冲击，造成了股票市场的剧烈波动，严重影响金融稳定。疫情发生后，央行也积极进行沟通，加强与市场互动，以新闻发布会、座谈会、发表评论文章等形式解读金融抗疫政策，稳定投资者情绪，很大程度上维护了金融稳定。但突发事件下，央行沟通究竟能否稳定投资者情绪，平抑资产价格波动，其政策效果如何，仍需进一步探究。因此，接下来，本书将选取 2003 年非典疫情，2008 年汶川地震以及 2020 年新冠肺炎疫情这三次有代表性的重大公共突发事件作为研究样本，考察突发事件下，央行沟通平抑市场波动的政策效果，为央行提升应急管理能力以及突发事件下的预期管理有效性提供经验参考。

三、重大突发事件下预期管理稳定股票市场的效应评估

（一）研究设计

1. 指标构建

（1）央行沟通指数。参考林建浩等（2019）的研究，利用文本分析法来构造央行沟通指数，具体方法如下。

第一，文本收集。央行沟通的形式主要有书面沟通以及口头沟通两种。自 2001 年起，中国人民银行首次对外发布季度货币政策执行报告，对国际国内经济金融形势、货币政策取向等相关内容进行研判分析，以引导公众形成一致性预期，增强货币政策有效性。截至 2020 年底，央行货币政策报告已连续、稳定发布近 20 年，具有权威性、规律性、正式性等特点。因此，本书选取 2003 年 1 月至 2020 年 9 月中国央行发布的共 70 期《中国货币政策执行报告》作为书面沟通样本。对于口头沟通，选取央行行长等在其任

职期间内的讲话、答记者问、新闻发布会及评论文章等作为研究样本，具体而言，在人民网、新浪财经、搜狐网等多个媒体上以"周小川""周小川货币政策""易纲""易纲　货币政策"等为关键词按年月在其任职期间内进行新闻爬取，对于相同或类似信息则仅选取首次报道的新闻，同时以中国人民银行官方网站"新闻发布""政策解读"等栏目中的信息作为补充。此外，央行领导还经常为人民币国际化、金融体制改革、征信系统建设等方面的其他议题发声，因此，为降低无关内容对指数构建的干扰，将这类信息进行剔除，整理筛选后共得到453次有效沟通信息。

第二，文本预处理。对收集到的文本根据其语义进行断句，断句的依据通常为逗号、句号等标点符号，同时根据其传递的信息将句子进行分类，具体分为"货币政策""经济形势"以及"其他"三类，"货币政策"大类又分为"宽松""稳健"以及"紧缩"三个倾向，"经济形势"则分为"正面""中性"以及"负面"三个倾向。此外，由于央行沟通信息中不仅包含对下一阶段宏观经济及政策思路的前瞻性展望，也包含对过往所采取货币政策操作的评述，除包含对中国宏观经济形势的描述外，还包含对世界经济金融形势的探讨，我们将前瞻性的描述货币政策走向以及经济形势展望的句子归为"货币政策"及"经济形势"两类，而对于后顾性及无关信息则归为"其他"，表5.22展示了部分语句的划分结果。

表5.22　　　　　　　央行沟通信息语句分类结果（部分示例）

类别	倾向	语句
货币政策	宽松	2009年4月26日：中国政府将继续贯彻执行积极的财政政策和适度宽松的货币政策
		2015年5月10日：进一步下调存贷款基准利率，推动社会融资成本下行
	稳健	2014年4月22日：人民银行将继续实施稳健的货币政策，保持适度流动性
		2019年8月2日：稳健的货币政策保持松紧适度，加强预调微调和逆周期调控
	紧缩	2007年11月8日：实行适度从紧的货币政策，防止经济增长由偏快转向过热，稳定通货膨胀预期
		2008年5月14日：把控制物价上涨、抑制通货膨胀放在更加突出的位置，坚持实施从紧的货币政策

续表

类别	倾向	语句
经济形势	正面	2015 年 10 月 12 日：中国经济已进入新常态，国内消费增长强劲，服务业快速增长，就业形势良好
		2017 年 3 月 21 日：中国经济整体运行良好，消费增长较快，投资保持稳定，就业增长超出预期
	中性	2005 年 9 月 19 日：当前经济运行良好，总体增速有所放缓，但拉动经济增长的内在动力仍然较强
		2019 年 10 月 19 日：尽管面临下行压力，中国经济运行总体平稳，经济结构继续优化
	负面	2009 年 12 月 31 日：国际金融危机持续扩散蔓延、国内经济发展遇到严重困难的复杂环境
		2018 年 10 月 12 日：经济增长面临的下行风险增加，部分风险已经实现。贸易摩擦不断升级
其他	—	2015 年 8 月 4 日：扎实推进金融市场基础设施建设，全面提升金融服务与管理水平
		2019 年 4 月 26 日：继续推动利率市场化改革。重点是实现市场利率和贷款基准利率"两轨合一轨"

为保证结果准确性，在确定划分原则后，具体分类过程由两人单独完成，若两人划分结果一致，则直接确定该句子的类别；若划分结果不一致，则交由第三人重新进行分类，探讨后得到最终划分结果，以此为原则得到基础词典。

第三，生成计算词典。基于上述基础词典，本书采用 Python 软件中的 jieba 分词工具对所有文本进行分词处理，去除停用词，加载自定义词典后经组合、提取，最终生成 6 737 个短语。

随后选取出现在各类倾向下概率大于 50% 的短语进入计算词典，这类短语具有明显的倾向性，能够代表沟通信息中所传递的货币政策倾向及经济走势，具体计算公式如下：

$$p_n^{c,i} = \frac{f_n^{c,i}}{f_n} \tag{5.5}$$

其中，f_n 表示短语 n 出现的总次数；$f_n^{c,i}$ 表示短语在类别 c 倾向 i 出现的总次数；$p_n^{c,i}$ 表示短语在该倾向下的概率。最终根据计算结果选取出 940 个短语组成计算词典。表 5.23 给出部分短语的频次分布统计，报告了某一短语出现的总次数及其在每一分类、每一倾向下出现的次数，并给出该短语的属性归类。根据式（5.5）计算每一短语在各类倾向下的概率，在某一倾向中出现的频率大于 50%，则该短语属性归为这一倾向。

表 5.23　　　　　　　央行沟通信息短语频次分布统计（部分示例）　　　　单位：次

短语	总频次	货币政策			经济形势			其他	短语属性
		宽松	稳健	紧缩	正面	中性	负面		
宽松的货币政策	62	49	1	0	0	1	0	10	宽松
利率下行	18	11	0	0	0	0	0	7	宽松
松紧适度	61	7	54	0	0	0	0	0	稳健
稳健的货币政策	308	18	244	33	2	4	0	7	稳健
防止通货膨胀	8	0	1	6	0	1	0	0	紧缩
提高存款准备金率	7	0	0	7	0	0	0	0	紧缩
稳中向好	13	0	1	0	7	3	1	1	正面
高速增长	19	0	0	0	9	4	0	4	正面
不稳固	9	0	0	0	0	5	4	0	中性
复苏	112	3	2	0	9	62	8	28	中性
严峻	30	0	0	0	0	7	17	6	负面
经济下行	1	0	0	0	0	2	14	4	负面

第四，构造央行沟通指数。采用短语数量加权法对每一次沟通内容 s 进行分析，计算某次沟通中属于某一倾向的条件概率，如式（5.6）所示：

$$P_s^{c,i} = \frac{\sum_{n-1}^{l} P_{n,s}^{c,i} \times f_{n,s}}{\sum_{n=1}^{l} P_{n,s}^{c} \times f_{n,s}} \tag{5.6}$$

其中，l = 940 为计算词典中的短语个数，n 为词典中的某一短语，$P_{n,s}^{c,i}$ 为某一次沟通 s 中短语 n 出现在倾向 i 下的概率；$P_{n,s}^{c}$ 为此次沟通 s 中短语 n 出现在类别 c 的概率；$f_{n,s}$ 为此次沟通 s 中短语 n 出现的次数。

通过式（5.6）得到每一次沟通中各类倾向下的概率值，再取平均得到每一个月度的概率值，具体如式（5.7）所示。其中，k_t 为 t 月的沟通次数。

$$p_t^{c,i} = \frac{\sum_{k_t} (p_s^{c,i})_{k_t}}{k_t} \tag{5.7}$$

根据上述结果构造央行沟通指数，计算公式如下：

$$I_t^{MP} = p_t^{MP,从紧} - p_t^{MP,宽松} \tag{5.8}$$

$$I_t^{EO} = p_t^{EO,正面} - p_t^{EO,负面} \tag{5.9}$$

其中，I_t^{MP} 为货币政策沟通指数（IMP），表示央行货币政策倾向，数值为负表示政策意图倾向于宽松，数值为正表示货币政策倾向于紧缩；I_t^{EO} 为经济形势沟通指数（IEO），表示央行经济形势倾向，数值为正表示经济形势较好，反之表示经济形势较差；二者统称为央行沟通指数。

基于上述方法，本书对中国央行 2003 年 1 月 ~ 2020 年 9 月的沟通事件进行量化，得到中国央行沟通指数，由于本书着重分析央行货币政策沟通对市场波动的影响，故后面主要采用货币政策沟通指数作为央行沟通的代理变量进行分析。

（2）股票市场波动率（VOL）。本书采用上证综指日收益率的月度标准差来衡量股票市场波动情况，计算公式如下：

$$VOL_t = \sqrt{\sum_{t=1}^{T} (r_t - \bar{r})^2 / (T - 1)} \tag{5.10}$$

其中，r_t 表示上证综指日收益率，$\bar{r}$ 表示当月平均日收益率，T 表示当月实际交易天数。

（3）投资者情绪指数（ISI）。参考贝克和伍尔格勒（Baker and Wurgler，2006）的研究，本书采用主成分分析法构造投资者情绪指数，选取 A 股封闭式基金折价率（CEFDR）、IPO 首日平均收益率（IPOR）、IPO 个数（IPON）、新增开户数（NAC）、市场换手率（TR）以及消费者信心指数（CCI）六个指标作为代理指标，将上述指标进行标准化处理，同时选取宏观经济景气指数（BIM）作为宏观经济的代理变量，将标准化的六个指标与标准化后的宏观经济变量分别进行回归后提取残差，以剔除宏观经济噪声，对残差序列进行主成分分析得到投资者情绪指数。

2. 模型设定

本书采用 TVP – VAR 模型捕捉变量间的时变特征。模型基本形式如下：

$$y_t = X_t \beta_t + A_t^{-1} \sum_t \varepsilon_t, t = s + 1, \cdots, n \tag{5.11}$$

其中，$y_t = (IMP_t, ISI_t, VOL_t)$，IMP、ISI 及 VOL_t 分别表示第 t 期央行沟

通指数、投资者情绪及股票市场波动率。

设定模型中所以参数均服从随机游走，即：

$$
\begin{cases}
\beta_{t+1} = \beta_t + \mu_{\beta t} \\
\alpha_{t+1} = \alpha_t + \mu_{\alpha t} \\
h_{t+1} = h_t + \mu_{ht}
\end{cases},
\begin{bmatrix}
\varepsilon_t \\
\mu_{\beta t} \\
\mu_{\alpha t} \\
\mu_{ht}
\end{bmatrix} \sim N \left(0, \begin{bmatrix}
1 & 0 & 0 & 0 \\
0 & \sum_\beta & 0 & 0 \\
0 & 0 & \sum_\alpha & 0 \\
0 & 0 & 0 & \sum_h
\end{bmatrix} \right)
\tag{5.12}
$$

其中，$\beta_{s+1} \sim N(\mu_{\beta_0}, \sum_{\beta_0})$，$\alpha_{s+1} \sim N(\mu_{\alpha_0}, \sum_{\alpha_0})$，$h_{s+1} \sim N(\mu_{h_0}, \sum_{h_0})$、$\sum_{\beta_0}$、$\sum_{\alpha_0}$、$\sum_{h_0}$ 均为对角矩阵。本书采用马尔科夫链蒙特卡罗模拟（MCMC）方法对模型进行估计。对所有变量进行 ADF 单位根检验发现所有变量均平稳，根据 AIC、SIC 等原则选择滞后阶数为 3 阶。

3. 参数估计结果

设定 MCMC 算法抽样次数为 10 000 次，由于前期迭代具有不稳定性，因而舍弃掉初始的 1 000 次预测样本，最终得到 9 000 次有效抽样样本。表 5.24 报告了模型参数回归结果，其中参数后验均值均位于 95% 置信区间内，Geweke 检验统计量最大值为 0.874，小于 1.96 的临界值，且无效因子均较小，最大值仅为 85.910，小于 100，表明模型估计结果具有有效性。

表 5.24　　　　　　　　　　　参数回归结果

参数	平均值	标准差	95% L	95% U	Geweke	无效因子
S_{b1}	0.023	0.003	0.019	0.029	0.767	10.810
S_{b2}	0.022	0.002	0.018	0.028	0.002	10.840
S_{a1}	0.067	0.022	0.038	0.120	0.744	85.910
S_{a2}	0.067	0.021	0.038	0.117	0.591	81.800
S_{h1}	0.252	0.079	0.122	0.424	0.631	75.290
S_{h2}	0.796	0.146	0.547	1.108	0.874	43.510

图 5.11 报告了样本自相关、路径与后验分布情况，其中自相关系数呈下降趋势并最终趋于 0，样本路径较为平稳且样本分布表现出良好的收敛性，表明抽样效果较好，模型结果具有可靠性。

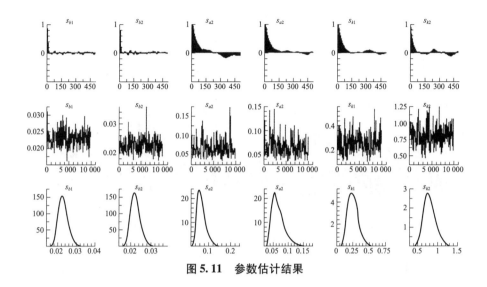

图 5.11　参数估计结果

（二）央行沟通、投资者情绪与股市波动的经验事实

图 5.12 为央行货币政策沟通指数、股票市场波动率以及投资者情绪指数。2003～2008 年，我国经济处于经济周期的上升阶段，投资增长过快，消费需求持续趋旺，物价水平上涨严重，通货膨胀压力与经济上行风险较大，甚至出现经济过热现象，在此期间内央行货币政策倾向坚持稳健偏紧、适度从紧，以回收过度流动性，稳定通货膨胀预期，防止经济过热，央行沟通指数在高位运行。其中，2003～2005 年，受非典疫情等原因影响，我国股市处于熊市，投资者情绪在低位震荡，2006～2007 年，宏观经济步入新一轮增长期，股市也进入大牛市，投资者情绪高涨，达到峰值，股市波动率也持续在高位震荡。2008 年金融危机后，股市大幅下挫，投资者情绪持续低迷，货币政策倾向逐渐转为适度宽松，沟通指数转为负值。2010 年后，受欧债危机蔓延影响，我国股市下跌整理，投资者情绪也持续低迷。此外，为遏制物价上涨，稳定通胀预期，货币政策倾向也逐渐稳健。在2015 年的牛市中，投资者情绪在市场之前变动，这就形成了对牛市和股灾的预测，投资者情绪达到顶峰，股市波动变量也达到历史新高，2018 年贸易摩擦的加剧及 2020 年新冠肺炎疫情的影响也导致股市波动的增加，而在此期间内，货币政策倾向始终保持稳健偏宽松。从上述分析可看出，本书

所构建的央行沟通、股市波动以及投资者情绪指数基本符合我国实际，能够衡量出央行货币政策倾向、股市波动以及投资者情绪的变化情况，具有一定的有效性。

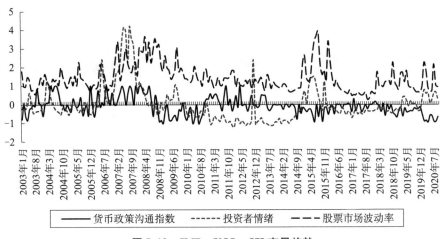

图 5.12　IMP、VOL、ISI 变量趋势

（三）突发事件下央行沟通稳定股票市场的效应分析

1. 央行沟通能否平抑股市波动

2020 年初，新冠肺炎疫情大规模爆发对中国乃至全球资本市场都造成了巨大冲击，为平抑市场波动，中国人民银行联合多部门多次发声，以新闻发布会、座谈会、发表评论文章等形式解读金融抗疫政策，加强与市场的沟通互动，很大程度上维护了金融市场稳定。因此，研究重大突发事件后央行沟通能否平抑市场波动成为本书研究重点。

本书选取 2003 年 5 月（t = 5），2008 年 5 月（t = 65）以及 2020 年 2 月（t = 206）三个时间点，分别代表我国三次重大公共突发事件，即非典疫情、汶川地震以及新冠肺炎疫情，研究特定时点下央行沟通平抑股市波动的政策效应。

图 5.13 显示了不同时点下央行沟通对股市波动（$\varepsilon_{imp} \rightarrow vol$）的冲击效应，从首期响应程度来看，2020 年新冠肺炎疫情时期效应最大且为负效应，2003 年非典疫情时期次之，而 2008 年汶川地震时期效应最小，且为正效应，说明新冠肺炎疫情和非典疫情发生后，央行沟通均在短期内有效遏制

市场波动，且新冠肺炎疫情时期央行沟通平抑市场波动的政策效果要好于非典疫情时期，但汶川地震时期央行沟通并未起到稳定市场的作用。从趋势来看，新冠肺炎疫情时期央行沟通对股市波动的负效应在首期达到最大，但第 2 期以后转为正效应，且在第 5 期以后收敛于初始值以上，说明疫情时期央行沟通在短期内起到了平抑市场波动的作用，但从中长期来看却使股市波动增加；非典疫情时期负效应也在首期达到最大，第 2 期后为正，第 5 期后开始衰减并逐渐收敛于 0 值，说明非典疫情时期央行沟通也在短期内降低了市场波动程度，但从中长期来看效应并不显著；汶川地震时期脉冲响应函数呈正向波动，于第 2 期达到极值后逐渐衰减，最终恢复稳定状态，这一结果表明，汶川地震时期央行沟通仅引起股票市场短暂调整，但平抑市场波动的效应并不明显。

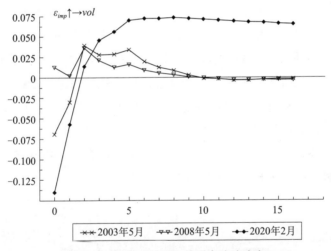

图 5.13　IMP 对 VOL 的时点脉冲响应

此外，选取 0 期、3 期和 6 期分别作为短期、中期和长期脉冲响应的时间约束，分析不同时期下央行沟通对股市波动的动态影响，以考察央行沟通平抑市场波动的一般性。

图 5.14 显示了不同时期下央行沟通对股市波动（$\varepsilon_{imp}\to vol$）的冲击效应，从时变演进角度来看，2003～2016 年，央行沟通对股市波动的效果主要体现在短期，且大部分时间段内负向效应较为明显，中长期表现形式基本一致但影响微弱，说明央行沟通时滞性较短，能在短期内作用于股票市

场，降低市场波动，但从中长期来看作用并不明显。其中，自 2008 年起受全球金融危机影响，股市暴跌，波动率剧增，央行沟通未能完全抵消市场的剧烈波动。2011 年后负向效应显著增加，说明央行沟通平抑市场波动的政策效果更好，其原因在于 2010 年第一季度人民银行发布《中国货币政策执行报告》，设置"通货膨胀预期管理"专栏，提到要"加强与公众沟通，提高货币政策透明度""做好与公众的沟通和引导工作，增强社会公众对稳定价格的信心"，意味着央行将预期管理提到更加重要的位置。自此，沟通工具平抑市场波动的效果也大大加强。2015 年后，央行沟通对股市波动在一段时期内呈现正效应，且中长期效应大于短期效应，其原因在于 2015 年下半年股灾后市场尚不稳定，政策不确定性较高，央行沟通意图不明朗，一定程度上增加了股市波动。2018 年后，从短期效应来看，负向冲击显著增加，央行沟通稳定股票市场的效果不断增强，其原因在于 2018 年中共中央政治局会议提出"稳预期"，并将其作为"六稳"政策的核心，意味着加强沟通、引导预期、降低市场波动已成为我国宏观调控中高度重视的问题，因而在此之后央行沟通效果进一步加强，稳金融能力进一步提升；但从中长期效应来看，央行沟通却在一定程度上增加了市场波动。此外，图 5.14 中零点、拐点、极值点（如 2008 年、2011 年、2018 年、2020 年等）的频繁出现说明央行沟通对股票市场波动的冲击效应存在结构性突变，容易受到突发事件、政策出台等非预期因素的影响。

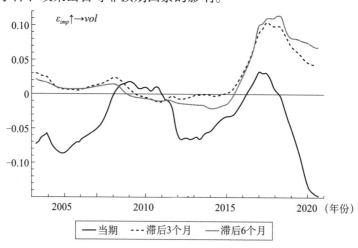

图 5.14　IMP 对 VOL 的等间隔脉冲响应

2. 央行沟通能否基于投资者情绪渠道作用于股票市场

上述研究已表明，央行沟通能够平抑股市波动，这与大多数学者的研究结论相一致，但关于其背后的作用机制仍存争议。多数学者认为，央行沟通会通过信号渠道和协同渠道（吴国培和潘再见，2014）作用于资产价格，即央行通过向市场传递信息以减少噪声、降低信息获取成本、缓解信息不对称程度，进而修正市场预期，维护资产价格稳定。但也有学者认为，由于投资者的注意力稀缺性和非理性，投资者并不会主动获取央行沟通信息，也难以正确解读央行所释放的"政策信号"，因而央行沟通可能基于"投资者关注"及"投资者情绪"渠道作用于资产价格（谷宇和刘敏，2020；Bennani，2020）。此外，大量研究也已表明，突发事件对股票市场造成的冲击主要来源于事件引起的投资者负面情绪，而非突发事件本身（山立威，2011；Kaplanski and Levy，2010）。因此，厘清央行沟通、投资者情绪与股市波动之间的作用机理具有重要现实意义。

基于此，本书借鉴温忠麟等（2004）的中介效应检验程序，构造如下回归模型，即模型（1）、模型（2）、模型（3），分别如式（5.13）至式（5.15）所示，以检验投资者情绪在央行沟通和股市波动之间的中介效应。

$$VOL = \alpha_1 + \beta_{11}IMP + \sum \beta_i Control + \varepsilon_1 \tag{5.13}$$

$$ISI = \alpha_2 + \beta_{21}IMP + \sum \beta_i Control + \varepsilon_2 \tag{5.14}$$

$$VOL = \alpha_3 + \beta_{31}ISI + \beta_{32}IMP + \sum \beta_i Control + \varepsilon_3 \tag{5.15}$$

其中，VOL 为股市波动变量，IMP 为央行沟通变量，ISI 为投资者情绪变量，Control 为控制变量，货币政策操作以及宏观经济环境变化是影响股市波动的重要因素。因此，选取广义货币供应量（M2）以及银行年存款利率（r）作为数量型货币政策以及价格型货币政策的代表变量，而宏观经济环境方面选取宏观经济景气指数（BIM）以及居民消费价格指数（CPI）作为经济形势以及通货膨胀的代表变量。回归结果如表 5.25 所示。

表 5.25　　　　　　　　　　中介效应回归结果

变量	模型（1）	模型（2）	模型（3）
ISI	－	－	0.281 ***
	－	－	(6.310)

续表

变量	模型（1）	模型（2）	模型（3）
IMP	−0.223 *	0.334 **	−0.316 ***
	（−1.960）	（2.050）	（−3.000）
M2	0.045 ***	0.055 ***	0.029 ***
	（4.160）	（3.580）	（2.880）
r	0.211 ***	−0.190 *	0.265 ***
	（2.680）	（−1.680）	（3.630）
BIM	−0.038 ***	−0.034 *	−0.028 **
	（−3.110）	（−1.940）	（−2.520）
CPI	0.112 ***	0.098 **	0.084 ***
	（3.510）	（2.140）	（2.860）
Constant	−7.376 **	−7.025	−5.504 *
	（−2.260）	（−1.480）	（−1.800）

注：*** 表示 $P < 0.01$，** 表示 $P < 0.05$，* 表示 $P < 0.1$。

表 5.25 报告了中介效应模型的回归结果，系数 β_{11}、β_{21}、β_{31} 及 β_{32} 均显著，说明投资者情绪在央行沟通与股市波动之间扮演了中介效应的角色，验证了投资者情绪这一传导渠道的存在性，即央行沟通能通过调节投资者情绪而起到平抑股市波动的作用。

3. 央行沟通、投资者情绪与股市波动

上述研究结论已表明，央行沟通会通过投资者情绪渠道作用于股票市场，新冠肺炎疫情暴发后，在国务院新闻办公室于 2021 年 2 月 24 日举行的疫情防控新闻发布会上，时任央行副行长陈雨露也提及要"及时稳定市场情绪"，可见，稳定投资者情绪已成为央行政策沟通的重要目标。因此，研究央行沟通对投资者情绪的影响具有重要意义。基于此，本书将继续从重大突发事件以及不同时期两个方面来研究央行沟通、投资者情绪与股市波动之间的影响效应。

（1）央行沟通对投资者情绪的影响研究。图 5.15 为央行沟通对投资者情绪（$\varepsilon_{imp} \rightarrow isi$）的多时点脉冲响应情况，从首期冲击的响应程度来看，

2020 年新冠肺炎疫情时期效应最大，2003 年非典疫情时期效应次之，2008
年汶川地震效应最小，几乎为 0；从趋势来看，2020 年 2 月冲击效应在当期
达到最大，随后逐渐衰减，3 期后收敛于初始值以下，说明疫情期间央行
沟通有效稳定了投资者情绪且这一效应具有持续性。2003 年 5 月冲击效
应在第 1 期达到最大，后迅速减弱，第 6 期后逐渐收敛于 0 值。2008 年 5
月冲击在第 4 期达到最大效应后逐渐平息并收敛于 0 值。其潜在机制在
于，央行通过政策沟通向市场传递信息，进而影响投资者情绪，而信息的
传递需要时间，因而央行沟通会存在一定的时滞性，沟通事件发生后，投
资者情绪在短期内受到较大程度的影响，但随时间推移以及信息效应的减
弱，投资者情绪的反应也趋于减弱。从上述分析可以看出，新冠肺炎疫情
时期央行沟通稳定投资者情绪的效应最大、时滞性最短且持续性较强，效
果最好。

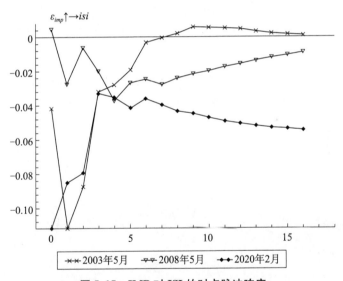

图 5.15 IMP 对 ISI 的时点脉冲响应

图 5.16 是央行沟通对投资者情绪（$\varepsilon_{imp} \to isi$）在不同时期下的脉冲响
应情况，如图 5.16 所示，央行沟通对投资者情绪的冲击在三个时期下的影
响趋势基本相同，且大部分时间段均为负向影响，表明央行货币政策沟通
能够在一定时期降低投资者情绪。从时变演进角度看，2003 ~ 2008 年，我
国处于经济周期的上升阶段，经济增长动力强劲，甚至出现经济过热、通

货膨胀风险加大等问题，股票市场也随之经历了一轮大牛市，投资者情绪持续高涨，上证综指在 2007 年 10 月达到 6 124 的历史最高点，在此期间央行沟通对投资者情绪的冲击呈现稳定负效应，说明央行沟通在市场过热时有效抑制了投资者的过度自信情绪。2008 ~ 2010 年，央行沟通对投资者情绪的短期冲击呈现正向效应，说明在市场信心不足、国际金融危机影响不断加剧、股票指数震荡下跌的大背景下，央行沟通在短期内提振了投资者信心。2010 年后负向效应呈现明显增加趋势，在 2011 年中达到峰值，说明央行沟通稳定投资者情绪的效果逐渐变好，与前述研究结论相一致。2013 ~ 2015 年，我国经济企稳回升，股票市场逐渐回暖，上涨行情带动投资者情绪引发新一轮牛市，2015 年初股票指数全面大幅上涨，在此期间内，央行沟通仍有效稳定了投资者情绪。受 2015 年下半年股灾影响，投资者情绪低迷，央行沟通对投资情绪的冲击效应在 2016 年后呈正向效应，说明股灾发生后央行沟通在很大程度上提振了投资者信心。2018 年受贸易摩擦、国际股市动荡等因素影响，股票市场指数总体下跌，央行沟通对投资者情绪也呈现正向冲击。2019 年起股票市场回暖，投资者信心增加，央行沟通在短期内较大程度稳定了投资者情绪，但从中长期来看，这种效应趋于减弱。基于上述分析可以认为，央行沟通能够有效调节投资者情绪。

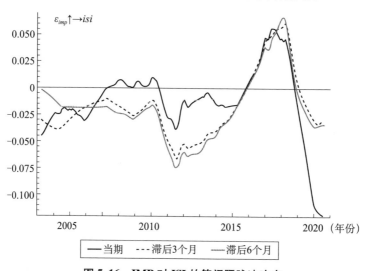

图 5.16 IMP 对 ISI 的等间隔脉冲响应

（2）投资者情绪对股市波动的影响研究。图 5.17 为投资者情绪对股市波动（$\varepsilon_{isi} \rightarrow vol$）在不同时点的脉冲响应情况。整体而言，三时点投资者情绪对股市波动均存在正效应，新冠肺炎疫情期间效应最大且持续时间最长，非典疫情时期与新冠肺炎疫情时期效应相似，均在首期达到最大值后逐渐下降，但非典疫情时期在第 4 期后有小幅上升，最后收敛于 0 值，汶川地震时期冲击效应在第 2 期达到最大后缓慢下降最终收敛于 0 值。上述结果说明，投资者情绪对股市波动具有正向作用，即投资者情绪高涨会加剧股市波动。

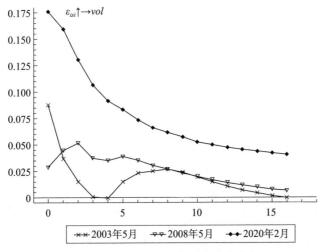

图 5.17 ISI 对 VOL 的时点脉冲响应

图 5.18 是投资者情绪对股票市场波动（$\varepsilon_{isi} \rightarrow vol$）的冲击效应，从中长期来看，投资者情绪对股市波动的冲击曲线走势基本相同且冲击系数均为正，说明投资者情绪高涨会助推股价波动，中长期曲线中两次峰值分别出现在 2008 年金融危机与 2015 年底股灾后，说明当市场经历剧烈波动后，投资者情绪对股票市场的影响更大。从短期看，投资者情绪对股市波动的冲击呈逐渐减弱趋势，2012 年达到极小值，此后股票市场回暖，该效应迅速上升，2015 年出现转折点，这体现出投资者情绪对股市波动的影响效应还与宏观经济环境变化及非预期外部冲击等因素有关。

（四）小结

随着央行独立性不断提高、货币政策框架日益完善，预期管理已成为

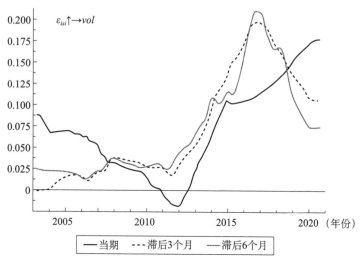

图 5.18　ISI 对 VOL 的等间隔脉冲响应

货币政策发挥作用的重要途径，央行沟通在应对重大突发事件中的作用也受到高度重视，尤其在经济面临极高不确定性的"后疫情时代"，建立央行与市场的有效沟通机制，合理引导公众预期，稳定市场情绪，对完善突发事件治理机制、维护金融市场稳定具有重要意义。

上述通过对比评估非典疫情、汶川地震以及新冠肺炎疫情三时点下央行沟通的政策效果，创新性地考察了重大突发事件下央行沟通平抑市场波动的有效性，通过将投资者情绪指标引入研究考察了央行沟通作用于股市波动的作用机制。此外，从时变演进角度下研究了央行沟通、投资者情绪与股市波动三者之间的动态效应，得到以下结论：第一，重大突发事件下央行沟通能在短期内平抑股市波动且 2020 年新冠肺炎疫情时期政策沟通有效性最强。从不同时期来看，央行沟通能在短期内起到平抑市场波动的作用，但中长期效果并不明显甚至可能加剧股市波动；第二，投资者情绪是央行沟通作用于股票市场的重要传导渠道；第三，央行沟通、投资者情绪与股市波动之间存在明显的时变特征，央行沟通能够有效调节投资者情绪，投资者情绪的高涨则会加剧股市波动。

上述结论带来如下启示：第一，央行应建立健全重大突发事件应急管理体系，加强对突发事件的识别、执行和处置能力，优化政策沟通工具抚平市场情绪、降低市场波动、维护金融稳定的政策效果；第二，央行应将稳定投资者情绪纳入预期管理的政策目标，在发声时注重内容的可理解性，将政策意图准确传递到金融市场，防止因对政策的扭曲及误解带来新的不稳定因素，从而降低噪声交易，稳定投资者情绪，避免市场非理性波动；第三，应致力于优化中长期沟通效果，更加注重前瞻性指引，加强对未来经济形势及市场走向的预判，进一步平抑市场波动。

第四节　债券市场

一、预期管理稳定债券市场背景及意义

（一）研究背景

中央银行政策沟通是中央银行通过口头或书面的形式，向公众传递国内外经济现状、经济前景以及央行货币政策战略、目标等相关信息的过程。20 世纪 90 年代，各国货币政策逐渐由"神秘主义"转向"透明主义"。2008 年起，中国人民银行货币政策委员会每季度都召开例会并发布会议纪要以及《中国货币政策执行报告》。近年来，央行不断加强政策沟通在金融市场的应用场景。当前，我国经济发展保持全球领先地位，但在新冠肺炎疫情的冲击下，百年变局加速演进，外部环境更趋复杂严峻和不确定。在此背景下，央行通过政策沟通进行预期管理的重要性更加凸显。良好有效的沟通能够增强公众对于货币政策目标、内容的理解，有效引导公众预期，确保政策实施效果。

我国公司债市场起步较晚，目前市场上绝大多数均为机构投资者，拥有更强的收集信息、分析信息的能力，更易受到央行政策沟通的影响。那么，央行政策沟通是否能够平抑公司债市场波动？是通过哪种渠道平抑公司债市场波动的？研究这一问题首先要明确政策沟通会使资产价格如何变动。一些学者的研究支持"收益率效应"假说（Becker and Ivashina，2015），即宽松性政策沟通会使资产价格上升，紧缩性政策沟通会使资产价

格下降；但与此相反，还有一些学者的研究支持"信息效应"假说（Naka-mura and Steinsson，2018；王熙和郑梦园，2021），即宽松性政策沟通会使资产价格降低，紧缩性政策沟通则会使资产价格升高。

关于央行政策沟通平抑金融子市场波动的相关研究已较为丰富，但仍然存在一些需要进一步研究的问题。首先，从研究对象来看，针对债券市场的研究大多聚焦国债市场，现有文献较少关注公司债市场，但截至2020年底，公司债已经成为中国规模最大的债券品种，公司债市场的稳定对于金融稳定十分重要。其次，从研究内容来看，大多数文献研究央行政策沟通对风险资产价格是否有影响，以及政策沟通的不同形式、内容等对资产价格的影响，但针对央行政策沟通平抑公司债市场波动的机制研究却极度有限，对于政策沟通平抑债券市场波动的渠道尚未有明确答案；同时，也少有研究考虑重大突发公共事件发生可能带来的影响。从研究方法看，目前关于央行政策沟通的研究大多采取GARCH类模型，忽视了央行政策沟通对金融子市场产生影响可能具有的时滞性。

基于以上考虑，本书针对央行政策沟通平抑我国公司债市场波动效果这一问题进行研究，作出以下改善：第一，通过分析央行政策沟通影响公司债收益率变动方向的不同，探索政策沟通平抑公司债市场波动效果及其作用渠道，有利于央行更为准确地运用政策沟通对公司债市场进行调控；第二，通过收集2 400多个公司债相关数据，力图展示公司债市场全貌，并针对每个央行政策沟通事件进行分组回归，使得政策沟通平抑公司债市场波动研究更为全面、更贴近市场现实；第三，以新冠肺炎疫情为例，讨论重大突发公共事件的发生是否会对央行政策平抑公司债市场波动效果产生影响，为政策沟通在未来突发公共事件下的实施提供参考。

（二）研究意义

（1）理论意义。有利于扩展央行沟通作用渠道的相关理论研究。关于央行沟通的研究，大多集中于央行沟通对资产价格影响的有效性，以及不同形式的央行沟通对资产价格影响的不同效果这两方面。但对央行沟通平抑资产价格波动的渠道研究通常被忽略。本书通过研究央行沟通与公司债收益率的关系来分析政策沟通平抑资产价格波动的渠道，并将政策沟通与信息联系起来，凸显信息这一渠道在央行沟通中的重要作用。

（2）现实意义。有利于加强央行利用央行沟通对公司债市场进行管理，进而平抑债券市场波动、防范化解系统性风险。本书选取公司债市场进行研究，为央行完善政策沟通以及在公司债市场上对政策沟通这一货币政策工具的运用提供了依据；还有利于加强央行对上市公司的管理，做好公司债市场舆情引导，进而防范化解系统性金融风险。

二、预期管理稳定债券市场的效应评估

（一）研究设计

1. 变量选取

（1）央行政策沟通变量。

书面沟通相比口头沟通更加正式、严谨，包含的信息更加明确，因此，将央行书面沟通作为研究对象。本书以 2008 年第一季度至 2021 年第二季度为样本区间，以中国人民银行每季度发布的《中国货币政策执行报告》以及货币政策委员会季度例会会议纪要为对象，考虑到公司债收益率数据可得性，筛选出 20 次《中国货币政策执行报告》和货币政策委员会季度例会会议纪要作为央行政策沟通的重要事件。

由于央行信息发布的时间与债券交易时间可能不一致，货币政策委员会季度例会的会议纪要发布时间通常比例会召开时间滞后几日，因此，核定事件日时要以官方发布会议纪要的时间为准，将其作为事件日。央行政策沟通信息发布的时间可能不在公司债市场进行交易的时间范围内，需要对事件日作进一步处理：若会议纪要发布的时间在当天公司债交易日收盘之前（0：00~15：00），则将会议纪要发布日作为事件日；若会议纪要发布的时间在公司债交易日收盘之后或非交易日，则将事件日顺延为沟通信息发布的下一个交易日。《中国货币政策执行报告》采取类似的方法核定事件日。

央行政策沟通事件发生后，公司债市场对沟通信息的反应不会是即时的，市场需要一定的时间对沟通信息做出反应，窗口期太短不利于对回归

系数进行准确的估计；同时，央行政策沟通事件对公司债价格影响的持续时间亦不会太长，且窗口期太长会有其他事件的交叉影响。因此，将央行政策沟通对公司债价格影响的事件窗口设定为（-3，+3），即沟通事件发生前3个交易日到事件发生后3个交易日。

对央行政策沟通进行量化时，参考汉森和斯坦（Hanson and Stein，2015）的方法。由于中短期国债对央行沟通的反应更为强烈，且2年期比1年期国债收益率的反应更强烈，因此，用2年期名义国债收益率在央行政策沟通事件日前后的变化作为政策沟通的代理变量。央行发布紧缩性沟通时，2年期国债收益率变化为正，反之则为负。2年期国债收益率变化不仅能体现当前央行沟通的政策意图，还能反映出央行对未来政策的"前瞻性指引"的变化。将2年期国债收益率变化记为 $\Delta 2yr\_Ty_t$。2年期国债收益率及其他相关利率在事件窗口内变化的描述性统计如表5.26所示。可以看出，20次会议期间央行的政策意图没有很大变化——2年期国债收益率变化平均值只有-0.01，但每次会议之间的政策意图差异较大——2年期国债收益率变化的标准差为0.07。

表5.26 国债收益率变化描述性统计 单位:%

变量	样本容量	均值	标准差	最小值	中位数	最大值
$\Delta 2yr\_Ty$	20	-0.01	0.07	-0.118	-0.118	0.137
$\Delta 10yr\_Ty$	20	0.00	0.06	-0.0799	-0.0799	0.118
$\Delta 10-2yr\_Ty$	20	0.01	0.05	-0.105	-0.105	0.0904

（2）公司债价格变量。

选取公司债收益率作为公司债价格代理变量。考虑到公司债市场流动性不足，一级市场报价可能过时的问题，具体选取事件窗口内在上海证券交易所和深圳证券交易所交易的公司债二级市场交易数据，并对数据作如下处理：首先，剔除私募债，只留下一般公司债；其次，为保证结果的可靠性，剔除剩余期限超过15年的公司债样本；最后，对公司债收益率在0.5%和99.5%的水平进行缩尾处理，以消除异常值影响。最终样本包含2 400多个公司债的15 000多份数据。将公司债收益率记作 $Ret_{i,t}$。公司债收益率描述性统计如表5.27所示。

表 5.27　　　　　　　　　　　公司债收益率描述性统计　　　　　　　　　单位:%

Panel A：全样本					
变量	样本容量	平均值	标准差	最小值	中位数	最大值
Price	15 609	101.7	4.492	40.10	40.10	121.0
Ret	15 609	6.192	2.661	-2.995	-2.995	13

Panel B：紧缩性沟通，$\Delta 2yr\_Ty > 0$					
	样本容量	平均值	标准差	最小值	中位数	最大值
Price	5 641	101.7	4.409	40.10	40.10	112.3
Ret	5 641	6.319	2.638	-2.995	-2.995	12.99

Panel C：宽松性沟通，$\Delta 2yr\_Ty < 0$					
	样本容量	平均值	标准差	最小值	中位数	最大值
Price	9 968	101.8	4.539	40.24	40.24	121.0
Ret	9 968	6.120	2.671	-2.893	-2.893	13

（3）公司债信用风险变量。

对公司债信用评级进行赋值作为公司债信用风险代理变量。信用评级越高，赋值越小。例如，AAA 级赋值为 1，AA + 级赋值为 2，AA 级赋值为 3，以此类推，将其表示为 Credit_ Risk$_{i,t}$。

（4）控制变量。

债券特征信息会对公司债收益率产生影响，因此，将公司债息票率、剩余期限、发行期限、发行规模等公司债特征信息作为控制变量。

其他条件相同的情况下，高息票率的公司债期限较短，收益率对无风险利率变化的敏感度也更低，这种息票率对债券收益率的影响就是"息票效应"。本书通过在回归中加入息票率来控制这种潜在的"息票效应"，并将其表示为 $a_{t,c}$。此外，将债券到期日减去 2021 年 10 月 25 日后转为年数作为公司债剩余期限变量，并将其表示为 $a_{t,r}$。公司债发行期限与发行规模数据直接取自 Wind 数据库，单位分别为年和亿元，并分别表示为 $a_{t,m}$ 和 $a_{t,a}$。控制变量描述性统计如表 5.28 所示。

表 5.28　　　　　　　　　　　控制变量描述性统计

变量	样本容量	平均值	中位数	最小值	最大值	标准差
$a_{t,c}$（%）	15 609	5.5252	5.5252	1.0000	9.5000	1.5139
$a_{t,r}$（年）	15 609	2.0596	2.0596	0.0027	13.2100	1.3928

续表

变量	样本容量	平均值	中位数	最小值	最大值	标准差
$a_{t,m}$（年）	15 609	5.0382	5.0382	2.0000	15.0000	1.5066
$a_{t,a}$（亿元）	15 609	20.7941	20.7941	0.5000	150.0000	21.7432

注：数据均来源于 Wind 数据库。

2. 模型设定

首先，进行基础回归；其次，对每次央行政策沟通事件分组进行回归；最后，通过比较基础回归与分组回归结果分析央行政策沟通平抑公司债市场波动效果及其作用渠道。

（1）基础回归。

$$Ret_{i,t} = \beta\Delta 2yr\_Ty_t \times Credit\_Risk_{i,t} + a_{t,c} + a_{t,r} + a_{t,m} + a_{t,a} + \varepsilon_{i,t}$$

$$(5.16)$$

式（5.16）为基础回归模型。其中，$Ret_{i,t}$表示公司债 i 在事件窗口即 t−3 到 t+3 这一时期内的收益率；$\Delta 2yr\_Ty_t$表示事件窗口内 2 年期国债收益率变化，即央行政策沟通代理变量；$Credit\_Risk_{i,t}$表示公司债 i 在事件窗口内的信用风险；$\Delta 2yr\_Ty \times Credit\_Risk$ 则表示二者的交乘项；$a_{t,c}$、$a_{t,r}$、$a_{t,m}$和$a_{t,a}$为控制变量，分别表示公司债息票率、剩余期限、发行期限和发行规模；$\varepsilon_{i,t}$是误差项。

本书用相关系数 β 衡量央行政策沟通对公司债收益率的影响，从而得出央行政策沟通平抑公司债市场波动的效果及其作用渠道。β>0 表明公司债价格与央行沟通正相关，即紧缩性政策沟通（$\Delta 2yr\_Ty_t$>0）会使高风险公司债价格上升，宽松性沟通（$\Delta 2yr\_Ty_t$<0）则会使高风险公司债价格下降，也就是说，央行政策沟通通过信息效应平抑公司债市场波动。β<0 表明公司债价格与央行政策沟通负相关，高风险公司债在央行进行紧缩性沟通后收益率下降，宽松性沟通后收益率上升，说明央行政策沟通通过收益率效应平抑公司债市场波动。

严格来说，β<0 是证明收益率效应的必要非充分条件，这是因为高风险公司债收益率的异常变化不仅可以由收益率效应解释。例如，宽松性政策沟通可能向企业传递出货币政策即将刺激经济的信号，这可能会降低信用评级较低的公司债违约风险，从而导致其收益率上升。然而 β>0 却足以证明，就算存在收益率效应，其效用也比不过央行政策沟通的信息效应。基于此，本书认为，信息效应才是央行政策沟通平抑公司债市场波动的主要渠道。

（2）分组回归。

$$\text{Ret}_{i,t} = \beta_t \times \text{Credit\_Risk}_{i,t} + a_{t,c} + a_{t,r} + a_{t,m} + a_{t,a} + \varepsilon_{i,t} \quad (5.17)$$

式（5.17）是分组回归模型，分别对每次央行政策沟通事件进行回归。给定一个央行政策沟通事件，其中 β_t 衡量公司债收益率与公司债信用风险的相关性。分组回归模型中不包含 2 年期国债收益率变化这一变量，这是因为该变量是每次沟通事件的常数。

（二）突发事件下央行沟通稳定债券市场的效应分析

1. 央行沟通平抑债券市场波动的总体效应

表 5.29 列示了基础回归结果。分组回归估计出的 β_t 与 2 年期国债收益率变化的关系如图 5.19 所示。从基础回归和分组回归的整体结果来看，央行政策沟通对公司债收益率有显著的正向影响，说明央行政策沟通是通过信息效应影响公司债市场波动的。

表 5.29 　　　　　　　　　　　基础回归结果

变量	(1)	(2)	(3)	(4)
	Ret.	Ret.	Ret. – Adj.	Ret. – Adj.
$\Delta 2\text{yr\_Ty} \times \text{Credit\_Risk}$	0.615 **	0.615 **	0.615 **	0.323
	(1.99)	(1.99)	(1.99)	(0.84)
$\Delta 2\text{yr\_Ty}$				0.699
				(1.06)
Credit_Risk	0.265 ***	0.265 ***	0.265 ***	1.384 ***
	(8.83)	(8.86)	(8.83)	(52.63)
$\alpha_{t,r}$	√	√	√	
$\alpha_{t,m}$	√	√	√	
$\alpha_{t,a}$	√	√	√	
$\alpha_{t,c}$	√	√	√	
$\text{Years\_to\_maturity} \times \text{Coupon\_Rate}$		√		
样本数量	15 609	15 609	15 609	15 609
R^2	0.456	0.456	0.460	0.154

注：*** 表示 $P < 0.01$，** 表示 $P < 0.05$，* 表示 $P < 0.1$。

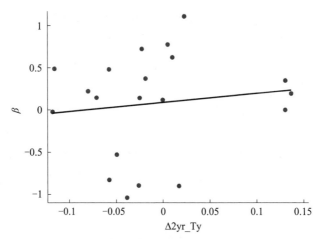

图 5.19　分组回归系数与 2 年期国债收益率变化关系

表 5.29 中列（1）是对基础回归模型即式（5.16）进行回归的结果。该结果估计出的 β 为正，表明公司债价格与央行沟通正相关，即紧缩性政策沟通会使高风险公司债收益率上升，宽松性沟通则会使高风险公司债收益率下降，这与信息效应的假定一致。然而，信用风险较高和信用风险较低的公司债通常存在期限差异，尽管模型中已经加入了发行期限这一控制变量，但这种期限差异仍然可能对结果造成影响。因此，通过在回归中加入一个新的控制变量——发行期限与息票率的交乘项（Years to maturity × Coupon Rate）来控制这种期限差异以及由此造成的"息票效应"，回归结果如列（2）所示。除此之外，还使用另一种方法控制期限差异——对公司债收益率作"久期调整"，从中短期来看，公司债收益率曲线与国债收益率曲线平行，为简化分析，用公司债收益率减国债收益率作久期调整，并使用与列（1）相同的控制变量进行回归，结果如列（3）所示。可以看出，列（2）和列（3）的结果与列（1）基本一致，同样证明央行政策沟通对公司债价格影响显著。

前 3 列的回归中都包含控制变量，这使得回归结果不能反映央行政策沟通对公司债价格的独立影响。基于此，将 2 年期国债收益率变化、公司债信用风险以及二者的交乘项作为解释变量，"久期调整"后的公司债收益率作为被解释变量作回归分析，并且该回归不包含任何控制变量，回归结果如表 5.29 中列（4）所示。若该结果显著则表明 2 年期国债收益率变化与公司债收益率相关系数为正，这与交乘项和公司债收益率的相关系数在方向上是一致的，即央行政策沟通的信息效应渠道对所有公司债都适用。也就是说，当央行进行紧缩性沟通之后，所有公司债收益率都会上升，只是风险较高的公司债较风险较低的公司债收益率上升更多。

据图 5.19 所示，分组回归结果与基础回归结果类似。当央行进行紧缩性沟通后，β_1 为正，即信用风险越高的公司债收益率上升越多，而当央行进行宽松性沟通后，β_1 为负，即信用风险越高的公司债收益率下降越多。图5.19 中拟合直线斜率系数估计也为正，与基础回归结果定性一致。此外，图 5.19 还表明央行政策沟通存在着非对称性，宽松性沟通对公司债价格的影响大于紧缩性沟通。

表5.29 列（4）的结果与图 5.19 中拟合直线斜率系数估计都不够显著，这可能是由两个原因造成的：一是我国公司债市场起步较晚，市场规模较小，有关公司债市场的数据也不够充分；二是我国央行政策沟通的"信息效应"渠道还不够通畅。

2. 重大突发公共事件对央行政策沟通平抑公司债市场效果的影响

考虑到重大突发公共事件冲击可能会对估计结果造成影响，而本书研究期间恰好有新冠肺炎疫情这一重大突发公共事件发生，因此，本书以新冠肺炎疫情为例，进一步研究消除疫情影响以及疫情前后央行政策沟通平抑公司债市场效果。2020 年 2 月 3 日，中央提出"要在做好防控工作的前提下，全力支持和组织推动各类生产企业复工复产"，2020 年 4 月 17 日，中央政治局召开会议，指出"全国复工复产正在逐步接近或达到正常水平"。基于此，本书剔除在此期间的央行政策沟通事件数据，分别以消除疫情影响、疫情前、疫情后数据运行模型（5.16），结果如表5.30 所示。可以看出，消除疫情影响之后央行政策沟通仍然对公司债价格有显著的正向影响，说明重大突发公共事件冲击并不会对央行政策沟通平抑公司债市场效果及其作用渠道产生影响，再一次证明了央行政策沟通的"信息效应"。

表 5.30　　　　　　　　　　　　　消除疫情影响

变量	消除疫情影响	疫情前	疫情后
2yr_Ty × Credit_Risk	1.036 ***	3.844 ***	1.595 ***
	(3.16)	(4.41)	(4.31)

续表

变量	消除疫情影响	疫情前	疫情后
Credit_Risk	0.257 ***	0.656 ***	−0.305 ***
	(8.26)	(16.35)	(−6.25)
$\alpha_{t,r}$	√	√	√
$\alpha_{t,m}$	√	√	√
$\alpha_{t,a}$	√	√	√
$\alpha_{t,c}$	√	√	√
样本数量	14 033	7 317	6 716
R^2	0.453	0.489	0.451

注：*** 表示 $P < 0.01$。

3. 稳健性检验

为考察结果的稳健性，进行稳健性检验。首先，使用10年期名义国债收益率作为央行政策沟通代理变量；其次，使用（−1，+1）的事件窗口期；最后，将央行政策沟通分为紧缩性沟通与宽松性沟通，用于考察这两种政策意图影响公司债价格的非对称性。稳健性检验结果如表5.31所示。表5.31中列（1）、列（2）结果与表5.29类似，表明本书结果是稳健的，列（3）表明央行紧缩性沟通与宽松性沟通存在非对称性且宽松性沟通的效用更大。

表5.31   稳健性检验

变量	(1) Ret.	(2) Ret.	(3) Ret.
$\Delta 2yr\_Ty \times Credit\_Risk$		1.838 **	
		(2.07)	
$\Delta 10yr\_Ty \times Credit\_Risk$	1.198 ***		
	(3.42)		
（$\Delta 2yr\_Ty$，为正）× Credit_Risk			0.138
			(0.26)
（$\Delta 2yr\_Ty$，为负）× Credit_Risk			1.246 **
			(2.03)
Credit_Risk	0.254 ***	0.136 ***	0.294 ***
	(8.49)	(2.58)	(7.49)

续表

变量	(1)	(2)	(3)
	Ret.	Ret.	Ret.
$\alpha_{t,r}$	√	√	√
$\alpha_{t,m}$	√	√	√
$\alpha_{t,a}$	√	√	√
$\alpha_{t,c}$	√	√	√
样本数量	15 609	6 824	15 609
R^2	0.456	0.430	0.456

注：*** 表示 $P < 0.01$，** 表示 $P < 0.05$。

（三）小结

深入研究央行政策沟通平抑公司债市场波动效果对央行利用政策沟通管理公司债市场十分重要。本书考察了央行政策沟通对公司债价格的影响，重点关注央行政策沟通平抑公司债市场波动效果及其作用渠道。研究结果表明，央行政策沟通会对公司债价格产生显著正向影响，即紧缩性沟通会导致高风险公司债价格上升，宽松性沟通会导致高风险公司债价格下降，说明央行政策沟通通过"信息效应"渠道对公司债价格产生影响。也就是央行与市场参与者之间存在信息不对称，央行政策沟通能够释放央行所掌握的对当前及未来经济形势的研判，这一研判不仅能反映未来的政策走向，还会影响市场预期，从而影响市场主体行为，进而影响公司债价格。此外，央行紧缩性沟通和宽松性沟通存在非对称性，宽松性沟通对公司债价格的效用比紧缩性沟通大。本书还进一步研究了重大突发公共事件可能带来的影响。结果表明，重大突发公共事件冲击不会对央行政策沟通平抑公司债市场效果及其作用渠道产生影响，再次证明了央行政策沟通的"信息效应"假设。

然而，本书的研究结论并非全部合意，有关央行紧缩性沟通和宽松性沟通非对称性研究的结果并不显著，其原因可能在于：一是目前我国公司债市场不够发达，可获得的数据较少；二是央行沟通可信度还不够高，信息渠道不够通畅。

基于此，本书提出相应的政策建议。首先，央行应该通过提高政策沟通信息质量来提高央行政策沟通可信度，书面沟通要更加注重内容规范性和清晰度，在发布货币政策委员会例会会议纪要时，不仅要发布货币政策操作，还要披露进行这些操作的原因，这有助于公众加深对货币政策的理解，作出理性预期。其次，面对重大突发公共事件冲击时，央行也要加强对政策沟通这一工具的运用，将央行政策沟通与传统货币政策结合使用，适当提高央行政策沟通频率，以缓解突发事件冲击带来的不确定性。与此同时，也要加强运用央行政策沟通对公司债市场的管理，做好前瞻性指引，促进公司债市场健康发展。

第五节　外汇市场

外汇市场作为金融市场的重要组成部分，与各个金融子市场相互影响，紧密相连。外汇市场参与者的外汇投资行为不仅对外汇交易产品价格产生影响，还会影响其他金融市场的资产价格。在资本账户不完全开放的情况下，央行应该关注境内外投资者的市场情绪变化，主动通过汇率沟通等手段加强跨市场管理，削弱外汇交易行为调整其他金融子市场的负面影响。在人民币国际化进程中，通过汇率预期管理加强跨市场管理，促进外汇市场和其他金融市场稳步发展。

一、预期管理稳定外汇市场的背景及意义

汇率变量在经济运行体系中至关重要，能够同时影响微观层面的资源配置与宏观经济运行。2005 年 7 月，我国实行汇率形成机制改革，自此，人民币汇率变动趋势呈现出四个阶段：第一阶段从 2005 年 7 月~2008 年 9 月，人民币对美元汇率持续上升；第二阶段从 2008 年 9 月~2010 年 6 月，人民币汇率较为稳定，这是由于国际金融海啸的发生；第三阶段从 2010 年 6 月~2015 年 8 月，人民币升值且双边波动明显，这是因为在此期间央行进行了两次汇率改革——2012 年的"4·16"汇改和 2014 年的"3·17"汇改；第四阶段从 2015 年"8·11"汇改开始，人民币汇率总体呈下降趋势。

2018 年人民币汇率出现先升后降的较大波动，尤其是在 2018 年 4 月至 10 月，人民币汇率出现了大幅度降低。2020 年 6 月，人民币汇率又经历了较大的上涨。不难看出，人民币汇率形成机制改革期间，人民币汇率经历了多个升贬值交替的周期，这种预期的实现与增强作用容易造成市场阶段性的单边趋势，从而导致汇率偏离均衡水平，引发过度调节风险。在此基础上，央行和外汇管理局应充分利用其信息优势，通过汇率沟通向公众传递未来政策走向和汇率走势的信息，通过预期管理手段规避汇率的过度调节与市场的不理性，使汇率保持稳定。

为防止人民币汇率的剧烈波动、防范金融风险，在对汇率市场体制和汇率形成机制的完善过程中，央行需要对外汇市场进行适时调控。在汇率体制改革的各个阶段，央行采取了相对应的汇率干预方法，包括直接在外汇市场上进行干预、汇率中间价管理和汇率预期管理。改革开放初期阶段，我国进出口增加，外汇市场的发展处于起步阶段，央行主要采取直接干预方式，通过在外汇市场上买卖外汇对汇率进行调控。从汇率管理的实践来看，央行直接干预外汇市场会对汇率的变化产生影响。当人民币面临升值或贬值压力时，央行直接干预能够改变外汇储备，进而改变人民币汇率升值或贬值预期，起到调节汇率的作用。在 2014 年中至 2017 年初，以及 2018 年中美贸易摩擦发生后，人民币汇率处于震荡贬值期间，外汇市场上的金融机构大量抛售外汇，央行为了稳定汇率的波动，扭转人民币贬值的预期，采取了抛售美元等调节市场供求的直接干预措施。随着外汇市场的不断发展和市场化改革的推进，央行直接干预外汇可能会违背市场规律，央行也会面临较大的汇率波动风险，央行干预成本和国际舆论压力增加。因此，常规化的外汇干预逐渐减少。2006 年初，央行将做市商报价加权平均，以此作为人民币汇率中间价，由于报价数和计算方法没有对外公开，央行可以通过中间价干预对人民币汇率进行适度调整。2015 年"8·11"汇改后，央行建立"收盘汇率＋一篮子货币汇率化"的中间价形成机制，各做市商参考 CFETS、BIS 或 SDR 货币篮子进行报价，报价因参考的货币篮子占比不同而有所差异，外汇交易中心在计算并调整货币篮子汇率变化的平均值后公布中间价。通过计算人民币兑换美元汇率中间价的实际值与理论值之差衡量央行干预行为，定价机制更加透明。2017 年后，央行根据汇率波动对中间价形成机制进行逆周期因子调整，由于对逆周期因子的调整内容不对外公布，逆周期因子呈现"黑箱化"特征。央行通过中间价管理外汇市场能够缓解人民币升值（贬值）的速度和幅度，对市场顺周期波动进行对冲，从而引导人们对人民币汇率形成理性预期。随着我国汇率市场化改革进程加快以及中间价定价机制透明度的提高，央行施展政策意图的空间被大大缩小，直接进行外汇干预或进行中间价干预可能加大汇率的波动，引起国际舆论压力，而预期管理政策不仅能够引导市场预期，促使人们对汇率产生与货币当局一致的预期，而且能够提高汇率政策透明度，避免引起国际舆论压力。因此，进行汇率预期管理成为新时代汇率管理的必然选择。

综观国际上的汇率预期管理实践，各发达国家的汇率政策逐渐从直接干预向汇率沟通转变。美国管理当局为维持美元的国际地位，不停地对美元汇率进行干预，伴随新自由主义经济思想的发展，美国财政部开始更多地采取口头干预等预期管理手段干预美元汇率，逐渐弱化汇率的直接干预政策。日本在20世纪90年代末就开始实施预期管理政策，通过口头干预等汇率预期管理有效地缓解了日元持续升值或贬值的压力，降低汇率的波动，而直接干预汇率会加剧日元汇率的波动幅度。从英镑危机到脱欧公投，英国在经济发展下行阶段也曾多次进行口头干预，试图通过引导市场预期来稳定汇率的波动。从美国、日本和英国等发达国家的汇率管理政策变化中可以看出，直接汇率干预在金融市场化的时代可能加剧汇率的波动，难以达到有效调控汇率的目标，通过预期管理干预外汇市场逐渐成为新时代汇率管理的必然选择。随着新冠肺炎疫情的突然爆发和持续扩散，经济不确定因素增加，经济政策的不确定性可能引起单边贬值预期，加速全球资本的大量流动，投资者的恐慌情绪可能引发全球金融市场的混乱。因此，在不引起"汇率操纵国"等国际舆论压力的情况下，中国应适应汇率政策的变迁，通过信息沟通等汇率预期管理政策引导市场预期，促使人民币汇率向符合货币当局意图的方向变化。

汇率预期管理可以通过政策前瞻指引、汇率沟通等方式对汇率政策进行信息公布，引导市场主体形成合理预期，进而完善外汇管理政策调整方式，完成宏观审慎管理，稳定人民币汇率。我国汇率预期管理手段主要是央行沟通，分为书面和口头沟通两种形式。书面沟通即央行定期发布有关政策解读的书面文件，货币政策委员会每季度召开例会并发布会议纪要与《中国货币政策执行报告》，《中国货币政策执行报告》的发布会向市场参与者传达货币政策信号，并预测下一期的货币政策取向，市场参与者就可从中获得政策信息和宏观经济基本面信息。货币政策委员会例会报告可以向社会公众传达货币当局对人民币汇率管理的看法和立场。中国人民银行和外汇管理局常年解读最新发布的经济金融政策，这一举动将提高政策透明度和可信度。书面沟通更具有系统性和规范性，在引导公众预期方面更具说服力。口头沟通包括召开新闻发布会和高层讲话、演讲、访谈等多渠道。央行通过召开新闻发布会对重大经济决策或执行报告等内容进行阐释，消除社会公众对政策意图产生的误解，引导公众预期向其合意的方向发展。央行行长、副行长以及汇率管理部门的高级官员等通过高端论坛演讲、公开讲座和新闻访谈等口头沟通方式就汇率进行公开表态，向市场传达汇率政策取向，从而引导市场预期，达到稳定外汇市场的目的。2014 年末，人民币兑换美元汇率呈现贬值趋势后，2015～2016 年，时任国务院总理李克强曾多次进行汇率沟通，向市场传递政府对汇率波动的立场和看法，从而避免人民币汇率的过度波动和外汇市场的震荡，促进金融市场稳定运行。此外，货币当局对外汇市场的负面舆论进行正面回应可以消除负面舆情导致的市场波动。2019 年，美国将中国认定为"外汇操纵国"，然而中国并不符合该认定标准，中国人民银行公开表示，"把中国定为人民币汇率操纵国，毫无道理和依据"，向国内外表达了中国政府和货币当局的立场，避免人民币汇率发生剧烈波动。

汇率预期管理可以提高信息透明度，引导公众预期，防范人民币汇率异常波动。自 2015 年"8·11"汇改后，人民币汇率变化进入新常态，具有双向震荡的特征。当人民币汇率波动异常时，央行通过公布相关信息并进行政策宣传引导舆论和预期，加强与市场的沟通，从而缓解市场恐慌情绪，稳定人民币汇率波动。为对冲汇率的顺周期波动，央行使用"逆周期因子"，并运用汇率沟通使逆周期因子的透明度上升，使市场参与者对经济基本面变化的理解与央行一致，促进公众形成合理的人民币汇率中间价预期，从而提高人民币汇率政策的公信力和有效性，保障人民币汇率中间价干预能够起到稳定汇率预期的促进作用。由于逆周期调节因子具有"黑箱化"特征，发达国家经常对我国的外汇市场调控横加指责，2019 年，美国甚至认定中国为"汇率操纵国"，借机指责中国过度干预外汇市场。我国汇率改革以后市场就在汇率形成机制中发挥了主要作用，央行较少采用实际干预手段，而是采取汇率预期管理这种更为市场化的汇率调控方式，缓解其他国家对我国操纵汇率的指责，通过稳定汇率预期达到稳定汇率目标。近年来，人民币正式加入 SDR、"一带一路"倡议的提出，这些事件使人民币国际化步伐加快。根据货币金融理论和国际经验，人民币汇率的稳定性会降低，而汇率的波动不利于人民币的国际化，进行汇率预期管理能够引导汇率预期，稳定人民币币值，加速人民币国际化进程。

综上，汇率能够调控经济运行，其变动能够显著影响进出口、国际收支平衡、货币需求、物价、股票价格以及经济增长等，在中国经济运行体系中至关重要，汇率预期的不断变化也会加速危机爆发，因此，汇率预期管理至关重要。为维护市场稳定，未来的汇率改革中应继续加强对汇率沟通的运用和对汇率预期的管理。

二、汇率预期管理平抑金融市场波动的效应分析

（一）汇率预期管理有效性的识别标准

汇率预期管理的效应可以通过汇率方向和汇率波动这两方面的标准进行识别。

1. 汇率方向的标准

这一标准通过分析央行实施汇率沟通后能否引导外汇市场形成一致的预期来辨别。具体而言，如果汇率沟通的干预能使汇率趋势向货币当局希望的方向发展，即货币当局强化本币后本币升值或弱化本币后本币贬值，说明汇率沟通是有效的，否则说明汇率沟通无效。如果外汇市场不是无效的，央行汇率沟通传递出希望汇率上升的信息时，市场参与者会根据央行传递出来的信息调整其汇率预期，使其朝着央行合意的方向进行，从而使汇率上升。

2. 汇率波动的标准

汇率预期管理的效应还可以通过汇率波动的程度来判断。如果央行进

行汇率沟通后，汇率的波动性降低，说明汇率沟通有效，否则无效。如果外汇市场不是无效的，只要央行有较高透明度和可信度，在进行汇率沟通时，市场参与者就会相信央行在未来可能采取的货币政策行动，从而使市场参与者的预期朝着央行的目标进行，由此使汇率波动降低。

（二）汇率预期管理平抑金融市场波动的事件分析

我国央行主要以两种形式对外汇市场进行干预，一是通过面向公众接受采访、发布公告和政策报告来传递未来政策走向和利率走势信息，管理市场参与者的汇率预期，即汇率沟通；二是在外汇市场上对外币进行买卖，即实际干预。实际干预会引起外汇市场大幅波动，且时滞较长，因而实际干预的效果越来越难以实现。2005 年 7 月，我国启动人民币汇率形成机制改革，随着改革的不断进行，市场预期在汇率形成机制中发挥着越来越重要的作用，央行也逐步扩大了汇率沟通在外汇市场上的运用。

自从我国实行浮动汇率制度以来，人民币汇率呈现逐渐升值的趋势，这一趋势持续近九年。在此期间，市场对于人民币继续升值的预期不断增强。2014 年，随着美联储退市以及美元的走强，开始出现人民币汇率贬值的预期。2015 年 8 月 11 日，中国人民银行对人民币汇率中间价形成机制进行了改革，市场在人民币汇率形成机制中的作用不断增强。然而，新一轮汇改使市场上关于人民币汇率贬值的预期愈演愈烈。"8·11"汇改后，离岸市场的波动性显著增加，汇改当月人民币离岸市场汇率波动率高达10.97%；2015 年底，人民币汇率波动率达到 2.1%；而在"8·11"汇改前，人民币汇率只有 1.1%；到 2016 年 1 月，甚至出现人民币汇率单日下跌幅度达 400~500 基点的情况。离岸市场汇率波动急剧加大的一部分原因是国际投机资本利用人民币高波动性借助人民币衍生品进行获利。尽管在岸和离岸市场在参与者、监管机构和价格形成机制等方面都有不同，但两个市场之间的价格关系联系紧密。其中，在岸市场管理较为严格，离岸市场则相对宽松，这导致一部分交易者利用监管的宽松在离岸市场上对风险进行对冲，甚至套利，这就导致离岸市场短期波动增加。而在"8·11"汇改后，这种波动就更为明显。另外，这种汇率波动会在一定程度上影响在岸人民币中间价管理。在"前日收盘汇率＋一篮子货币汇率变化"的人民币中间价形成机制下，CNH 市场上的汇率波动通过对 CNY 市场上的汇率收盘价格产生影响来对第二天中间价产生影响。面对这种状况，为消除外汇市场上的"羊群效应"，相关部门领导人加强了对汇率沟通的运用，如增加公开发言次数、增加引导汇率变化方向的措辞等。此外，央行和外汇管理局通过提高政策目标、决策以及实施的透明来提高政策透明度，从而引导市场参与者形成使央行和外汇局合意的一致性预期，具体政策包括公布人民币汇率指数、明确篮子货币变化、调整货币篮子规则、缩减一篮子货币汇率计算时段、在中间价报价模型中加入逆周期因子。

近年来，我国央行和外汇局增加了对汇率预期管理手段的运用。一个典型的例子是，2018 年 7 月 3 日，人民币对美元中间价跌破 6.7 的市场心理防线，当天央行系统五位相关负责人在不同场合发表言论，表示我国有能力保持汇率稳定，受此影响，在岸与离岸人民币汇率均应声大幅反弹。

此外，2020 年 6 月，人民币大幅度升值，市场上出现单边升值预期，这引发了一定的投机行为，加剧了人民币即期汇率下跌，同时也预示着远期汇率的大幅度上升。为维护人民币汇率在均衡水平下基本稳定的政策目标，央行发出明确的预期管理信号，坚持各家报价行按照公开透明的"收盘价 + 一篮子货币汇率变动 + 逆周期因子"人民币汇率中间价公式自主报价，使人民币汇率保持了均衡水平下的稳定，汇率沟通平抑金融市场波动的事件，如表 5.32 所示。

表 5.32 汇率沟通平抑金融市场波动的事件

形式	特点	例子
开放式指引	只提出未来将保持利率在较低水平，但并不明确说明低利率水平将持续多长时间	2008 年 12 月，美联储声明将联邦基金利率降至 0～0.25%，并将在此水平上维持一段时间
日历式指引	在开放式指引的基础上引入了明确的政策持续期间。能够降低政策的不确定性，更好地稳定市场预期	2011 年 8 月联邦公开市场委员会会议召开后美联储指出，"直到 2013 年中期，维持极低的联邦基金利率都是合适的"
目标式指引	在开放式指引中加入了量化的政策目标，不仅能够避免日历式指引下货币政策灵活性受到约束的问题，而且明确的政策目标有助于进一步锚定市场的预期	2012 年 12 月，美联储在联邦公开市场委员会会议后指出，"只要失业率仍处于 6.5% 以上、未来 1～2 年内通货膨胀不超过 2.5%，将联邦基金利率保持在极低水平是合适的"

央行沟通对汇率的影响虽然不如实际干预，但汇率沟通能够显著平抑外汇市场波动；此外，人民币贬值时期汇率沟通的效果比升值时期的效果更显著。

基于此，央行应合理运用汇率沟通进行外汇市场预期管理，将汇率沟通与实际干预协调使用，适当加大对汇率沟通的运用；定期发布政策执行报告，在发生能影响汇率的事件时，及时与公众进行沟通，使公众预期朝着央行合意的方向进行。特别是在人民币贬值时期，公众易产生恐慌情绪，央行要利用汇率沟通稳定公众情绪，从而稳定汇率。

第六章　预期管理策略优化

第一节　基于社会福利指标的预期管理
效果测度

近年来，我国央行大胆创新货币政策工具，并且逐渐认识到金融市场政策沟通的作用，包括货币政策沟通和金融稳定政策沟通。央行能够通过采取合适的沟通设计，减少经济主体决策时所面临的不确定性，有效引导和影响经济主体的决策，从而稳定宏观经济，减少社会福利损失。

一、指标选取

央行可以通过央行沟通的方式对市场预期进行引导。通过自身优势，向公众提供市场经济运行情况、货币政策和宏观审慎政策变动情况等，合理引导经济主体的市场预期，提高金融市场政策效率，增强金融市场政策有效性。为评价央行预期管理策略的效果，构建社会福利指标，深入剖析社会福利的内涵，并结合我国国情和数据的可获得性，选取4个一级指标，分别为收入、消费、分配以及就业，并选取9个二级指标来衡量我国的社会福利水平。

为衡量社会福利，本书构造综合指数，主要原因包括两点：第一，通过阅读相关文献，发现大多数文献都采取该方法且取得较好效果；第二，通过该方法计算得出的社会福利综合指数有助于实证研究。本书结合我国实际情况、研究的具体内容、数据的可获得性、指标的有效性以及计算的可行性，最终选取收入 X_1、消费 X_2、分配 X_3、就业 X_4 这 4 个一级指标以及更为具体的 9 个二级指标。如果指标数值的变动方向与社会福利指数的变动方向相同，即指标数值增加导致社会福利指数增加，就称该指标为"正福利效应指标"，用"+"表示；反之，如果指标数值的变动方向与社会福利指数的变动方向相反，即指标数值减少导致社会福利指数增加，就称该指标为"负福利效应指标"，用"-"表示。社会福利指标构建的具体内容如表 6.1 所示。

表 6.1　　　　　　　　　社会福利指标构建

总指标	二级指标	三级指标
社会福利 X	收入 X_1	城镇居民人均可支配收入 X_{11}（+）
		农村居民人均纯收入 X_{12}（+）
	消费 X_2	城镇居民人均消费性支出 X_{21}（+）
		城镇居民家庭恩格尔系数 X_{22}（+）
		农村居民人均生活消费支出 X_{23}（+）
		农村居民家庭恩格尔系数 X_{24}（+）
	分配 X_3	基尼系数 X_{31}（-）
	就业 X_4	就业人员平均工资 X_{41}（+）
		城镇登记失业率 X_{42}（-）

二、熵值法确定权重

权重与一般的比重不同，指某一因素或者指标对于某一事件的重要程度，体现的不仅是某一因素或者指标在该件事中所占的比例，更加强调因素或者指标的相对重要程度或相对贡献度。在实证分析过程中，如果选取指标的重要程度不完全相同，就需要对不同指标赋予不同权重。

在指标权重确定过程中，要注意指标权重的正确性与客观性，会直接影响社会福利评价体系的公平程度以及预测的准确程度。本书选取熵值权重法这一常用的赋值方法对指标的权重进行赋值，进一步构建综合指标体系。

本书将从中国统计局、《中国统计年鉴》以及 wind 数据库中获取的 2009~2019 年相关的数据进行归一化处理，即将数据数值的分布范围限制在 [0，1] 这个区间内，并将数据之间的量纲影响去除掉，再将每个指标通过熵值权重法进行计算得出最终权重大小。具体计算结果如表 6.2 所示。

表 6.2　　　　　　　　　　　社会福利指标权重

总指标	二级指标	三级指标
X	$X_1(0.218)$	城镇居民人均可支配收入 $X_{11}(0.107)$
		农村居民人均纯收入 $X_{12}(0.111)$
	$X_2(0.529)$	城镇居民人均消费性支出 $X_{21}(0.107)$
		城镇居民家庭恩格尔系数 $X_{22}(0.153)$
		农村居民人均生活消费支出 $X_{23}(0.126)$
		农村居民家庭恩格尔系数 $X_{24}(0.143)$
	$X_3(0.057)$	基尼系数 $X_{31}(0.057)$
	$X_4(0.196)$	就业人员平均工资 $X_{41}(0.115)$
		城镇登记失业率 $X_{42}(0.081)$

三、模型设定

本书在实证研究时采用 SVAR 模型。首先，相比于 VAR 模型的其他扩展模型，SVAR 模型的理论和结构都较为简单，但是当前许多学者都运用 SVAR 模型进行相关实证研究，也取得了一些成果。其次，央行在进行宏观经济实证研究和低频率的时间序列数据研究时，SVAR 模型具有良好适用性。最后，当前央行大多混合使用 VAR 模型与理论模型，对相关经济和货币政策形势进行分析研究，从而做出相应的决策。当前关于央行沟通的理论、机制和模型研究有待完善，因此，我们使用 SVAR 模型对央行沟通与社会福利之间的动态关系进行实证研究和分析。

除此之外，由于本书的研究对象是央行行为，因而需要考虑货币因素本身对社会福利所产生的影响，与货币因素相关的指标主要有货币供应量和利率两个指标。本书参考大多数学者的研究，将广义货币供应量作为衡量货币政策的指标，并用 M2 增长率表示。SVAR 模型的形式如下：

$$y_t = A[L]y_t + \mu_t$$

其中，矩阵 A［L］中的元素用来表示变量之间的关系，y_t =（SWIR，MPC，M2R）表示内生变量，μ_t =（μ_1，μ_2，μ_3）表示外生冲击，其中 L 表示滞后阶数，本书确定的最优滞后阶数为一阶滞后。SVAR 模型源自 VAR 模型，为保证 SVAR 模型可以识别，需要加入一定条件对其进行约束，变成 SVAR 模型。由于该模型包含 3 个内生变量，因而本书在进行研究时需要设定 3 个识别条件。

四、稳健性检验

由图 6.1 可知，SVAR 模型的特征根都落在单位圆内，说明该模型通过了稳健性检验，可以进行脉冲响应结果的分析。

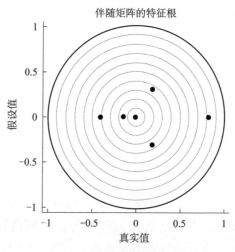

图 6.1 稳健性检验结果

SVAR 模型中，内生变量数据与实证研究结果之间存在一定关系，且前者在很大程度上会对后者造成影响。为检验实证结果是否可靠，本书继续对 SVAR 模型的稳健性进行检验。在检验过程中，将模型中内生变量的顺序进行调整与交换。由实证结果可知，对内生变量的顺序进行调整与交换之后，变量系数和脉冲响应结果与此前结果基本一致，证实 SVAR 模型运算结果具有稳健性。

五、脉冲响应分析

脉冲响应是指当一个标准差冲击作用于随机扰动项时，该冲击对所有内生变量产生的动态影响，脉冲响应能够直观清晰地刻画出各个内生变量之间的动态影响效应。本书主要研究货币政策沟通的社会福利效应，因此，脉冲响应分析主要包括社会福利增长对货币政策沟通冲击的响应，如图 6.2 所示。

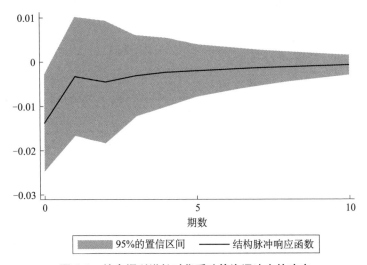

图 6.2 社会福利增长对货币政策沟通冲击的响应

在本期给货币政策沟通正向冲击，社会福利增长表现为负向效应，该效应的持续时间较长，并且这种负向效应会在本期达到最大，最大值为0.013。在当期之后，负向效应效果逐渐减弱，其影响也随着时间的推移持续减弱，直到第 10 期基本回归到 0。这说明，货币政策沟通越宽松，对社会福利增长的抑制作用越强，且当期货币政策沟通对当期社会福利增长率的影响效果最大，随时间推移其作用效果会逐渐减弱。可以看出，当央行进行宽松的货币政策沟通时，此时的经济形势较差。虽然宽松的货币政策对社会福利水平有一定的稳定或提升作用，但是从根本上来说其社会福利效应无法得到提高，因为宽松的货币政策沟通对社会福利水平的增长有抑制作用。

第二节 我国预期管理策略最新进展

预期管理主要是指央行通过传递相关金融市场政策信息提高政策透明度，从而引导经济主体的市场预期，提高金融市场政策效率。本书主要从货币政策透明度、前瞻性指引和事后解释三个方面对预期管理策略进行评价。货币政策透明度主要包括经济信息透明度、决策信息透明度、目标信息透明度和操作信息透明度。前瞻性指引主要是对未来货币政策取向的明确指引。另外，预期管理还十分注重事后解释，是指在货币政策操作之后进行必要的解释。

一、货币政策透明度

央行通过发布有关货币政策的一系列信息，可以提高货币政策透明度，从而更好地引导预期。更高的货币政策透明度主要通过以下三种渠道引导预期。第一，货币政策透明度越高，央行信誉越高，从而提高市场信心。第二，货币政策透明度越高，私人部门所获取信息的准确度越高，从而对市场未来的预测能力越高。第三，货币政策透明度越高，市场不确定性越低，不确定性造成的影响越小，从而提高预期的稳定性。

二、前瞻性指引

前瞻性指引的关键是央行与公众就关于未来政策立场和利率路径的内容进行沟通，从而合理引导公众预期，提升政策调控效率。

2020年，央行在对数量型和价格型指标进行前瞻性指引的过程中，有显著进步。数量型指标方面，央行对 M2 的年度增速、法定存款准备金率、社会融资规模的年度增速进行前瞻性指引。2020 年 3 月 16 日，通过普惠金融定向降准，增加金融机构对未来货币政策预期的确定性，引导资金流向，提高资金流动性；在价格型指标方面，央行在报告中说明短期利率调节的有关情况，虽然在形式上与数量型指标的前瞻性指存在一定差距，但仍在一定程度上发挥了前瞻性指引的作用。

三、货币政策事后解释

货币政策事后解释能够增强货币政策可预测性，有利于市场主体更加了解货币政策的制定和执行情况，从而加强央行预期管理。在利率调整方面，2020 年，为应对新冠肺炎疫情冲击，公开市场操作逆回购和 MLF 中标利率发生了两次变化，且两次变化都在第一季度发生。但央行没有对两次利率的变化进行解释和说明，仅仅对利率持平的原因进行了简单阐述，但是对公众引导和预期的效果不够明显。在公开市场操作方面，面对新冠肺炎疫情对经济的冲击和影响，央行对于公开市场操作的解释更加完善和丰富，从而更好地引导公众的市场预期。

2020 年公开市场操作后的解释主要在以下三方面获得改进。一是 2020 年中央银行对公开市场操作进行解释的次数显著增加。二是 2020 年央行对不开展公开市场操作的解释也大幅增加。2020 年，央行共计发布 101 次公告解释为何在该交易日不开展公开市场操作。三是 2020 年央行对于公开市场操作的解释内容较为详细。2019 年央行公开市场操作的解释只提及银行体系流动性，而 2020 年的公告中，给予的解释则更为详细和丰富，包括对冲政府债券发行因素、企业所得税汇算清缴、政府债券发行缴款、现金回笼、金融机构缴纳法定存款准备金、银行体系流动性等多个方面。

第三节　我国预期管理策略不足之处

我国经济发展面临需求收缩、供给冲击、预期转弱三重压力，这将降低政策对经济调控的有效程度，使央行引导市场预期面临更大挑战，需要通过预期管理方式提高政策有效性。因此，尽快形成科学的预期管理机制引导市场预期，具有很强现实意义。我国应在考虑实际情况的基础上，结合国外先进的经验，建成完善合理的预期管理体系。

一、经济周期变化导致预期管理效果的非对称差异

市场环境决定金融调控的有效程度，只有活跃的借贷市场才能够最大限度发挥资金作用，同时提升预期管理的调控效应。当经济处于下行时期，此时企业投资的低回报和高风险会抑制企业投资意愿，银行和企业间的信息不对称，会提高银行信贷资产定价的难度，从而降低信贷扩张的内在动力，导致央行政策调控的有效性和预期管理的效果降低。当美国处于金融危机时期，金融机构将美联储的低成本资金不是提供给实体经济，而是购买政府债券。中国存在民营企业融资难的问题，央行等扩大了中期借贷的便利抵押品的范围，并提供资金给一级交易商，金融机构大部分也将资金购买地方债、政府债，削弱了金融支持实体经济的效果。

二、特殊金融结构阻碍预期管理的实施

高度市场化的金融结构是有效进行预期管理的载体。央行发出政策挑战或沟通信号以后，大量存在竞争关系的金融机构需要对此进行预期判断，并对信贷投资的方向和数量进行调整，只有这样，才能使央行的政策目标趋于实现。大型国有商业银行的信贷对象主要为国有企业和上市公司等，对央行释放的信息的敏感程度较低。虽然中小型商业银行的信贷对象主要为中小企业，但由于受一级交易商制度的限制，其获得公开市场操作的直接流动性支持的难度较高，故很难对央行的信号及时作出相应操作。金融结构对央行政策的调整效果造成了一定的制约，使预期管理的实施遭受阻碍。

三、信息产生及传递过程的复杂制约预期管理的实施效果

经济信息的产生及传递需要经过多个步骤才能实现。第一步是依赖央行发布，第二步是依赖媒体解读，第三步是依赖市场反馈。保证信息产生及传递实现的重要因素包括央行权威性、信息传递渠道畅通性。虽然近几

年央行在预期管理和市场沟通方面取得了一些进步，但是其依然存在政策透明度低、独立性不够强等现实问题。同时，央行常常隐瞒敏感问题，使信息无法顺利传递，可能会导致相关媒体恶意揣测并误导市场预期。货币政策的前瞻性不够强也会对微观主体的认知和预期造成影响。

四、预期管理的具体手段与工具有待进一步完善

为提高引导公众预期的有效性，在央行释放信号、信号传导以及前瞻性指引方面，有必要形成一个科学合理的预期管理体系。预期管理这一概念在我国发展时间较短，故通过预期管理这一手段提高货币政策有效性难度较大，几乎没有可借鉴的例子，所能使用的手段与工具也比较缺乏。当前我国除每季度发布的货币政策执行报告外，其他预期管理方式还不成熟，在一定程度上影响预期管理效果。

第四节 我国预期管理策略优化建议

一、我国预期管理策略的改进方向

（一）强化预期管理的实践原则

央行进行预期管理的主要目标是希望通过合理且公开公正的方式或手段对公众预期进行引导，使公众对未来的预期尽可能保持一致。为更高效地实现这个目标，央行需要遵循一定的规则。第一是充分性，指央行要尽可能全面而充分地向公众公布有关于货币政策方面的相关信息且尽可能提高货币政策透明度，使公众能够充分利用所公布的信息形成合理一致的预期。第二是前瞻性，也可以称为预知性，指央行在进行预期管理的过程中，向公众发布的信息不仅要包含当前信息，而且要包含关于未来的信息。前瞻性信息与非前瞻性信息相比，前者在预期管理过程中可以发挥更加直接的作用，对公众预期可以产生更显著的影响。第三是及时性，指相关部门

要及时准确地对货币政策和宏观经济状况变化做出反应，可以有效防止由于信息发布的滞后性导致公众对未来造成错误的预期。第四是可信度，指央行以及相关政策发布部门应尽可能在实践过程中维护并提高自身信誉，这样所发布的相关信息才能够被市场认可和信服。第五是规律性，指央行在预期管理过程中，要最大限度地稳定信息发布的频率，使信息的发布体现出权威和规律。

（二）完善货币政策目标体系，在多重目标下寻求更高的目标信息透明度

当前，我国正处于经济发展的特殊阶段，我国制定稳增长、调结构、防风险、控通胀等多重货币政策目标的战略决策，该战略决策无疑是正确且合理的。在多重目标下，为提高我国货币政策透明度，可以通过两种方法进行处理。第一，央行可以通过设定单一货币政策目标或者在多目标情况下，根据不同目标的优先级，将目前存在的多目标分为优先目标和其他目标，明确设定我国货币政策的优先目标。第二，央行应对货币政策的最终目标和过渡目标进行区别并分类，针对不同目标采取不同沟通方式，对于最终目标，要进行年度沟通，而对于过渡目标，则要进行短期季度沟通。我国央行进行货币政策调控的最终使命是实现货币政策最终目标，过渡目标只是央行为保证最终目标的实现，在短期内重点实现的目标，是为最终目标的实现奠定基础。例如，在我国货币政策框架中，将"稳增长"锚定为最终目标，货币政策可以统筹兼顾宏观审慎政策的核心准则"防风险"，更好保证"稳增长"目标的实现。故央行对最终目标和过渡目标进行区分，不仅可以直观明确地了解货币政策核心目标，而且能够防止货币政策目标在短期内频繁变化，保证预期的实现。

二、我国预期管理策略的优化措施

随着不断深入的市场化改革、迅速发展的金融行业以及在智能化、大数据的广泛普及背景下，央行权威性、独立性越来越重要，其在预期管理过程中也逐渐发挥着不可替代的作用。货币政策调控体系的内容和手段不

断发展，预期管理便是其中的一部分，也进一步完善了我国宏观调控体系。我国有必要规范预期管理的相关内容和手段，以进一步预期管理体系，同时可以优化预期管理的效应，最终提升预期管理效果。基于此，可以从两方面入手：一方面，央行优化预期管理政策的具体操作，有效引导公众预期；另一方面，央行不断完善政策调控体系的相关内容，为达到稳定的公众预期提供理论依据。

（一）宏观层面

1. 完善经济金融结构

为使货币政策预期管理顺利实施并达到理想效果，一个重要的保障就是合理的经济金融结构。目前，经济结构中存在许多预算软约束部门，再加上上市公司退市难度高，使央行常常面临信贷扩张压力，在一定程度上，金融市场中大比例的低效和无效投资给过剩的货币供给以及流动性不足带来压力。目前，经济金融结构中有大量缺陷，如居于垄断地位的国有银行、金融机构本身制度不健全、金融监管低效等，一系列缺陷大大增加了央行顺利实施货币政策并达到预期效果和对金融市场进行监管治理的难度。由此看来，不断完善经济金融结构，消除市场中存在的预算软约束部门、消除垄断、改进金融机构制度、加强金融监管，防止市场资金"脱实向虚"，需要央行、地方政府、金融监管部门、金融机构以及国有企业共同努力，保证货币政策预期管理取得实质效果。

2. 加强政策协调，稳定市场预期

面对经济发展新形势，要加强货币政策与其他政策的协调配合。第一，近年来，我国经济增长速度呈不断下行趋势，而且货币政策和财政政策在实施过程中都面临一定阻碍。因此，应该加强货币政策与财政政策的协调配合，形成合力，更高效地使经济持续健康平稳发展，引导市场形成合理预期。第二，随着我国经济结构中的矛盾愈发明显，央行引导市场预期方面也面临更大挑战，任何造成金融不稳定的情况都可能对央行预期管理效果造成影响。因此，应该加强宏观审慎政策和货币政策之间的协调配合，维护金融体系长期稳定，在此基础上可以更有效地引导市场预期。第三，我国除了面临短期内经济增长速度不断下行的问题，在长期中还面临经济

潜在增长速度变缓的问题。因此，应该加强货币政策与产业政策之间的协调配合，发挥市场在资源配置中的决定性作用，为经济发展提供动力，提高经济在长期发展中的增长速度，有助于央行预期管理的实现。第四，我国不同区域在发展程度、发展水平、发展阶段等方面存在较大差异，在各项政策制定实施过程中应该考虑区域差异性。因此，应该加强货币政策与区域政策之间的协调配合，使各项政策得到最大限度的发挥，同时运用组合政策尽可能使地区间的差距减小，提升预期管理的引导效应。

3. 建立规范的央行信息披露制度

若想公众作出正确的预期和决策，首先需要公众掌握准确的信息。在社会中，信息往往会受主观因素的影响，准确性无法保证，但央行在社会中居于中立地位。央行作为国家银行，相较于其他金融机构，在信息提供方面有很大优势，加上宏观调控主体就是央行，央行本就是权威性最高的信息发布者。故央行应该向公众及时发布重要、清晰、准确的信息，使公众获取信息的成本降低，提高货币政策传导效率。除此之外，规范完善的信息披露制度同样必不可少，央行在制度约束下公布信息，保证公众能够公平地获得信息。

4. 兼顾资产价格稳定目标

资产价格易波动这一特点大大增加了经济发展过程中的不确定性，资产价格变动时，可能会对经济部门、市场预期等带来不利影响。因此，在进行预期管理时，必须稳定资产价格。近年来，股票市场和房地产市场飞速发展，导致股票价格和房地产价格大幅上涨，对经济发展的影响越来越大，即使是价格发生很小的波动，都会严重影响公众心理预期。虽然资产价格是否在预期管理的考虑范围内这一问题目前还没有得到准确解答，但是如果当前资产市场上的货币供应量和流动性大幅增加，不仅会打乱虚拟经济和实体经济之间的平衡，也会推动相关资产价格上涨，影响公众预期。

（二）中观层面

1. 构建高效利率传导机制

预期管理实施效果与市场利率有很大关系，央行在进行预期管理时，央行基准利率一般作为变动的信号灯。当前，由于我国经济形势的特殊性以及其他因素的限制，我国利率传导机制效率不高且畅通性不足。央行应更加重视基准利率产生的引导效应，形成畅通的利率传导渠道，构建高效的利率传导机制，以便市场能够对央行发布的信号变动进行及时反映，稳定市场经济，合理引导预期。

2. 加大创新型政策工具宣传力度

为更好地发挥政策调控的作用，央行对于有关政策的内容和方式进行不断完善且对于新型政策工具不断进行研究和创新。但由于这些创新型政策工具使用时间短、使用范围有限、透明度不高且环境不断变化，降低了其引导公众预期的效果。创新型货币政策工具包括短期流动性调节工具、常备借贷便利、抵押补充贷款等，具体内容和操作方式难度都比较高，对于一般公众来说，很难理解使用它们的目的；而且在公布时，常常忽略其具体操作过程，严重影响信号释放之后带来的预期效应。故央行应该加大对创新型货币政策工具的宣传力度，并辅以相应的公告操作，即在使用创新型货币政策工具的同时，公布其有关信息，包括使用目的、操作机制等方面的内容，提升创新型货币政策工具调控的预期效果。

3. 提高市场沟通及时性和清晰度

预期管理想要达到理想效果，必须在及时性和清晰度都很高的市场中进行。由于公众预期通货膨胀与实际发生通货膨胀之间会存在时滞，因此，央行必须及时对预期的通货膨胀作出反应并采取相关措施，避免通货膨胀进一步发生。预期通货膨胀能力的提升在一定程度上提高了市场沟通的及时性。在市场沟通的清晰度方面，央行要避免含糊不清的表述；增强所发布经济分析报告的规范性；公布预测宏观经济数据时所使用的经济模型和指标；对于公众关注的社会热点和舆论问题主动回应；在进行货币政策调控时，充分开展事前沟通和事后解释；并及时准确预测之后可能采用的货币政策，稳定市场经济、增强公众信心。

4. 注重分类施策，提升预期管理的针对性和有效性

央行是一个系统性部门，实行垂直管理，层级多、覆盖面积广、不同地区差异大，基于此，金融体系既需要央行总行对外保证宏观政策调控信

息的统一性，也需要央行分支机构根据不同区域的实际情况提供针对性的服务。与地方政府和相关部门合作上，应该对当地经济发展状况、经济结构情况有一定了解，进行定期会议或者沟通，获得地方政府部门对货币政策的了解和认同。与金融机构进行沟通时，应该对总行的政策变动进行深入解读，畅通政策传导渠道，有效引导预期。与企业和公众的沟通上，央行分支机构应该做好基本金融知识的宣传，帮助企业和公众树立正确的理财观念，使其对预期管理的内涵和作用有一定了解，不断为其丰富金融知识，提高对经济环境变动的适应性。

（三）微观层面

1. 建立人民银行分支机构预期管理机制，提升预期管理效率

中国人民银行分支机构是央行宏观调控体系中的重要部分，对保证货币政策的实施发挥着重要作用，故央行分支机构应该加强市场沟通，实施预期管理。由于我国具有较大的特殊性，区域发展差异巨大，存在区域性风险，需要央行分支机构在预期管理和管理中发挥更大的作用。

2. 完善公众预期的调查统计制度

若想提高公众预期管理的有效程度，需要了解和测度公众预期的准确性，并及时知晓公众预期的变化。但是对于不同区域及背景的公众群体，其对于信息的获取和分析存在差异，故不能简单使用一种统计方法进行统计，应该针对不同群体采取差异化的调查统计方法。除此之外，央行对公众进行预期管理的频率应该提升。

参考文献

［1］巴曙松、居姗、朱元倩．我国银行业系统性违约风险研究——基于 Systemic CCA 方法的分析［J］．金融研究，2013（9）：71 - 83.

［2］巴曙松、曾智、王昌耀．非传统货币政策的理论、效果及启示［J］．国际经济评论，2018（2）：146 - 161 + 8.

［3］白仲林、杨璐、缪言．央行沟通政策有效吗？——一种计算语言学方法［J］．数量经济研究，2005（1）：32 - 48.

［4］卞志村、笪哲、刘珂．中国金融状况的动态测度及其非线性宏观经济效应［J］．财经问题研究，2019，430（9）：53 - 61.

［5］卞志村、张义．央行信息披露、实际干预与通货膨胀预期管理［J］．经济研究，2012（12）：15 - 28.

［6］卜永祥．外汇最优干预理论和中国实践［J］．经济学动态，2009（1）：7 - 13.

［7］蔡庆丰、杨侃．信息提前透露、知情交易与中小投资者保护——对证券研究业"潜规则"的实证检验与治理探讨［J］．财贸经济，2012（5）：51 - 58.

［8］陈创练、杨子晖．"泰勒规则"、资本流动与汇率波动研究［J］．金融研究，2012（11）：60 - 73.

［9］陈国进、张润泽、赵向琴．政策不确定性、消费行为与股票资产定价［J］．世界经济，2017，40（1）：116 - 141.

［10］陈国进、张贻军．异质信念、卖空限制与我国股市的暴跌现象研究［J］．金融研究，2009（4）：80 - 91.

［11］陈继勇、袁威、肖卫国．流动性、资产价格波动的隐含信息和货

币政策选择——基于中国股票市场与房地产市场的实证分析〔J〕. 经济研究，2013，48（11）：43－55.

〔12〕陈健、陈杰，高波. 信贷约束、房价与居民消费率——基于面板门槛模型的研究〔J〕. 金融研究，2012，382（4）：45－57.

〔13〕陈健、曾世强. 投资者情绪对股票价格波动的影响研究〔J〕. 价格理论与实践，2018（7）：99－102.

〔14〕陈浪南、黄泃. 联合外汇干预的实证研究〔J〕. 经济研究，2004（5）：58－66.

〔15〕陈浪南、刘劲松. 货币政策冲击对股票市场价格泡沫影响的时变分析〔J〕. 统计研究，2018，35（8）：39－47.

〔16〕陈守东、巩润泽. 我国证券投资基金系统风险的一个度量指数〔J〕. 金融发展，2019（2）：14－22.

〔17〕陈守东、王妍、唐亚晖. 我国金融不稳定性及其对宏观经济非对称影响分析〔J〕. 国际金融研究，2013（6）：56－66.

〔18〕陈希凤、李亚奇. 重大突发事件下中央银行政策行为及启示〔J〕. 区域金融研究，2020（7）：29－33.

〔19〕陈学彬. 非对称信息与政策信息披露对我国货币政策效应的影响分析〔J〕. 经济研究，1997（12）.

〔20〕陈学胜. 违约风险、房地产贷款市场博弈与房地产价格〔J〕. 统计研究，2019，36（4）：84－94.

〔21〕陈雨露、马勇. 泡沫、实体经济与金融危机：一个周期分析框架〔J〕. 金融监管研究，2012，No.1（1）：1－19.

〔22〕程均丽、林峰. 中国货币政策前瞻性指引的有效性分析——基于债券市场的证据〔J〕. 财经科学，2018，12：14－28.

〔23〕代昀昊、唐齐鸣、刘莎莎. 机构投资者、信息不对称与股价暴跌风险〔J〕. 投资研究，2015，34（1）：50－64.

〔24〕邓创、徐曼. 我国的资产价格调控与货币政策选择——基于有向无环图的分析〔J〕. 中央财经大学学报，2019（12）：41－49.

〔25〕范小云、方意、王道平. 我国银行系统性风险的动态特征及系统重要性银行甄别——基于 CCA 与 DAG 相结合的分析〔J〕. 金融研究，2013

(11)：82 – 95.

［26］范小云、廉永辉．资本充足率缺口下的银行资本和风险资产调整研究［J］．世界经济，2016，39（4）：145 – 169.

［27］方先明、谢雨菲、权威．影子银行规模波动对金融稳定的溢出效应［J］．经济学家，2017（1）：79 – 87.

［28］方意、黄丽灵．系统性风险、抛售博弈与宏观审慎政策［J］．经济研究，2019，54（9）：41 – 55.

［29］方意、赵胜民、谢晓闻．货币政策的银行风险承担分析——兼论货币政策与宏观审慎政策协调问题［J］．管理世界，2012（11）：9 – 19 + 56 + 187.

［30］方意、郑子文、颜茹云．中国银行业风险形成机理及压力测试研究：基于行业信贷视角［J］．当代经济科学，2017，39（5）：1 – 15 + 124.

［31］方意、郑子文．系统性风险在银行间的传染路径研究——基于持有共同资产网络模型［J］．国际金融研究，2016（6）：61 – 72.

［32］方兆本、朱俊鹏．中国金融稳定的度量及预测［J］．金融论坛，2012，17（10）：4 – 10.

［33］封思贤、居维维、李斯嘉．中国影子银行对金融稳定性的影响［J］．金融经济学研究，2014，29（4）：3 – 12.

［34］冯科、王德全．同业拆借利率的 ARMA-GARCH 模型及 VaR 度量研究［J］．中央财经大学学报，2009（11）：36 – 40 + 46.

［35］冯鹏熙、龚朴．利率变动周期与商业银行绩效的实证研究［J］．国际金融研究，2006（9）：74 – 80.

［36］干杏娣、杨金梅、张军．我国央行外汇干预有效性的事件分析研究［J］．金融研究，2007（09A）：82 – 89.

［37］高波、任若恩．基于时变 Copula 模型的系统流动性风险研究［J］．国际金融研究，2015（12）：85 – 93.

［38］谷宇，刘敏．个体投资者视角下汇率沟通对人民币汇率预期的影响研究——基于个体投资者"关注"及"情绪"渠道的分析［J］．经济科学，2020（5）：32 – 44.

［39］谷宇、郭苏莹、王亚娟．中国金融市场会响应央行沟通吗？——

基于货币和债券市场的实证分析［J］．大连理工大学学报（社会科学版），2018（5）：8-14.

［40］桂荷发、邹朋飞、严武．银行信贷与股票价格动态关系研究［J］．金融论坛，2008，13（11）：46-52.

［41］郭田勇．资产价格、通货膨胀与中国货币政策体系的完善［J］．金融研究，2006（10）：23-35.

［42］郭豫媚．预期管理评价［J］，经济研究参考，2018（3）：55-68.

［43］韩宏稳、唐清泉、黎文飞．并购商誉减值、信息不对称与股价崩盘风险［J］．证券市场导报，2019（3）：59-70.

［44］何德旭、娄峰．中国金融稳定指数的构建及测度分析［J］．中国社会科学院研究生院学报，2011（4）：16-25.

［45］何德旭、饶明．资产价格波动与实体经济稳定研究［J］．中国工业经济，2010，264（3）：19-30.

［46］何运信．货币政策透明性制度的国际比较：以央行沟通方式为基调［J］．改革，2012（4）：74-83.

［47］胡昌生、池阳春．投资者情绪、资产估值与股票市场波动［J］．金融研究，2013（10）：181-193.

［48］胡援成、舒长江．我国商业银行脆弱性：利率冲击与金融加速器效应［J］．当代财经，2015（12）：46-57.

［49］黄聪、贾彦东．金融网络视角下的宏观审慎管理——基于银行间支付结算数据的实证分析［J］．金融研究，2010（4）：1-14.

［50］黄宪、付英俊．汇率沟通、实际干预对人民币汇率与汇率预期的影响［J］．经济管理，2017（2）：181-194.

［51］冀志斌、周先平．中央银行沟通可以作为货币政策工具吗——基于中国数据的分析［J］．国际金融研究，2011（2）：25-34.

［52］简志宏、石硕．真实公司价值不确定与违约风险评估［J］．武汉理工大学学报，2006（9）：128-131.

［53］江春、司登奎、李小林．泰勒规则、股价波动与人民币汇率动态决定［J］．国际金融研究，2018（1）：65-74.

［54］江曙霞、陈玉婵．货币政策、银行资本与风险承担［J］．金融研

究，2012，382（4）：1-16.

　　［55］蒋先玲、朱立人、刘微. 资本项目开放进程中的外汇干预函数研究［J］. 国际贸易问题，2015（9）：145-155.

　　［56］金雪军、陈哲. 货币国际化、金融结构与币值稳定［J］. 国际金融研究，2019（2）：34-42.

　　［57］孔继红. 基于非对称扩散跳跃过程的利率模型研究［J］. 数量经济技术经济研究，2014，31（11）：103-117+145.

　　［58］寇宣兵、吴浪霞. 企业债券与相关联公司股票价格波动的非对称性研究［J］. 中国商界（下半月），2008（6）：7-9.

　　［59］匡可可、张明. 货币政策前瞻性指引：实施原理、主要类型、国际经验及其对中国的启示［J］. 金融评论，2015（4）：92-109+126.

　　［60］邝雄、郑春梅. 货币政策能够引导价格预期吗？——基于央行货币政策公示和实行的实证检验［J］. 经济问题，2016（6）：31-38.

　　［61］邝雄. 基于德格鲁特模型的社会预期形成机制与央行引导预期的有效性［J］. 管理评论，2016（7）：200-212.

　　［62］雷立坤、余江、魏宇、赖晓东. 经济政策不确定性与我国股市波动率预测研究［J］. 管理科学学报，2018，21（6）：88-98.

　　［63］黎智滔、李仲飞、刘京军. 市场利率波动是否会影响银行的风险承担［J］. 金融学季刊，2021，15（3）：178-200.

　　［64］李成、马国校. VAR 模型在我国银行同业拆借市场中的应用研究［J］. 金融研究，2007（5）：62-77.

　　［65］李成、王东阳. 货币政策预期管理的理论逻辑与中国实践［J］. 改革，2020（12）：5-16.

　　［66］李健、张金林. 供应链金融的信用风险识别及预警模型研究［J］. 经济管理，2019，41（8）：178-196.

　　［67］李科、陈平. 基于 ADL-ARCH 模型的我国外汇干预目标之实证研究［J］. 中山大学学报（社会科学版），2010，50（5）：202-208.

　　［68］李拉亚. 理性疏忽、黏性信息和黏性预期理论评介［J］. 经济学动态，2011（2）：117-124.

　　［69］李拉亚. 预期与不确定性的关系分析［J］. 经济研究，1994

（9）：12 – 19.

［70］李力、宫蕾、王博. 经济政策不确定性冲击与股市波动率——来自宏观与微观两个层面的经验证据 ［J］. 金融学季刊，2018，12 （4）：94 – 126.

［71］李丽玲、王曦. 资本账户开放、汇率波动与经济增长：国际经验与启示 ［J］. 国际金融研究，2016 （11）：24 – 35.

［72］李强. 资产价格波动的政策涵义：经验检验与指数构建 ［J］. 世界经济，2009，32 （10）：25 – 33.

［73］李天德、刘爱民. 金融传染理论与政策取向 ［J］. 经济理论与经济管理，2001 （2）：19 – 24.

［74］李天德、马德功. 人民币汇率机制新解：政府行为与非对称性 ［J］. 四川大学学报（哲学社会科学版），2004 （2）：10 – 14.

［75］李晓峰、陈华. 交易者预期异质性、央行干预效力与人民币汇率变动——汇改后人民币汇率的形成机理研究 ［J］. 金融研究，2010，362 （8）：49 – 67.

［76］李晓峰、魏英辉. 基于行为金融理论的中央银行外汇干预策略研究 ［J］. 南开经济研究，2009，145 （1）：3 – 21.

［77］李晓伟、宗计川. 金融稳定视角下的流动性风险传染研究新进展 ［J］. 经济学动态，2018 （4）：138 – 147.

［78］李云峰、崔静雯、白湘阳. 金融稳定沟通与金融市场稳定——来自中国《金融稳定报告》的证据 ［J］. 宏观经济研究，2014 （4）：97 – 104.

［79］李云峰、李仲飞. 汇率沟通、实际干预与人民币汇率变动——基于结构向量自回归模型的实证分析 ［J］. 国际金融研究，2011 （4）：30 – 37.

［80］李云峰、李仲飞. 中央银行沟通策略与效果的国际比较研究 ［J］. 国际金融研究，2010 （8）：13 – 20.

［81］李云峰. 外汇市场中的干预效力：汇率沟通与实际干预 ［J］. 上海金融，2011 （4）：86 – 91.

［82］李云峰. 中央银行沟通、实际干预与通货膨胀稳定 ［J］. 国际金融研究，2012 （4）：15 – 23.

［83］李正辉、粟亚亚、廖高可、刘果. 媒体信息对金融资产价格波动的

影响——以股票市场为例 [J]. 财经理论与实践, 2018, 39 (3): 56 – 61.

[84] 李政、梁琪、方意. 中国金融部门间系统性风险溢出的监测预警研究——基于下行和上行 ΔCoES 指标的实现与优化 [J]. 金融研究, 2019 (2): 40 – 58.

[85] 李志辉、杨旭、郭娜. 宏观环境、投资策略与我国寿险公司风险研究 [J]. 湖南大学学报 (社会科学版), 2019, 33 (4): 35 – 44.

[86] 李仲飞、黎智滔、刘京军. 市场利率波动与银行信贷结构 [J]. 中山大学学报 (社会科学版), 2021, 61 (5): 171 – 181.

[87] 连平、徐光林. 资产价格应成为货币政策的重要参考因素 [J]. 新金融, 2009 (10): 4 – 8.

[88] 梁璐璐、赵胜民、田昕明、罗金峰. 宏观审慎政策及货币政策效果探讨: 基于 DSGE 框架的分析 [J]. 财经研究, 2014, 40 (3): 94 – 103.

[89] 梁琪、李政、郝项超. 中国股票市场国际化研究: 基于信息溢出的视角 [J]. 经济研究, 2015, 50 (4): 150 – 164.

[90] 林斌、周小亮. 市场预期对中央银行外汇干预影响的动态分析 [J]. 上海金融, 2013 (4): 37 – 42 + 117.

[91] 林建浩、陈良源、宋登辉. 如何测度央行行长的口头沟通信息———种基于监督学习的文本分析方法 [J]. 统计研究, 2019, 36 (8): 3 – 18.

[92] 林建浩、赵文庆、李仲达. 央行沟通与实际干预的频域政策效果研究 [J]. 管理科学学报, 2017 (8): 27 – 38.

[93] 刘剑文、郭雪萌、姚远. 中央银行沟通设计与社会福利——基于 PVAR 模型的实证研究 [J]. 南开经济研究, 2016 (3): 3 – 20.

[94] 刘金全、刘达禹、张达平. 资产价格错位与货币政策调控: 理论分析与政策模拟 [J]. 经济学动态, 2015 (7): 50 – 60.

[95] 刘澜飚、戴金甫. 中国宏观审慎政策工具有效性与银行风险 [J]. 南开学报 (哲学社会科学版), 2019 (2): 158 – 167.

[96] 刘澜飚、郭子睿、王博. 中国宏观审慎监管沟通对金融资产价格的影响——以股票市场为例 [J]. 国际金融研究, 2018 (6): 76 – 85.

[97] 刘莉亚、任若恩. 货币危机 "信号" 预警系统的构建 [J]. 经济科学, 2002 (5): 19 – 25.

[98] 刘莉亚. 境外"热钱"是否推动了股市、房市的上涨？——来自中国市场的证据 [J]. 金融研究, 2008 (10): 48 - 70.

[99] 刘善存、曾庆铎、陈彬彬、黄笃学. 社交媒体能促进价格发现吗？[J]. 北京航空航天大学学报 (社会科学版), 2017, 30 (6): 40 - 45.

[100] 刘锡良、曾欣. 中国金融体系的脆弱性与道德风险 [J]. 财贸经济, 2003 (1): 25 - 32 + 96.

[101] 刘晓星、石广平. 杠杆对资产价格泡沫的非对称效应研究 [J]. 金融研究, 2018 (3): 53 - 70.

[102] 卢新生、孙欣欣. 中央银行政策沟通的市场效应：基于人民币汇率的实证研究 [J]. 金融研究, 2017 (1): 22 - 34.

[103] 陆蓓、胡海鸥. 中央银行信息沟通的经济效应分析 [J]. 上海交通大学学报, 2009 (4): 532 - 536.

[104] 陆磊、杨骏. 流动性、一般均衡与金融稳定的"不可能三角" [J]. 金融研究, 2016 (1): 1 - 13.

[105] 吕江林. 我国的货币政策是否应对股价变动做出反应？[J]. 经济研究, 2005 (3): 80 - 90.

[106] 马君潞、范小云、曹元涛. 中国银行间市场双边传染的风险估测及其系统性特征分析 [J]. 经济研究, 2007 (1): 68 - 78 + 142.

[107] 马理、黄帆帆、孙芳芳. 央行沟通行为与市场利率波动的相关性研究——基于中国银行业同业拆放利率 Shibor 的数据检验 [J]. 华中科技大学学报 (社会科学版), 2013 (6): 88 - 97.

[108] 马亚明、刘翠. 房地产价格波动与我国货币政策工具规则的选择——基于 DSGE 模型的模拟分析 [J]. 国际金融研究, 2014 (8): 24 - 34.

[109] 马亚明、王虹珊. 影子银行、房地产市场与宏观经济波动 [J]. 当代财经, 2018, 398 (1): 12 - 23.

[110] 马亚明、温博慧. 资产价格与宏观经济金融系统的稳定性——基于货币量值模型的理论与仿真分析 [J]. 金融经济学研究, 2013, 28 (5): 49 - 63.

[111] 马勇、陈雨露. 宏观审慎政策的协调与搭配：基于中国的模拟分析 [J]. 金融研究, 2013 (8): 57 - 69.

［112］马勇、田拓、阮卓阳等．金融杠杆、经济增长与金融稳定［J］．金融研究，2016，432（6）：37－51.

［113］牛慕鸿、张黎娜、张翔．利率走廊、利率稳定性和调控成本［J］．金融研究，2017（7）：16－28.

［114］潘海峰、张定胜．信贷约束、房价与经济增长关联性及空间溢出效应——基于省域面板数据的空间计量［J］．中央财经大学学报，2018（11）：82－95.

［115］潘敏、周闯．宏观审慎监管、房地产市场调控和金融稳定——基于贷款价值比的 DSGE 模型分析［J］．国际金融研究，2019（4）：14－23.

［116］潘再见．中央银行沟通与金融市场预期：一个文献综述［J］．金融理论与实践，2013（11）：96－100.

［117］庞晓波、胥日．货币政策对金融稳定的时变特征研究［J］．商业研究，2018（12）：109－115.

［118］彭建刚、易昊、潘凌遥．基于行业相关性的银行业信用风险宏观压力测试研究［J］．中国管理科学，2015，23（4）：11－19.

［119］彭玉镏、康文茹．人民币外汇市场压力及其影响因素研究——基于 LT-TVP-VAR 模型的实证分析［J］．中央财经大学学报，2018（10）：33－41.

［120］任碧云、武毅．基于 AHP－DEA 的中国金融系统性风险预警指标体系研究［J］．经济问题，2015（1）：45－49.

［121］山立威．心理还是实质：汶川地震对中国资本市场的影响［J］．经济研究，2011，46（4）：121－134＋146.

［122］沈悦、李博阳、张嘉望．城市房价泡沫与金融稳定性——基于中国 35 个大中城市 PVAR 模型的实证研究［J］．当代财经，2019，413（4）：62－74.

［123］石建勋、金政．基于 CGE 模型的人民币外汇市场压力及央行外汇干预实证研究［J］．经济问题探索，2015（11）：159－165.

［124］史焕平、陈琪、胡滨．中央银行沟通对货币市场影响的有效性研究——基于中国 2006～2014 年数据的实证分析［J］．经济问题，2015（11）：30－34＋39.

[125] 史焕平、谭天骄. 央行沟通与实际干预工具的组合匹配：来自美联储的证据 [J]. 当代财经，2015（9）：55 – 65.

[126] 史永东、程航. 投资者情绪和资产定价异象 [J]. 系统工程理论与实践，2019，39（8）：1907 – 1916.

[127] 苏大伟、朱婷、王鋆. 债券市场、利率波动及风险成因探究 [J]. 首都经济贸易大学学报，2007，53（5）：15 – 20.

[128] 苏桂富、赵永亮、姚又文. 央行干预效应之日本证据：1991 – 2004 [J]. 上海金融，2008（2）：64 – 69.

[129] 隋聪、迟国泰、王宗尧. 网络结构与银行系统性风险 [J]. 管理科学学报，2014，17（4）：57 – 70.

[130] 隋聪、王宪峰、王宗尧. 银行间网络连接倾向异质性与风险传染 [J]. 国际金融研究，2017（7）：44 – 53.

[131] 孙国峰、蔡春春. 货币市场利率、流动性供求与中央银行流动性管理——对货币市场利率波动的新分析框架 [J]. 经济研究，2014（12）：33 – 44.

[132] 孙明春. 人民币汇率管理及相关政策协调 [J]. 管理世界，1995（2）：72 – 78.

[133] 孙艳梅、郭红玉、江新新. 央行沟通与通货膨胀管理效果——基于媒体信息传导渠道的视角 [J]. 世界经济文汇，2020（1）：79 – 96.

[134] 谭小芬、王雅琦、卢冰. 汇率波动、金融市场化与出口 [J]. 金融研究，2016（3）：15 – 30.

[135] 谭政勋、侯喆. 资产价格波动影响金融稳定及其传导机制述评 [J]. 南方金融，2011（9）：31 – 35.

[136] 田磊、林建浩. 经济政策不确定性兼具产出效应和通胀效应吗？来自中国的经验证据 [J]. 南开经济研究，2016（2）：3 – 24.

[137] 童牧、何奕. 复杂金融网络中的系统性风险与流动性救助——基于中国大额支付系统的研究 [J]. 金融研究，2012（9）：20 – 33.

[138] 童中文、范从来、朱辰、张炜. 金融审慎监管与货币政策的协同效应——考虑金融系统性风险防范 [J]. 金融研究，2017（3）：16 – 32.

[139] 万志宏、曾刚. 中央银行沟通：理论、策略与效果 [J]. 金融

评论，2013（5）：38 – 50.

[140] 汪澜、陈浪南、贾晓伟. 中国货币政策对股市波动影响的实证研究 [J]. 投资研究，2019，38（1）：109 – 118.

[141] 王爱俭、王璟怡. 宏观审慎政策效应及其与货币政策关系研究 [J]. 经济研究，2014，49（4）：17 – 31.

[142] 王博、刘翀. 央行沟通的金融市场效应——来自中国的证据 [J]. 经济学动态，2016（11）：22 – 32.

[143] 王锦阳、刘锡良、杜在超. 相依结构、动态系统性风险测度与后验分析 [J]. 统计研究，2018，35（3）：3 – 13.

[144] 王琳、孙子惠、赵登攀. 中国货币政策预期管理有效性及政策透明度研究——基于社会融资规模数据 [J]. 宏观经济研究，2020（2）：30 – 42.

[145] 王娜、施建淮. 我国金融稳定指数的构建：基于主成分分析法 [J]. 南方金融，2017（6）：46 – 55.

[146] 王擎、韩鑫韬. 货币政策能盯住资产价格吗？——来自中国房地产市场的证据 [J]. 金融研究，2009（8）：114 – 123.

[147] 王书朦. 中央银行货币政策信息沟通的预期管理效应 [J]. 当代经济研究，2015（10）：53 – 62 + 97.

[148] 王维安、陶海飞. 我国外汇干预机制有效性探讨 [J]. 浙江大学学报（人文社会科学版），2005（1）：136 – 143.

[149] 王雯、张金清、李滨、田英良. 资本市场系统性风险的跨市场传导及防范研究 [J]. 金融经济学研究，2018，33（1）：60 – 71.

[150] 王熙、郑梦园. 中国货币政策冲击的信息效应与"价格之谜"——基于文本分析的研究 [J]. 山东大学学报（哲学社会科学版），2021（5）：97 – 112。

[151] 王曦、朱立挺、王凯立. 我国货币政策是否关注资产价格？——基于马尔科夫区制转换 BEKK 多元 GARCH 模型 [J]. 金融研究，2017（11）：1 – 17.

[152] 王霞. 我国中央银行外汇干预有效性的事件分析研究 [J]. 华东经济管理，2013，27（5）：77 – 81.

［153］王营、曹廷求．中国区域性金融风险的空间关联及其传染效应——基于社会网络分析法［J］．金融经济学研究，2017，32（3）：46－55．

［154］王永钦、徐鸿恂．杠杆率如何影响资产价格？——来自中国债券市场自然实验的证据［J］．金融研究，2019（2）：20－39．

［155］王宇伟、盛天翔、周耿．宏观政策、金融资源配置与企业部门高杠杆率［J］．金融研究，2018（1）：36－52．

［156］王宇伟、周耿、吴瞳、范从来．央行的言辞沟通、实际行动与企业投资行为［J］．中国工业经济，2019（5）：118－135

［157］王兆星．我国银行流动性监管制度变革——银行监管改革探索之四［J］．中国金融，2014（21）：9－12．

［158］王自锋、白玥明、何翰．央行汇率沟通与实际干预调节人民币汇率变动的实效与条件改进［J］．世界经济研究，2015（3）：15－25＋127．

［159］温元哲、耿明斋．后金融危机时代货币政策对资产价格的影响研究——基于中国数据的脉冲响应分析［J］．金融理论与实践，2011（3）：13－15．

［160］吴国培、潘再见．中央银行沟通对金融资产价格的影响——基于中国的实证研究［J］．金融研究，2014（5）：34－47．

［161］吴念鲁、郗会梅．对我国金融稳定性的再认识［J］．金融研究，2005（2）：152－158．

［162］吴晓灵．探索金融稳定之道［J］．中国货币市场，2004（8）：6－8．

［163］吴晓求．实体经济与资产价格变动的相关性分析［J］．中国社会科学，2006（6）：55－64＋204．

［164］吴雄伟、谢赤．银行间债券市场回购利率的 ARCH/GARCH 模型及其波动性分析［J］．系统工程，2002（5）：88－91．

［165］奚君羊、戎如香．外汇市场冲击持续性及其对外汇干预效果的影响［J］．世界经济研究，2008（11）：24－28．

［166］项后军、闫玉．理财产品发展、利率市场化与银行风险承担问题研究［J］．金融研究，2017（10）：99－114．

［167］肖卫国、赵阳、杨楚薇．美国货币政策冲击对中国经济的传导

研究［J］. 统计与决策，2012（23）：146 - 148.

　　［168］肖喻、肖庆宪. 多元 GARCH 模型在国内企业债券波动传递研究中的应用［J］. 上海理工大学学报，2007（5）：485 - 490.

　　［169］肖争艳、黄源、王兆瑞. 央行沟通的股票市场稳定效应研究——基于事件研究法的分析［J］. 经济学动态，2019（7）：80 - 93.

　　［170］谢赤、贝籽. 中央银行的外汇干预行为特征研究——基于 TR-GARCH 模型的实证检验［J］. 上海经济研究，2014（3）：3 - 15.

　　［171］熊洁敏. 资产价格与我国广义货币政策选择［D］. 武汉：华中科技大学，2010.

　　［172］徐国祥、郭建娜、陈燃萍. 中国金融稳定指数的构建及其领先能力分析［J］. 统计与信息论坛，2017，32（4）：27 - 33.

　　［173］徐明东、刘晓星. 金融系统稳定性评估：基于宏观压力测试方法的国际比较［J］. 国际金融研究，2008（2）：39 - 46.

　　［174］徐小华、何佳、吴冲锋. 我国债券市场价格非对称性波动研究［J］. 金融研究，2006（12）：14 - 22.

　　［175］徐小华. 中国国债利率期限结构的风险值研究［J］. 世界经济，2007，346（6）：56 - 63.

　　［176］徐亚平. 公众学习、预期管理与货币政策的有效性［J］. 金融研究，2009（1）：50 - 65.

　　［177］徐亚平. 货币政策有效性与货币政策透明制度的兴起［J］. 经济研究，2006（8）：24 - 34.

　　［178］许光建、许坤、卢倩倩. 经济新常态下货币政策工具的创新：背景、内容与特点［J］. 宏观经济研究，2019（4）：5 - 17 + 62.

　　［179］许年行、江轩宇、伊志宏、徐信忠. 分析师利益冲突、乐观偏差与股价崩盘风险［J］. 经济研究，2012，47（7）：127 - 140.

　　［180］闫先东、高文博. 中央银行信息披露与通货膨胀预期管理——我国央行信息披露指数的构建与实证检验［J］. 金融研究，2017（8）：35 - 49.

　　［181］杨辉. 金融体系中的债券市场及其波动［J］. 中国货币市场，2009（4）：25 - 28.

　　［182］杨继平、冯毅俊. 利率调整对我国股市不同状态波动性的影响

[J]．管理科学学报，2017，20（2）：63－75．

　　[183] 杨俊龙、孙韦．基于宏观审慎视角的系统性金融风险预警研究
[J]．中州学刊，2014（2）：35－39．

　　[184] 杨秀萍．前瞻性指引的国际实践与启示 [J]．西南金融，2017，
430（5）：32－37．

　　[185] 杨子晖，李东承．我国银行系统性金融风险研究——基于"去
一法"的应用分析 [J]．经济研究，2018，53（8）：36－51．

　　[186] 杨子晖、陈雨恬、陈里璇．极端金融风险的有效测度与非线性
传染 [J]．经济研究，2019，54（5）：63－80．

　　[187] 叶迪．央行干预外汇市场方式变化与人民币汇率形成机制改革
探索 [J]．时代金融，2013（32）：15－17．

　　[188] 叶莉、王苗、许文立．"双支柱"政策协调搭配与货币政策选
择 [J]．金融监管研究，2021，116（8）：82－97．

　　[189] 易纲、王召．货币政策与金融资产价格 [J]．经济研究，2002
（3）：13－20＋92．

　　[190] 袁东．交易所债券市场与银行间债券市场波动性比较研究 [J]．
世界经济，2004（5）：63－68＋80．

　　[191] 臧敦刚、马德功．基于宏观压力测试的我国商业银行系统性风
险的度量 [J]．上海金融，2013（12）：102－105．

　　[192] 曾刚、万志宏．中央银行沟通与货币政策：最新实践与启示
[J]．国际金融研究，2014（2）：11－18．

　　[193] 张博、扈文秀、杨熙安．投资者情绪生成机理的研究 [J]．中
国管理科学，2021，29（1）：185－195．

　　[194] 张成思、计兴辰．前瞻性货币政策转型与资产价格预期管理效
果评估 [J]．国际金融研究，2019（5）：3－12．

　　[195] 张成思．预期理论的演进逻辑 [J]．经济学动态，2017（7）：
115－127．

　　[196] 张金清、徐阳．宏观经济数据公布与中国股市日历效应 [J]．
金融论坛，2018，23（3）：52－65．

　　[197] 张前程、杨德才．货币政策、投资者情绪与企业投资行为 [J]．

中央财经大学学报，2015（12）：57－68.

[198] 张强、胡荣尚. 中央银行沟通对金融资产价格的影响——以股票市场为例 [J]. 财贸经济，2013（8）：67－77.

[199] 张强、胡荣尚. 中央银行沟通对利率期限结构的影响研究 [J]. 国际金融研究，2014（6）：10－20。

[200] 张蕊、吕江林. 商业银行利率波动性与信用风险 [J]. 审计与经济研究，2017，32（6）：116－124.

[201] 张山珊、何启志. 中国货币政策透明度对资产价格波动的影响效应研究 [J]. 合肥工业大学学报（社会科学版），2021，35（4）：41－49.

[202] 张谊浩、李元、苏中锋、张泽林. 网络搜索能预测股票市场吗 [J]. 金融研究，2014（2）：193－206.

[203] 张勇、梁燚焱. 中央银行宏观经济信息沟通有效性研究——基于信息精确度检验的视角 [J]. 财政金融，2018（4）：43－56.

[204] 张泽华、周闯. 中国货币政策工具的差异性研究——基于央行沟通、法定存款准备金率、基准利率的对比分析 [J]. 经济问题探索，2019（3）：130－141＋155.

[205] 赵进文、张敬思. 人民币汇率、短期国际资本流动与股票价格——基于汇改后数据的再检验 [J]. 金融研究，2013（1）：9－23.

[206] 赵振全、张宇. 中国股票市场波动和宏观经济波动关系的实证分析 [J]. 数量经济技术经济研究，2003（6）：143－146.

[207] 郑挺国、尚玉皇. 基于宏观基本面的股市波动度量与预测 [J]. 世界经济，2014，37（12）：118－139.

[208] 中国人民银行上海分行课题组. 央行内控体系与央行职能履行 [J]. 金融会计，2005（4）：45－48.

[209] 中国人民银行营业管理部课题组. 中央银行利率引导——理论、经验分析与中国的政策选择 [J]. 金融研究，2013（9）：44－55.

[210] 周小川. 保持金融稳定 防范道德风险 [J]. 金融研究，2004（4）：1－7.

[211] 周莹莹、刘传哲. 我国虚拟经济与实体经济的联动效应——基于资本市场、金融衍生品市场与实体经济数据的实证研究 [J]. 山西财经

大学学报，2011，33（5）：10-19.

[212] 朱孟楠、曹春玉. 货币国际化、金融稳定与储备需求 [J]. 统计研究，2019，36（3）：51-64.

[213] 朱孟楠、丁冰茜、闫帅. 人民币汇率预期、短期国际资本流动与房价 [J]. 世界经济研究，2017（7）：17-29+53+135.

[214] 朱宁、许艺煊、邱光辉. 中央银行沟通对人民币汇率波动的影响 [J]. 金融研究，2016（11）：32-46.

[215] 朱宁、许艺煊、徐奥杰. 异质预期条件下中央银行沟通对人民币汇率波动的影响 [J]. 财经理论与实践，2017，38（1）：10-16.

[216] 朱小能、周磊. 未预期货币政策与股票市场——基于媒体数据的实证研究 [J]. 金融研究，2018（1）：102-120.

[217] 祝炳奎、王雪莲. 开放经济条件下央行干预外汇市场的效力分析 [J]. 华南金融研究，2002（4）：25-28.

[218] 庄起善、张广婷. 国际资本流动与金融稳定性研究——基于中东欧和独联体国家的比较 [J]. 复旦学报（社会科学版），2013，55（5）：94-107+157-158.

[219] 邹平座. 资金流动的资源配置机制分析 [J]. 金融研究，2005（4）：31-43.

[220] 邹文理、王曦、谢小平. 中央银行沟通的金融市场响应——基于股票市场的事件研究 [J]. 金融研究，2020（2）：34-50.

[221] 左伟、朱元倩、巴曙松. 金融监管、流动性约束与货币政策效果——基于 DSGE 模型的实证研究 [J]. 金融论坛，2018，23（4）：12-26.

[222] Abdalla I S A, Murinde V. Exchange rate and stock price interactions in emerging financial markets: evidence on India, Korea, Pakistan and the Philippines [J]. Applied financial economics, 1997, 7（1）: 25-35.

[223] Acharya V V, Hasan I, Saunders A. Should banks be diversified? Evidence from individual bank loan portfolios [J]. The Journal of Business, 2006, 79（3）: 1355-1412.

[224] Adrian T, Shin H S. Financial intermediaries, financial stability, and monetary policy [J]. FRB of New York staff report, 2008（346）.

[225] Ahnert T, Georg C P. Information contagion and systemic risk [J]. Journal of Financial Stability, 2018, 35: 159 – 171.

[226] Alessi L, Detken C. "Real time" early warning indicators for costly asset price boom/bust cycles: a role for global liquidity [R]. SSRN Working Paper, 2009: 1039.

[227] Alfaro L, Chari A, Greenland A N, Schott P K. Aggregate and Firm-Level Stock Returns During Pandemics, in Real Time [R]. NBER Working Paper, 2020: 26950.

[228] Alfaro R A, Drehmann M. Macro stress tests and crises: what can we learn? [J]. BIS Quarterly Review December, 2009.

[229] Allen F, Babus A. Networks in finance [J]. The network challenge: strategy, profit, and risk in an interlinked world, 2009: 367.

[230] Angelini P, Neri S, Panetta F. Monetary and macroprudential policies [J]. Bank of Italy Temi di Discussione (Working Paper) No, 2011, 801.

[231] Artus J R. Exchange Rate Stability and Managed Floating: The Experience of the Federal Republic of Germany (Stabilité du taux de change et flottement dirigé: l'expérience de l'Allemagne fédérale) (La estabilidad de los tipos de cambio y la flotación dirigida: La experiencia alemana) [J]. Staff Papers-International Monetary Fund, 1976: 312 – 333.

[232] Ashcraft A B. Does the market discipline banks? New evidence from regulatory capital mix [J]. Journal of Financial Intermediation, 2008, 17 (4): 543 – 561.

[233] Baker, M., and J. Wurgler. Investor sentiment and the cross section of stock returns [J]. Journal of Finance, 2006 (4): 1645 – 1680.

[234] Barberis N, Shleifer A, Vishny R. A model of investor sentiment [J]. Journal of financial economics, 1998, 49 (3): 307 – 343.

[235] Barro R J, Gordon D B. A positive theory of monetary policy in a natural rate model [J]. Journal of political economy, 1983, 91 (4): 589 – 610.

[236] Barro R J. Long-term contracting, sticky prices, and monetary policy [J]. Journal of Monetary Economics, 1977, 3 (3): 305 – 316.

［237］Bartolini L, Bertola G, Prati A. Banks' reserve management, transaction costs, and the timing of Federal Reserve intervention ［J］. Journal of Banking & Finance, 2001, 25 (7): 1287 – 1317.

［238］Bask M. Asset price misalignments and monetary policy ［J］. International Journal of Finance & Economics, 2012, 17 (3): 221 – 241.

［239］Becker B, Ivashina V. Reaching for yield in the bond market ［J］. The Journal of Finance, 2015, 70 (5): 1863 – 1902.

［240］Beckmann J, Czudaj R. Exchange rate expectations and economic policy uncertainty ［J］. European journal of political economy, 2017 (47): 148 – 162.

［241］Beine, M., Janssen G., Lecourt C. Should Central Bankers Talk to the Foreign Exchange Markets? ［J］. Journal of International and Finance, 2009 (28): 776 – 803.

［242］Bennani H. Central Bank Communication in the Media and Investor Sentiment ［J］. Journal of Economic Behavior and Organization, 2020 (176): 431 – 444.

［243］Bernanke B S, Laubach T, Mishkin F S, et al. Missing the mark-the truth about inflation targeting ［J］. Foreign Aff, 1999, 78: 158.

［244］Bernanke B S, Reinhart V R. Conducting monetary policy at very low short-term interest rates ［J］. American Economic Review, 2004, 94 (2): 85 – 90.

［245］Bernanke B S. The great moderation ［M］. Washington, DC, 2004.

［246］Bernanke B., Blinder A. The Federal Funds Rate and the Channels of Monetary Transmission ［J］. American Economic Review, 1992, 84 (4): 901 – 921.

［247］Bhagwati J. The capital myth: the difference between trade in widgets and dollars ［J］. Foreign affairs, 1998: 7 – 12.

［248］Bhuiyan E M, Chowdhury M. Macroeconomic variables and stock market indices: Asymmetric dynamics in the US and Canada ［J］. The Quarterly Review of Economics and Finance, 2020, 77: 62 – 74.

[249] Blanchard O, Adler G, de Carvalho Filho I. Can foreign exchange intervention stem exchange rate pressures from global capital flow shocks [R]. National Bureau of Economic Research, 2015.

[250] Blinder A S, Ehrmann M, Fratzscher M, De Haan J, Jansen D J. Central bank communication and monetary policy: a survey of theory and evidence [J]. Journal of Economic Literature, 2008, 46 (6): 910 – 945.

[251] Blinder A, Canetti E R D, Lebow D E, et al. Asking about prices: a new approach to understanding price stickiness [M]. Russell Sage Foundation, 1998.

[252] Blinder A S, Ehrmann M, Fratzscher M, De Haan J, Jansen D. J. Central bank communication and monetary policy: a survey of theory and evidence [J]. Journal of Economic Literature, 2008, 46 (6): 910 – 945.

[253] Bollerslev T, Cai J, Song F M. Intraday periodicity, long memory volatility, and macroeconomic announcement effects in the US Treasury bond market [J]. Journal of empirical finance, 2000, 7 (1): 37 – 55.

[254] Bordo M D, Jeanne O. Boom-busts in asset prices, economic instability, and monetary policy [R]. NBER Working Paper, 2002: 8966.

[255] Borio C E V, Lowe P W. Asset prices, financial and monetary stability: exploring the nexus [R]. SSRN Working Paper, 2002: 114.

[256] Born B, Ehrmann M, Fratzscher M. Central Bank Communication on Financial Stability [J]. The Economic Journal, 2014, 124: 701 – 734.

[257] Bowman D, Londono J M, Sapriza H. U. S. unconventional monetary policy and transmission to emerging market economies [J]. Journal of International Money and Finance, 2015, 55 (6): 27 – 59.

[258] Brave S A, Butters R A. Monitoring financial stability: A financial conditions index approach [J]. Economic Perspectives, 2011, 35 (1): 22.

[259] Brunnermeier M K. Deciphering the liquidity and credit crunch 2007 – 2008 [J]. Journal of Economic perspectives, 2009, 23 (1): 77 – 100.

[260] Burdekin R C K, Burkett P. A re-examination of the monetary model of exchange market pressure: Canada, 1963 – 1988 [J]. The Review of Eco-

nomics and Statistics, 1990: 677 – 681.

[261] Campbell J R, Evans C L, Fisher J D, Justiniano A. Macroeconomic effects of Federal Reserve forward guidance [R]. Brookings Papers On Economic Activity, 2012: 1.

[262] Campbell J Y. Money Announcements, the Demand for Bank Reserves, and the Behavior of the Federal Funds Rate within the Statement Week [J]. Journal of Money, Credit and Banking, 1987, 19 (1): 56 – 67.

[263] Carlstrom, C. T., Fuerst, T. S. and Paustian, M. Inflation and output in New Keynesian Models with a transient interest rate peg [J]. Journal Of Monetary Economics, 2015, 76 (7): 230 – 243.

[264] Carroll C D. The Epidemiology of Macroeconomic Expectations [J]. The Economy As an Evolving Complex System, III: Current Perspectives and Future Directions, 2005: 5.

[265] Christensen J, Lopez J A, Rudebusch G D. Do Central Bank Liquidity Facilities Affect Interbank Lending Rates? [J]. Journal of Business & Economic Statistics, 2014 (32): 136 – 151.

[266] Cifarelli G, Paladino G. The impact of the Argentine default on volatility co-movements in emerging bond markets [J]. Emerging Markets Review, 2004, 5 (4): 427 – 446.

[267] Connolly E., Kohler M. News and Interest Rate Expectations: A Study of Six Central Banks [J]. the Future of Inflation Targeting, 2004: 108 – 134.

[268] Cover J P. Asymmetric effects of positive and negative money-supply shocks [J]. The Quarterly Journal of Economics, 1992 (4): 1261 – 1282.

[269] Crockett A. Why is financial stability a goal of public policy? [J]. Economic Review-Federal Reserve Bank of Kansas City, 1997, 82: 5 – 22.

[270] Da Z, Engelberg J, Gao P. The sum of all fears investor sentiment and asset prices [J]. Review of Financial Studies, 2015, 8 (2): 1 – 32.

[271] Dale S. 9 QE-one year on [J]. Interest Rates, Prices and Liquidity: Lessons from the Financial Crisis, 2011: 222.

[272] Danielsson J, Zigrand J P. Equilibrium asset pricing with systemic

risk [J]. Economic Theory, 2008, 35: 293 – 319.

[273] Dasgupta S, Gan J, Gao N. Transparency, price informativeness, and stock return synchronicity: Theory and evidence [J]. Journal of Financial and Quantitative analysis, 2010, 45 (5): 1189 – 1220.

[274] De Goeij P, Marquering W. Macroeconomic announcements and asymmetric volatility in bond returns [J]. Journal of Banking & Finance, 2006, 30 (10): 2659 – 2680.

[275] De Long J B, Shleifer A, Summers L H, et al. Noise trader risk in financial markets [J]. Journal of political Economy, 1990, 98 (4): 703 – 738.

[276] Degroot M H. Reaching a consensus [J]. Journal of the American Statistical Association, 1974, 345 (69): 118 – 121.

[277] Demertzis, M. , and Viegi, N. Inflation targets as focal points [J]. International Journal of Central Banking, 2014, 4 (1): 55 – 87.

[278] Demiralp S. , Ò. Jordà. The Response of Term Rates to Fed Announcements [J]. Journal of Money, Credit and Banking, 2004, 36: 387 – 405.

[279] Duffie D, Zhu H. Does a central clearing counterparty reduce counterparty risk? [J]. The Review of Asset Pricing Studies, 2011, 1 (1): 74 – 95.

[280] Eggertsson G, Woodford M. Optimal Monetary Policy in a Liquidity Trap [R]. NBER Working Paper, 2003: 9968.

[281] Ehrman J. The eighties: America in the age of Reagan [M]. Yale University Press, 2005.

[282] Ehrmann M, Fratzscher M. Communication by Central Bank Committee Members: Different Strategies, Same Effectiveness? [J]. Journal of Money, Credit and Banking, 2007 (39): 509 – 541.

[283] Eisenberg L, Noe T H. Systemic risk in financial systems [J]. Management Science, 2001, 47 (2): 236 – 249.

[284] Eusepi S, Preston B. Stabilizing Expectations under Monetary and Fiscal Policy Coordination [R]. NBER Working Paper, 2008: 14391.

[285] Eusepi S. Central bank transparency and nonlinear learning dynamics [R]. Staff Report, 2008.

［286］ Eusepi S. Central bank transparency under model uncertainty ［J］. Available at SSRN 658162, 2005.

［287］ Evans G W, Honkapohja S. Expectations, learning and monetary policy: An overview of recent rersearch ［R］. SSRN Working Paper, 2008.

［288］ Evans G W, Honkapohja S. Expectations, Learning and Monetary Policy: An Overview of Recent Research ［R］. Bank of Finland Research Discussion Paper, 2007, 32.

［289］ Evans M D D, Lyons R K. How is macro news transmitted to exchange rates? ［J］. Journal of Financial Economics, 2008, 88 (1): 26 – 50.

［290］ Fama E F. Efficient capital markets: A review of theory and empirical work ［J］. The journal of Finance, 1970, 25 (2): 383 – 417.

［291］ Fama E F. Stock returns, expected returns, and real activity ［J］. The journal of finance, 1990, 45 (4): 1089 – 1108.

［292］ Fatum R. , Hutchison M. ECB foreign exchange intervention and the Euro: institutional framework, news, and intervention ［J］. Open Economies Review, 2002, 13: 413 – 425.

［293］ Ferstl R, Utz S, Wimmer M. The Effect of the Japan 2011 Disaster on Nuclear and Alternative Energy Stocks Worldwide: An Event Study ［J］, Business Research, 2012, 5 (01): 25 – 41.

［294］ Filardo A, Hofmann B. Forward guidance at the zero lower bound ［R］. SSRN Working Paper, 2014.

［295］ Fišer R. , Horváth R. Central Bank Communication and Exchange Rate Volatility: A GARCH Analysis ［J］. Macroeconomics and Finance in Emerging Market Economies, 2010, 3: 25 – 31.

［296］ Fleming J. The quality of market volatility forecasts implied by S&P 100 index option prices ［J］. Journal of empirical finance, 1998, 5 (4): 317 – 345.

［297］ Franklin A. , Carletti E. , Gale D. Interbank Market Liquidity and Central Bank Intervention ［J］. Journal of Monetary Economics, 2009, 56 (5): 639 – 652.

［298］ Fratzscher M. Communication and exchange rate policy ［J］. Journal of Macroeconomics, 2008, 30（4）: 1651 – 1672.

［299］Fratzscher M. Exchange rate policy strategies and foreign exchange interventions in the group of three economies ［J］. Dollar adjustment: how far, 2004: 259 – 271.

［300］Fratzscher M. On the long-term effectiveness of exchange rate communication and interventions ［J］. Journal of International Money and Finance, 2006, 25（1）: 146 – 167.

［301］Fratzscher, M. Oral interventions versus actual interventions in FX markets: An event-study approach ［J］. The Economic Journal, 2018, 118 （530）: 1079 – 1106.

［302］Friedman B M, Kuttner K N. Implementation of monetary policy: How do central banks set interest rates ［J］. Handbook of Monetary Economics, 2010（3）: 1345 – 1438.

［303］Friedman M. Monetary policy: Theory and practice ［J］. Journal of Money, Credit and Banking, 1982, 14（1）: 98 – 118.

［304］Furfine C H. Interbank exposures: Quantifying the risk of contagion ［J］. Journal of money, credit and banking, 2003: 111 – 128.

［305］Gai P, Kapadia S. Networks and systemic risk in the financial system ［J］. Oxford Review of Economic Policy, 2019, 35（4）: 586 – 613.

［306］Galati G, Melick W, Micu M. Foreign exchange market intervention and expectations: the yen/dollar exchange rate ［J］. Journal of International Money and Finance, 2005, 24（6）: 982 – 1011.

［307］Galí J. Monetary policy and rational asset price bubbles ［J］. American Economic Review, 2014, 104（3）: 721 – 752.

［308］Gambacorta L. How do banks set interest rates? ［J］. European Economic Review, 2008, 52（5）: 792 – 819.

［309］Geraats P M. Central Bank Transparency ［J］. The Economic Journal, 2002, 112（483）: 532 – 565.

［310］Girton L, Henderson D. Central bank operations in foreign and domestic assets under fixed and flexible exchange rates ［J］. The effects of exchange rate adjustment, 1977: 151 – 179.

[311] Goel S, Cagle S, Shawky H. How Vulnerable are International Financial Markets to Terrorism? An Empirical Study Based on Terrorist Incidents Worldwide [J]. Journal of Financial Stability, 2017 (33): 120 – 132.

[312] Golub B., Jackson M. O. Naive Learning in Social Networks and the Wisdom of Crowds [J]. American Economic Journal: Microeconomics, 2010, 2 (1): 112 – 49.

[313] Goodhart C, Hofmann B. A Service of zbw Financial Variables and the Conduct of Monetary Policy [R]. Sveriges Riksbank Working Paper, 2002: 112.

[314] Goodhart C, Hofmann B. Asset prices, financial conditions, and the transmission of monetary policy [C] //Conference on asset prices, exchange rates, and Monetary Policy, Stanford University, 2001: 2 – 3.

[315] Gray D F, Merton R C, Bodie Z. New framework for measuring and managing macrofinancial risk and financial stability [R]. NBER Working Paper, 2007: 13607.

[316] Greenwood R M, Scharfstein D S. The growth of modern finance [J]. Available at SSRN 2162179, 2012.

[317] Guesnerie R. An exploration of the eductive justifications of the rational-expectations hypothesis [J]. The American Economic Review, 1992: 1254 – 1278.

[318] Guthrie G., Wright J. Open Mouth Operations [J]. Journal of Monetary Economics, 2000, 46: 489 – 516.

[319] Gürkaynak R S, Sack B, Swanson E. Do actions speak louder than words? The response of asset prices to monetary policy actions and statements [J]. International Journal of Central Banking, 2005, 1 (1): 55 – 93.

[320] Hansen S, Mcmahon M. Shocking language understanding the macroeconomic effects of central bank communication [J]. Journal of International Economics, 2016 (99): 114 – 133.

[321] Hansman C, Hong H, Jiang W, et al. Effects of Credit Expansions on Stock Market Booms and Busts [R]. National Bureau of Economic Research,

2018.

[322] Hanson S G, Stein J C. Monetary policy and long-term real rates [J]. Journal of Financial Economics, 2015, 115 (3): 429 – 448.

[323] Hayo B., Neuenkirch M. Self-Monitoring or Reliance on Media Reporting: How do Financial Market Participants Process Central Bank News? [J]. Journal of Banking & Finance, 2015, 59: 27 – 37.

[324] Hayo B., Neuenkirch M. Bank of Canada communication, media coverage, and financial market reactions [J]. Economics Letters, 2012, 115 (3): 369 – 372.

[325] Hayo B., Kutan A. M., Neuenkirch M. The impact of U. S. central bank communication on European and Pacific equity markets [J]. Economics Letters, 2010, 108 (2): 172 – 174.

[326] He F, Wang Z, Yin L. Asymmetric volatility spillovers between international economic policy uncertainty and the US stock market [J]. The North American Journal of Economics and Finance, 2020, 51: 101084.

[327] Heinemann F., Ullrich K. Does it pay to watch central bankers' lips? the information content of ECB working [J]. Swiss Journal of Economics and Statistics, 2007, 143: 155 – 185.

[328] Hirtle B, Schuermann T, Stiroh K J. Macroprudential supervision of financial institutions: lessons from the SCAP [J]. FRB of New York Staff Report, 2009 (409).

[329] Iacoviello M. House prices, borrowing constraints, and monetary policy in the business cycle [J]. American economic review, 2005, 95 (3): 739 – 764.

[330] Jansen D J, De Haan J. Talking heads: the effects of ECB statements on the euro-dollar exchange rate [J]. Journal of International Money and Finance, 2005, 24 (2): 343 – 361.

[331] Jansen D. Haan J. The importance of being vigilant: Has ECB communication influenced EURO area inflation expectations? [J]. CESifo Working Paper, 2007: 2134.

［332］Kaplan G. , Moll, B. and Violante, G. Monetary policy according to HANK ［J］. American Economic Review, 2018, 108 (3): 697 – 743.

［333］Kaplanski G, Levy H. Sentiment and stock prices: the case of aviation disasters ［J］. Journal of Financial Economics, 2010, 95 (2): 174 – 201.

［334］Kasman S, Vardar G, Tunç G. The impact of interest rate and exchange rate volatility on banks'stock returns and volatility: Evidence from Turkey ［J］. Economic Modelling, 2011, 28 (3): 1328 – 1334.

［335］Keynes J M. The General Theory of Employment, Interest and Money ［J］. Limnology & Oceanography, 1936, 12 (1 – 2): 28 – 36.

［336］Kim I. Exchange market pressure in Korean: an application of the Girton-Roper monetary model: note ［J］. Journal of Money, Credit and Banking, 1985, 17 (2): 258 – 263.

［337］Kim S J, Sheen J. Interventions in the Yen-dollar spot market: A story of price, volatility and volume ［J］. Journal of Banking & Finance, 2006, 30 (11): 3191 – 3214.

［338］Kim S, Roubini N. Twin deficit or twin divergence? Fiscal policy, current account, and real exchange rate in the US ［J］. Journal of international Economics, 2008, 74 (2): 362 – 383.

［339］Kindleberger C P. Asset inflation and monetary policy ［J］. BNL Quarterly Review, 1995, 48 (192): 17 – 37.

［340］King R G, Levine R. Finance and growth: Schumpeter might be right ［J］. The quarterly journal of economics, 1993, 108 (3): 717 – 737.

［341］Knedlik T, Scheufele R. Three methods of forecasting currency crises: Which made the run in signaling the South African currency crisis of June 2006? ［R］. IWH Discussion Papers, 2007.

［342］Krugman P R, Dominquez K M, Rogoff K. It's baaack: Japan's slump and the return of the liquidity trap ［J］. Brookings Papers on Economic Activity, 1998 (2): 137 – 205.

［343］Kumari J, Mahakud J. Does investor sentiment predict the asset volatility? Evidence from emerging stock market India ［J］. Journal of Behavioral and

Experimental Finance, 2015, 8: 25 – 39.

［344］Kydland F E, Prescott E C. Rules rather than discretion: The incon-sistency of optimal plans ［J］. Journal of political economy, 1977, 85 （3）: 473 – 491.

［345］Lahura E, Vega M. Asymmetric effects of FOREX intervention using intraday data: Evidence from Peru ［R］. SSRN Working Paper, 2013.

［346］Lee W Y, Jiang C X, Indro D C. Stock market volatility, excess re-turns, and the role of investor sentiment ［J］. Journal of banking & Finance, 2002, 26 （12）: 2277 – 2299.

［347］Lyócsa Š, Molnár P, Plíhal T. Central bank announcements and re-alized volatility of stock markets in G7 countries ［J］. Journal of International Fi-nancial Markets, Institutions and Money, 2019, 58: 117 – 135.

［348］Martinez-Miera D, Repullo R. Monetary policy, macroprudential policy, and financial stability ［J］. Annual Review of Economics, 2019, 11: 809 – 832.

［349］McEnally R W, Ferri M G. Determinants of systematic volatility of corporate bonds ［J］. Journal of Economics and Business, 1982, 34 （3）: 215 – 229.

［350］McKay A. , Nakamura E. , Steinsson J. The power of forward guid-ance revisited ［J］. American Economic Review, 2016, 106 （10）: 3133 – 3158.

［351］Meeks R, Nelson B, Alessandri P. Shadow banks and macroeconom-ic instability ［J］. Bank of Italy Temi di Discussione （Working Paper） No, 2013: 939.

［352］Meeks R, Nelson B, Alessandri P. Shadow banks and macroeconom-ic instability ［J］. Journal of Money, Credit and Banking, 2017, 49 （7）: 1483 – 1516.

［353］Merrouche O, Nier E. Capital inflows, monetary policy, and finan-cial imbalances ［J］. Journal of International Money and Finance, 2017, 77: 117 – 142.

［354］Metzler L A. The nature and stability of inventory cycles ［J］. The

Review of Economics and Statistics, 1941, 23 (3): 113 – 129.

[355] Minsky Ph D H P. The financial-instability hypothesis: capitalist processes and the behavior of the economy [J/OL]. http: //digital commons. bard. edu/hmarchive, 1982.

[356] Mishkin F S. Financial policies and the prevention of financial crises in emerging market countries [R]. NBER Working Paper, 2001.

[357] Mishkin F S. Housing and the monetary transmission mechanism [J]. 2007.

[358] Mishkin F S. Monetary policy strategy: lessons from the crisis [R]. National Bureau of Economic Research, 2011.

[359] Moessner R. Effects of explicit FOMC policy rate guidance on interest rate expectations [J]. Economics Letters, 2013, 121 (2): 170 – 173.

[360] Moessner, R. Reactions of real yields and inflation expectations to forward guidance in the United States [J]. Applied Economics, 2015, 47 (26): 2671 – 2682.

[361] Morris S, Shin H S. Coordinating Expectations in Monetary Policy [M]. Cheltenham UK: Edward Elgar, 2008.

[362] Morris S. , Shin H. S. Social value of public information [J]. American Economic Review, 2002, 92 (5): 1521 – 1534.

[363] Morris S. , Shin H. J. Central bank forward guidance and the signal value of market prices [R]. BIS Working Paper, 2018: 692.

[364] Musard-Gies M. Do ECB's statements steer short-term and long-term interest rates in the Euro-zone? [J]. The Manchester School, 2006, 74: 116 – 139.

[365] Muth J F. Rational Expectations and the Theory of Price Movements [J]. Econometrica, 1961, 29 (3): 315 – 335.

[366] Nakamura E, Steinsson J. High-frequency identification of monetary non-neutrality: the information effect [J]. The Quarterly Journal of Economics, 2018, 133 (3): 1283 – 1330.

[367] Nerlove, M. Adaptive expectations and cobweb phenomena [J]. Quarterly Journal Of Economics, 1958, 72 (2): 227 - 240.

[368] Neupane S, Marshall A, Paudyal K, et al. Do investors flip less in bookbuilding than in auction IPOs? [J]. Journal of Corporate Finance, 2017, 47: 253 - 268.

[369] Nier E W, Kang H. Monetary and macroprudential policies-exploring interactions [J]. BIS Paper, 2016 (86e).

[370] Orphanides A, Williams J C. Monetary policy with imperfect knowledge [J]. Journal of the European Economic Association, 2006, 4 (2 - 3): 366 - 375.

[371] Papadamous S., Sidiropoulos M., Spyromitros E. Does Central Bank Transparency Affect Stock Market Volatility? [J]. Journal of International Financial Markets, Institutions and Money, 2014, 31: 362 - 377.

[372] Picault M, Raffestin L. The other side of forward guidance: Are central banks constrained by financial markets? [J]. Finance Research Letters, 2020, 36: 101324.

[373] Rabanal M P, Kannan M P, Scott M A. Macroeconomic patterns and monetary policy in the run-up to asset price busts [M]. International Monetary Fund, 2009.

[374] Reeves R, M. Sawicki. Do Financial Markets React to Bank of England Communication? [J], European Journal of Political Economy, 2007, 23: 207 - 227.

[375] Roberts J M. Inflation expectations and the transmission of monetary policy [J]. Available at SSRN, 1998, No. 141651.

[376] Romer C. D., Romer D. H. Federal Reserve Information and the Behavior of Interest Rates [J]. American Economic Review, 2000, 90: 429 - 457.

[377] Sargent T J, Wallace N. "Rational" expectations, the optimal monetary instrument, and the optimal money supply rule [J]. Journal of political economy, 1975, 83 (2): 241 - 254.

[378] Sato T. Macroprudential Policy and Initiatives by the Bank of Japan [J]. Speech to the Japan Society, London, United Kingdom, 2014: 12.

[379] Schinasi G J. Defining financial stability [R]. Imf Working Papers, 2004.

[380] Sims C A. Implications of rational inattention [J]. Journal of Monetary Economics, 2003, 50 (3): 665 – 690.

[381] Skintzi V D, Refenes A N. Volatility spillovers and dynamic correlation in European bond markets [J]. Journal of International Financial Markets, Institutions and Money, 2006, 16 (1): 23 – 40.

[382] Svensson L E O. Cost-benefit analysis of leaning against the wind [J]. Journal of Monetary Economics, 2017, 90: 193 – 213.

[383] Svensson L E O. Monetary policy and macroprudential policy: Different and separate? [J]. Canadian Journal of Economics/Revue canadienne d'économique, 2018, 51 (3): 802 – 827.

[384] Tobin J, Golub S S. Money, credit, and capital [M]. Swarthmore College, 1997.

[385] Townsend R M. Forecasting the forecasts of others [J]. Journal of Political Economy, 1983, 91 (4): 546 – 588.

[386] Ullrich, K. Inflation expectations of experts and ECB communication [J]. North American Journal Of Economics and Finance, 2008, 19 (1): 93 – 108.

[387] Winkler, B. Which Kind of Transparency: On the Need for Clarity in Monetary Policy-making? [R]. ECB Working Paper, 2000, 26.

[388] Woodford M. Financial intermediation and macroeconomic analysis [J]. Journal of Economic Perspectives, 2010, 24 (4): 21 – 44.

[389] Woodford M. Monetary policy in the information economy [C]. Proceedings-Economic Policy Symposium-Jackson Hole. Federal Reserve Bank of Kansas City, 2001: 297 – 370.

[390] Woodford M. Optimal interest-rate smoothing [J]. The Review of E-

conomic Studies, 2003, 70 (4): 861 – 886.

[391] Woodford M. Central bank communication and policy effectiveness [R]. NBER Working Paper, 2005: 11898.

[392] Woodford, M. Forward guidance by inflation-targeting central banks [R]. CEPR Discussion Paper, 2013: 9722.

附 录

一、中国货币政策预期管理有效性及政策透明度代码

(一) 央行透明度下降模拟代码

```
i = 0;
a = [p₁₁ ,p₁₂ ,p₁₃ ;p₂₁ ,p₂₂ ,p₂₃ ;p₃₁ ,p₃₂ ,p₃₃ ];
b = [f₁^e(0) ;f₂^e(0) ;f₃^e(0) ];
c = [];
while roundn (max(b), -4) ~ = roundn (min(b), -4)
  b = a * b;
  i = i +1;
  c = [c b];
end
b = a * b;
c = [c b];
i = i +1;
disp (c)
disp (i)
```

（二）央行引导研究机构预期模拟代码

```
i = 0;
a = [p11 ,p12 ,p13 ;p21 ,p22 ,p23 ;0.1,0.4,0.5];
b = [f1e(0) ;f2e(0) ;f3e(0) ];
c = [];
while roundn(max(b),-4)~ = roundn(min(b),-4)
  b = a * b;
  i = i +1;
  c = [c b];
end
b = a * b;
c = [c b];
i = i +1;
disp(c)
disp(i)
```

（三）央行引导企业预期模拟代码

```
i = 0;
a = [p11 ,p12 ,p13 ;0.1,0.8,0.1;p31 ,p32 ,p33 ];
b = [f1e(0) ;f2e(0) ;f3e(0) ];
c = [];
while roundn(max(b),-4)~ = roundn(min(b),-4)
  b = a * b;
  i = i +1;
  c = [c b];
```

```
end
b = a * b;
c = [c b];
i = i + 1;
disp(c)
disp(i)
```

（四）央行、研究机构、企业初始预期

央行、研究机构、企业初始预期

时间	$f_1^{e(0)}$	$f_2^{e(0)}$	$f_3^{e(0)}$
2019 年 1 月	5.25	5.51	6.63
2018 年 12 月	2.20	2.46	3.58
2018 年 11 月	2.13	2.39	3.51
2018 年 10 月	1.34	1.60	2.72
2018 年 9 月	2.82	3.08	4.20
2018 年 8 月	2.13	2.39	3.51
2018 年 7 月	1.65	1.91	3.03
2018 年 6 月	1.79	2.05	3.17
2018 年 5 月	1.37	1.63	2.75
2018 年 4 月	2.17	2.43	3.55
2018 年 3 月	1.94	2.20	3.32
2018 年 2 月	1.78	2.04	3.16
2018 年 1 月	3.67	3.93	5.05
2017 年 12 月	1.75	2.01	3.13
2017 年 11 月	2.21	2.47	3.59
2017 年 10 月	1.65	1.91	3.03
2017 年 9 月	2.43	2.69	3.81
2017 年 8 月	2.09	2.35	3.47

续表

时间	$f_1^{e(0)}$	$f_2^{e(0)}$	$f_3^{e(0)}$
2017 年 7 月	1.83	2.09	3.21
2017 年 6 月	2.39	2.65	3.77
2017 年 5 月	1.67	1.93	3.05
2017 年 4 月	2.00	2.26	3.38
2017 年 3 月	2.73	2.99	4.11
2017 年 2 月	1.76	2.02	3.14
2017 年 1 月	4.35	4.61	5.73
2016 年 12 月	2.24	2.50	3.62
2016 年 11 月	2.35	2.61	3.73
2016 年 10 月	1.51	1.77	2.89
2016 年 9 月	2.33	2.59	3.71
2016 年 8 月	2.08	2.34	3.46
2016 年 7 月	1.10	1.36	2.48
2016 年 6 月	2.24	2.50	3.62
2016 年 5 月	1.27	1.53	2.65
2016 年 4 月	1.36	1.62	2.74
2016 年 3 月	2.95	3.21	4.33
2016 年 2 月	1.39	1.65	2.77
2016 年 1 月	4.03	4.29	5.41
2015 年 12 月	2.43	2.69	3.81
2015 年 11 月	1.63	1.89	3.01
2015 年 10 月	1.09	1.35	2.47
2015 年 9 月	1.91	2.17	3.29
2015 年 8 月	1.69	1.95	3.07
2015 年 7 月	1.33	1.59	2.71
2015 年 6 月	2.47	2.73	3.85
2015 年 5 月	1.27	1.53	2.65

续表

时间	$f_1^{e(0)}$	$f_2^{e(0)}$	$f_3^{e(0)}$
2015 年 4 月	1.66	1.92	3.04
2015 年 3 月	1.79	2.05	3.17
2015 年 2 月	1.96	2.22	3.34
2015 年 1 月	2.66	2.92	4.04

二、预期管理有效性与沟通策略研究代码及模型推导

（一）方程组求解代码

本书基于 WolframAlpha 软件对书中方程组进行求解，将书中所有参数赋值带入公式后方程组求解代码如下：

（x：央行市场信号关注度（φ）；y：市场信号价值（V）；z：央行沟通期望损失（1））

1. 保守风格央行

（1）承诺式沟通。

$\eta = 0.00$ 时：

```
 -((2(1 - x))/x^2 - (2(-(1 - x)^2 + 4 z))/x^3)/(4 sqrt((-(1 - x)^2 +
4 z)/x^2)) = (-0.078125)/(2.5625 - 0.078125x)^2,
  y - 1.5625 * (1 - 0.05x)/(1 + 1.5625 * (1 - 0.05x)) = 0,
  x^2 * (1 - y)^2 + ((1 - x)^2)/4 = z
```

$\eta = 0.25$ 时：

```
 -((2(1 - x))/x^2 - (2(-(1 - x)^2 + 4 z))/x^3)/(4 sqrt((-(1 - x)^2 +
4 z)/x^2)) = (-0.4296875)/(2.5625 - 0.4296875x)^2,
  y - 1.5625 * (1 - 0.275x)/(1 + 1.5625 * (1 - 0.275x)) = 0,
  x^2 * (1 - y)^2 + ((1 - x)^2)/4 = z
```

$\eta = 0.50$ 时：

```
 - ((2(1 - x))/x^2 - (2(-(1 - x)^2 + 4 z))/x^3)/(4 sqrt((-(1 - x)^2 +
4 z)/x^2)) = (-0.78125)/(2.5625 -0.78125x)^2,
 y -1.5625 * (1 -0.50x)/(1 +1.5625 * (1 -0.50x)) =0,
 x^2 * (1 -y)^2 + ((1 -x)^2)/4 = z
```

$\eta = 0.75$ 时：

```
 - ((2(1 - x))/x^2 - (2(-(1 - x)^2 + 4 z))/x^3)/(4 sqrt((-(1 - x)^2 +
4 z)/x^2)) = (-1.1328125)/(2.5625 -1.1328125x)^2,
 y -1.5625 * (1 -0.725x)/(1 +1.5625 * (1 -0.725x)) =0,
 x^2 * (1 -y)^2 + ((1 -x)^2)/4 = z
```

$\eta = 1.00$ 时：

```
 - ((2(1 - x))/x^2 - (2(-(1 - x)^2 + 4 z))/x^3)/(4 sqrt((-(1 - x)^2 +
4 z)/x^2)) = (-1.484375)/(2.5625 -1.484375x)^2,
 y -1.5625 * (1 -0.95x)/(1 +1.5625 * (1 -0.95x)) =0,
 x^2 * (1 -y)^2 + ((1 -x)^2)/4 = z
```

（2）预测式沟通。

$\eta = 0.00$ 时：

```
 y -1.5625 * (1 -0.05x)/(1 +1.5625 * (1 -0.05x)) =0,x =1/(1 +4 * (1 -y)^2)
```

$\eta = 0.25$ 时：

```
 y -1.5625 * (1 -0.275x)/(1 +1.5625 * (1 -0.275x)) =0,x =1/(1 +4 * (1 -y)^2)
```

$\eta = 0.50$ 时：

```
 y -1.5625 * (1 -0.50x)/(1 +1.5625 * (1 -0.50x)) =0,x =1/(1 +4 * (1 -y)^2)
```

$\eta = 0.75$ 时：

```
 y -1.5625 * (1 -0.725x)/(1 +1.5625 * (1 -0.725x)) =0,x =1/(1 +4 * (1 -y)^2)
```

η = 1.00 时：

> y − 1.5625 * (1 − 0.95x)/(1 + 1.5625 * (1 − 0.95x)) = 0, x = 1/(1 + 4 * (1 − y)^2)

2. 稳健风格央行

（1）承诺式沟通。

η = 0.00 时：

> (6(−3 + 3 x + 16 z))/((1 + 3 x)^3 sqrt(−(9 − 18 x + 9 x^2 − 64 z)/(1 + 3 x)^2)) = (−0.078125)/(2.5625 − 0.078125x)^2,
>
> y − 1.5625 * (1 − 0.05x)/(1 + 1.5625 * (1 − 0.05x)) = 0,
>
> (0.25 + 0.75x)^2 * (1 − y)^2 + (0.75 − 0.75x)^2/4 = z

η = 0.25 时：

> (6(−3 + 3 x + 16 z))/((1 + 3 x)^3 sqrt(−(9 − 18 x + 9 x^2 − 64 z)/(1 + 3 x)^2)) = (−0.4296875)/(2.5625 − 0.4296875x)^2,
>
> y − 1.5625 * (1 − 0.275x)/(1 + 1.5625 * (1 − 0.275x)) = 0,
>
> (0.25 + 0.75x)^2 * (1 − y)^2 + (0.75 − 0.75x)^2/4 = z

η = 0.50 时：

> (6(−3 + 3 x + 16 z))/((1 + 3 x)^3 sqrt(−(9 − 18 x + 9 x^2 − 64 z)/(1 + 3 x)^2)) = (−0.78125)/(2.5625 − 0.78125x)^2,
>
> y − 1.5625 * (1 − 0.50x)/(1 + 1.5625 * (1 − 0.50x)) = 0,
>
> (0.25 + 0.75x)^2 * (1 − y)^2 + (0.75 − 0.75x)^2/4 = z

η = 0.75 时：

> (−1.1328125)/(2.5625 − 1.1328125x)^2 = (6(−3 + 3 x + 16 z))/((1 + 3 x)^3 sqrt(−(9 − 18 x + 9 x^2 − 64 z)/(1 + 3 x)^2)),
>
> y − 1.5625 * (1 − 0.725x)/(1 + 1.5625 * (1 − 0.725x)) = 0,
>
> (0.25 + 0.75x)^2 * (1 − y)^2 + (0.75 − 0.75x)^2/4 = z

$\eta = 1.00$ 时：

```
(-1.484375)/(2.5625 -1.484375x)^2 = (6(-3 + 3 x + 16 z))/((1 + 3 x)^
3 sqrt(-(9 - 18 x + 9 x^2 - 64 z)/(1 + 3 x)^2)),
y -1.5625 * (1 -0.95x)/(1 +1.5625 * (1 -0.95x)) =0,
(0.25 +0.75x)^2 * (1 -y)^2 + (0.75 -0.75x)^2/4 = z
```

（2）预测式沟通。

$\eta = 0.00$ 时：

```
y -1.5625 * (1 -0.05x)/(1 +1.5625 * (1 -0.05x)) =0,
x = 1 -4 * (1 -y)^2/(0.75 +3 * (1 -y)^2)
```

$\eta = 0.25$ 时：

```
y -1.5625 * (1 -0.275x)/(1 +1.5625 * (1 -0.275x)) =0,
x = 1 -4 * (1 -y)^2/(0.75 +3 * (1 -y)^2)
```

$\eta = 0.50$ 时：

```
y -1.5625 * (1 -0.50x)/(1 +1.5625 * (1 -0.50x)) =0,
x = 1 -4 * (1 -y)^2/(0.75 +3 * (1 -y)^2)
```

$\eta = 0.75$ 时：

```
y -1.5625 * (1 -0.725x)/(1 +1.5625 * (1 -0.725x)) =0,
x = 1 -4 * (1 -y)^2/(0.75 +3 * (1 -y)^2)
```

$\eta = 1.00$ 时：

```
y -1.5625 * (1 -0.95x)/(1 +1.5625 * (1 -0.95x)) =0,
x = 1 -4 * (1 -y)^2/(0.75 +3 * (1 -y)^2)
```

3. 开放风格央行

（1）承诺式沟通。

$\eta = 0.00$ 时：

```
(-1 + x + 8 z)/((1 + x)^3 sqrt(-(1 - 2 x + x^2 - 16 z)/(1 + x)^2)) =
(-0.078125)/(2.5625 -0.078125x)^2,
```

$$y - 1.5625 * (1 - 0.05x)/(1 + 1.5625 * (1 - 0.05x)) = 0,$$
$$(0.5 + 0.5x)^2 * (1 - y)^2 + (0.5 - 0.5x)^2/4 = z$$

$\eta = 0.25$ 时：

$$(-1 + x + 8 z)/((1 + x)^3 \text{sqrt}(-(1 - 2 x + x^2 - 16 z)/(1 + x)^2)) =$$
$$(-0.4296875)/(2.5625 - 0.4296875x)^2,$$
$$y - 1.5625 * (1 - 0.275x)/(1 + 1.5625 * (1 - 0.275x)) = 0,$$
$$(0.5 + 0.5x)^2 * (1 - y)^2 + (0.5 - 0.5x)^2/4 = z$$

$\eta = 0.50$ 时：

$$(-1 + x + 8 z)/((1 + x)^3 \text{sqrt}(-(1 - 2 x + x^2 - 16 z)/(1 + x)^2)) =$$
$$(-0.78125)/(2.5625 - 0.78125x)^2,$$
$$y - 1.5625 * (1 - 0.50x)/(1 + 1.5625 * (1 - 0.50x)) = 0,$$
$$(0.5 + 0.5x)^2 * (1 - y)^2 + (0.5 - 0.5x)^2/4 = z$$

$\eta = 0.75$ 时：

$$(-1.1328125)/(2.5625 - 1.1328125x)^2 = (-1 + x + 8 z)/((1 + x)^3$$
$$\text{sqrt}(-(1 - 2 x + x^2 - 16 z)/(1 + x)^2)),$$
$$y - 1.5625 * (1 - 0.725x)/(1 + 1.5625 * (1 - 0.725x)) = 0,$$
$$(0.5 + 0.5x)^2 * (1 - y)^2 + (0.5 - 0.5x)^2/4 = z$$

$\eta = 1.00$ 时：

$$(-1.484375)/(2.5625 - 1.484375x)^2 = (-1 + x + 8 z)/((1 + x)^3 \text{sqrt}$$
$$(-(1 - 2 x + x^2 - 16 z)/(1 + x)^2)),$$
$$y - 1.5625 * (1 - 0.95x)/(1 + 1.5625 * (1 - 0.95x)) = 0,$$
$$(0.5 + 0.5x)^2 * (1 - y)^2 + (0.5 - 0.5x)^2/4 = z$$

（2）预测式沟通。

$\eta = 0.00$ 时：

$$y - 1.5625 * (1 - 0.05x)/(1 + 1.5625 * (1 - 0.05x)) = 0,$$
$$x = 1 - 4 * (1 - y)^2/(0.5 + 2 * (1 - y)^2)$$

$\eta = 0.25$ 时:

```
y - 1.5625 * (1 - 0.275x)/(1 + 1.5625 * (1 - 0.275x)) = 0,
x = 1 - 4 * (1 - y)^2/(0.5 + 2 * (1 - y)^2)
```

$\eta = 0.50$ 时:

```
y - 1.5625 * (1 - 0.50x)/(1 + 1.5625 * (1 - 0.50x)) = 0,
x = 1 - 4 * (1 - y)^2/(0.5 + 2 * (1 - y)^2)
```

$\eta = 0.75$ 时:

```
y - 1.5625 * (1 - 0.725x)/(1 + 1.5625 * (1 - 0.725x)) = 0,
x = 1 - 4 * (1 - y)^2/(0.5 + 2 * (1 - y)^2)
```

$\eta = 1.00$ 时:

```
y - 1.5625 * (1 - 0.95x)/(1 + 1.5625 * (1 - 0.95x)) = 0,
x = 1 - 4 * (1 - y)^2/(0.5 + 2 * (1 - y)^2)
```

（二）模型推导补充

在书中对模型已经进行推导，由于篇幅所限，式（3.10）推导过程书中没有详细说明，在此进行补充，在假定（1）的基础上，为简化央行预期管理模型的推导，我们假定经济基本面 ω 服从先验正态分布，然后再结合假定（2）、假定（5），可对式（3.10）作如下推导。

$$
\begin{aligned}
r_i &= \lambda_1 \varphi E_i \{ [\eta \xi_1 + (1 - \eta) \xi_2] \omega + [\eta(1 - \xi_1) + (1 - \eta)(1 - \xi_2)] \mu \} \\
&\quad + (1 - \lambda_1 \varphi) E_i(\omega) \\
&= \{ \lambda_1 \varphi [\eta \xi_1 + (1 - \eta) \xi_2] + 1 - \lambda_1 \varphi \} \frac{\sigma_\alpha^2 \theta + \sigma_\beta^2 \tau_i}{\sigma_\alpha^2 + \sigma_\beta^2} \\
&\quad + \lambda_1 \varphi [\eta(1 - \xi_1) + (1 - \eta)(1 - \xi_2)] \mu \\
&= \frac{\sigma_\beta^2}{\sigma_\alpha^2 + \sigma_\beta^2} \{ \lambda_1 \varphi [\eta \xi_1 + (1 - \eta) \xi_2] + 1 - \lambda_1 \varphi \} \tau_i \\
&\quad + \left\{ 1 - \frac{\sigma_\beta^2}{\sigma_\alpha^2 + \sigma_\beta^2} \{ \lambda_1 \varphi [\eta \xi_1 + (1 - \eta) \xi_2] + 1 - \lambda_1 \varphi \} \right\} \mu
\end{aligned}
$$

三、基于文本分析法的央行货币政策沟通指数构建

（一）根据关键词进行网络爬取代码（部分）

```python
import requests as t
import time
from fake_useragent import UserAgent
from lxml import etree
import csv
import re
import pandas as pd
import os

defget_detail_url(url):
  links = []
  headers = {"User-Agent":UserAgent().chrome,
  "Cookie":""}
  resp = t.get(url,headers=headers,timeout=10)
  resp.encoding = 'utf-8'
  port = etree.HTML(resp.text).xpath('//*[@id="content_
left"]/div')
  for in_pt in port:
  title = ".join(in_pt.xpath('.//h3/a/text()')).replace('\n',").
replace('\n',").strip()
  try:
  source = ".join(in_pt.xpath('.//a[@class="c-showurl c-col-
or-gray"]//text()')).replace('\n',").replace('\r',").replace('\t',")
  except:
  source = '空'
  if(source == '搜狐网')or(source == '新浪财经'):
```

```
    print(source)
    url_1 = in_pt.xpath('.//h3//a[1]/@href')[0]
    links.append(url_1)
    elif '人民网' in title:
    print(title)
    url_1 = in_pt.xpath('.//h3//a[1]/@href')[0]
    links.append(url_1)
    else:
    continue

    print(len(links))

    return links

  def parse_detail(url):
    news_url = url
    headers = {"User-Agent":UserAgent().chrome,
    "Cookie":"" }
    resp = t.get(news_url,headers=headers)
    try:
     charset = str(re.findall('<meta.*?(charset=.*?>)',
resp.text,re.S&re.I)[0].replace('charset=',"").replace('"',"").replace
('/',"").replace('>',""))
    except:
    charset = 'GBK'
    resp.encoding = charset
    strip_1 = re.sub(u'<style.*?</style>',"",resp.text,flags=re.S)
    strip_2 = re.sub(u'<script.*?</script>',"",strip_1,flags=re.S)
    html_obj = etree.HTML(strip_2.replace('\n',"").replace('\r',"").
replace('\t',"").replace('\u3000',""))
    if html_obj:
    title_xpath = "
```

```
    title = ''.join(html_obj.xpath(title_xpath)).replace(' ','').re-
place('\n','').strip()
    pub_time_xpath = ''
    pub_time = ''.join(html_obj.xpath(pub_time_xpath)).strip().
replace('年','-').replace('月','-').replace('日','').replace(' ','').replace
('http://www.sina.com.cn','')
    content_xpath = ''
    content = ''.join(html_obj.xpath(content_xpath))

    data = [news_url,title,pub_time,content]
    print({'url':news_url,'标题':title,'发布时间':pub_time,'正文':con-
tent})

    if title and content and pub_time:
    print('正在抓取:{}'.format(news_url))
    print('正在抓取:{}'.format(title))
    #存入 csv 文件
    with open('易纲新闻.csv','a',encoding='utf-8',newline='')as f:
    csvwriter = csv.writer(f)
    csvwriter.writerow(data)
    else:
    with open('解析失败链接.txt','a',encoding='utf-8') as f:
    f.write(news_url + '\n')
    else:
    with open('访问链接失败.txt','a',encoding='utf-8') as f:
    f.write(news_url + '\n')

    return ''

def sort_search_values():
    df = pd.read_csv('百度数据.csv',header=None,encoding='utf-8',
names=['link','title','pub_time','content'])
```

```
        df.pub_time = df.pub_time.apply(lambda x:re.findall('\d{4}.
*:\d{1,2}',x)[0])
        df.sort_values(by='pub_time',inplace=True)
        df.to_csv('百度搜索排序结果.csv',index=False,encoding='utf-8')
        print('排序成功,输出文档:百度搜索排序结果.csv')


    if__name__=='__main__':

keyword='易纲货币政策'
    url='

    for i in range(10,30,10):
    print('正在抓取第{}页数据'.format(int((i/10)+1)))
    link=url.format(keyword,i,keyword)
    time.sleep(2)
    links=get_detail_url(link)

    for link_1 in links:
    parse_detail(link_1)
    time.sleep(2)
    sort_search_values()
```

（二）文本预处理、分词、及词频统计代码（部分）

```
import os
import re
import pandas as pd
import jieba
import csv


keys="""
```

```
key_lis = [i.strip()for i in keys.split('')if i]

df = pd.read_excel('整理0105.xlsx',sheet_name='Sheet1')
columns = list(df.columns)[:]
list_1 = []
print('文件数据读取成功!')
with open('哈工大停用词表.txt','r',encoding='utf-8') as f:
    data_ = [i.replace('\n',")for i in f.readlines()] + ['\n','']
try:
    os.mkdir('分词结果')
except:
    print('分词结果文件已存在!')
curr_path = os.getcwd()
os.chdir(curr_path.replace('\\','\\\\') +'\\\\分词结果')
def get_fenci_result():
    for column in columns:
    dic = {}
    strs = ''.join(list([str(i)for i in df[column]if str(i)!='nan']))
    for key in key_lis:
    dic[key] = len(re.findall(key,strs,re.S))
    strs = strs.replace(key,")
    print(dic)
    sor_lis = list(dic.items())
    sor_lis.sort(key=lambda x:x[1],reverse=True)
    print(sor_lis)
    for k in range(len(sor_lis)):
    with open(column + '.csv','a',encoding='utf-8',newline=")as f1:
    csvwriter = csv.writer(f1)
    csvwriter.writerow([sor_lis[k][0],sor_lis[k][1]])
    all_words = jieba.lcut(strs)
```

```
print(all_words)
dic_1 = {}
for word in all_words:
if word not in data_:
if word not in key_lis:
dic_1[word] = dic_1.get(word,1)+1
sor_lis_1 = list(dic_1.items())
sor_lis_1.sort(key = lambda x:x[1],reverse = True)


for m in range(len(sor_lis_1)):
with open(column + '.csv','a',encoding = 'utf - 8',newline = '')as f1:
csvwriter = csv.writer(f1)
csvwriter.writerow([sor_lis_1[m][0],sor_lis_1[m][1]])
df1 = pd.read_csv(columns[0] + '.csv',header = None,names = ['分词
结果','出现次数'],encoding = 'utf - 8')
df1.to_excel(columns[0] + '.xlsx',index = False)
for column_in columns[1:]:
print(column_)
df2 = pd.read_csv(column_+ '.csv',header = None,names = ['分词结
果','出现次数'],encoding = 'utf - 8')
df1 = pd.merge(left = df1,right = df2,how = 'outer',on = '分词结果')
df2.to_excel(column_+ '.xlsx',index = False)
print('分词结束!')
return df1


def change_types():
df1 = get_fenci_result()
new_columns = ['分词结果','全文','货币政策 - 宽松','货币政策 - 稳健','货币
政策 - 紧缩',
```

```
    '经济形式 – 正面','经济形式 – 中性','经济形式 – 负面','其他']
    df1.columns = new_columns
    df1.to_excel('所有结果 .xlsx',index = False)
print('文件生成成功!')


def del_csvfile():
dir_lis = os.listdir(os.getcwd().replace(' \\ ',' \\\\ '))
for file in dir_lis:
if '.csv' in file:
print('正在删除文件:'+ file)
os.remove(file)
print('.csv 类型文件全部转化成 Excel 成功!')


if__name__ = = '__ main__':
change_types()
del_csvfile()
```

四、重大突发事件下预期管理平抑股市波动数据及模型代码

(一) 央行沟通指数、投资者情绪指数及股市波动率

央行沟通指数、投资者情绪指数及股市波动率

时间	t	IMP	ISI	VOL
2018 年 1 月	181	0. 166666667	– 0. 285762407	0. 58985101
2018 年 2 月	182	0. 015151515	– 0. 267702151	1. 762476484
2018 年 3 月	183	– 0. 100479185	– 0. 030789394	0. 997490192
2018 年 4 月	184	– 0. 373737374	– 0. 276211269	1. 044048635
2018 年 5 月	185	0. 048780488	– 0. 247123312	0. 952959202
2018 年 6 月	186	– 0. 582524272	– 0. 306765207	1. 199585051
2018 年 7 月	187	0	– 0. 369783106	1. 240144669

续表

时间	t	IMP	ISI	VOL
2018 年 8 月	188	− 0. 244444444	− 0. 331872446	1. 289201185
2018 年 9 月	189	− 0. 041666667	− 0. 444123	1. 087387831
2018 年 10 月	190	− 0. 42816092	− 0. 433891873	2. 27835532
2018 年 11 月	191	− 0. 548715382	− 0. 297602892	1. 201146067
2018 年 12 月	192	− 0. 666666667	− 0. 220753353	0. 980857331
2019 年 1 月	193	− 0. 281818182	− 0. 348766146	0. 812577113
2019 年 2 月	194	− 0. 159722222	− 0. 194673293	1. 675819545
2019 年 3 月	195	− 0. 62026862	0. 381342417	1. 71916612
2019 年 4 月	196	− 0. 18872549	0. 425762475	1. 213802259
2019 年 5 月	197	− 0. 4	0. 208944169	1. 818503436
2019 年 6 月	198	− 0. 377777778	− 0. 076718482	1. 025609634
2019 年 7 月	199	− 0. 333333333	0. 179681106	0. 912950283
2019 年 8 月	200	− 0. 340384615	0. 064406482	0. 971030689
2019 年 9 月	201	− 0. 184285714	0. 042210549	0. 803118477
2019 年 10 月	202	− 0. 244047619	− 0. 029508721	0. 670528469
2019 年 11 月	203	− 0. 215686275	− 0. 327699988	0. 676231047
2019 年 12 月	204	− 0. 141666667	− 0. 286609693	0. 664778727
2020 年 1 月	205	− 0. 529535147	0. 349312416	1. 009145845
2020 年 2 月	206	− 0. 882718511	0. 785589577	2. 251209451
2020 年 3 月	207	− 0. 845588235	0. 591268266	1. 85819553
2020 年 4 月	208	− 0. 940730838	0. 631982856	0. 904287731
2020 年 5 月	209	− 0. 574468085	0. 08817277	0. 70020034
2020 年 6 月	210	− 0. 607142857	0. 276484256	0. 738575632
2020 年 7 月	211	− 0. 901360544	0. 626276678	2. 16654743
2020 年 8 月	212	− 0. 904527429	0. 663855801	1. 031106464
2020 年 9 月	213	− 0. 65	0. 286521308	0. 949614053

注：篇幅所限，仅列示最近三年数据。

（二）TVP-VAR 模型代码

```
**   MCMC estimation for Time-Varying Parameter VAR model
**   with stochastic volatility
**   tvpvar_ex*.ox illustrates the MCMCestimation
**   using TVP-VAR class

#include <oxstd.h>
#include <oxprob.h>
#include <oxfloat.h>
#include <oxdraw.h>
#include <TVPVAR.ox> //TVP-VAR class

main()
{
decl nlag,my,asvar,iyear,iperiod,ifreq;
nlag = 4;//# of lag
/* --- data load --- */
my = loadmat("tvpvar_ex.xls");//data
/* --- some options(not required) --- */
asvar = {"IMP","ISI","VOL"};
iyear = 2007;
iperiod = 1;
ifreq = 4;
/* ---MCMC estimation --- */
decl tvpvar = new TVPVAR();
tvpvar.SetRanseed(3);
tvpvar.SetData(my,nlag);
tvpvar.SetVarName(asvar);
tvpvar.SetPeriod(iyear,iperiod,ifreq);
tvpvar.SetFastImp(1);
```

```
tvpvar.MCMC(10000);

tvpvar.DrawImp(<1,3,4 >,1);

tvpvar.DrawImp(<5,9,40 >,0);

delete tvpvar;

}

/*

* * (*):options,not required for estimation

*/
```

五、预期管理的信息效应——公司债市场

实证相关数据

日期	Ret.	Δ2yr_Ty	Credit_Risk	$\alpha_{t,m}$	$\alpha_{t,a}$	$\alpha_{t,r}$	$\alpha_{t,c}$
2019 年 2 月 19 日	4.0362	0.0228	3	4	7	0.1342	6.88
2019 年 2 月 19 日	7.481	0.0228	3	7.5	7	0.6795	7.38
2019 年 2 月 19 日	4.057	0.0228	1	12	7	1.08	4.95
2019 年 2 月 20 日	3.8564	0.0228	3	4	7	0.1315	6.88
2019 年 2 月 20 日	3.3376	0.0228	2	10	7	0.6877	5.5
2019 年 2 月 21 日	4.5813	0.0228	2	9	8	1.08	5.58
2019 年 2 月 21 日	3.9223	0.0228	3	4	7	0.1288	6.88
2019 年 2 月 21 日	4.0092	0.0228	1	12	7	1.07	4.95
2019 年 2 月 22 日	3.8659	0.0228	3	4	7	0.126	6.88
2019 年 2 月 22 日	3.3207	0.0228	2	10	7	0.6822	5.5
2019 年 2 月 25 日	7.1697	0.0228	3	7.5	7	0.663	7.38
2019 年 2 月 26 日	3.7162	0.0228	3	13	7	0.0658	6.5
2019 年 2 月 27 日	3.5738	0.0228	3	13	7	0.063	6.5
2019 年 2 月 27 日	3.6199	0.0228	2	5	7	0.1151	6.7
2019 年 2 月 27 日	4.9087	0.0228	2	8	10	3.63	6
2019 年 2 月 27 日	3.4276	0.0228	1	12	7	1.05	4.95
2019 年 4 月 11 日	3.601	0.0053	1	35	6	0.5918	5.95

日期	Ret.	$\Delta 2yr\_Ty$	Credit_Risk	$\alpha_{t,m}$	$\alpha_{t,a}$	$\alpha_{t,r}$	$\alpha_{t,c}$
2019 年 4 月 12 日	3.6627	0.0053	2	4.5	7	0.5096	5.9
2019 年 4 月 15 日	3.6386	0.0053	1	35	6	0.5808	5.95
2019 年 4 月 17 日	10.5637	0.0053	1	50	7	0.8877	5.7
2019 年 4 月 18 日	4.8697	0.0053	2	8	10	3.5	6
2019 年 4 月 18 日	10.5711	0.0053	1	50	7	0.8849	5.7
2019 年 4 月 19 日	10.5883	0.0053	1	50	7	0.8822	5.7
2019 年 4 月 19 日	3.3603	0.0053	1	12	7	0.9151	4.95
2019 年 5 月 17 日	3.0991	-0.0223	1	10	10	1.84	5.39
2019 年 5 月 17 日	3.668	-0.0223	1	12	7	0.8384	4.95
2019 年 5 月 22 日	7.0341	-0.0223	3	7.5	7	0.4274	7.38
2019 年 5 月 22 日	5.3255	-0.0223	2	5	7	0.463	5.7
2019 年 5 月 23 日	6.8001	-0.0223	3	7.5	7	0.4247	7.38
2019 年 5 月 23 日	3.356	-0.0223	2	5	7	0.4603	5.7
2019 年 5 月 23 日	3.641	-0.0223	1	12	7	0.8219	4.95
2019 年 6 月 25 日	5.6447	-0.0576	2	10	8	0.074	6.2
2019 年 6 月 25 日	3.268	-0.0576	1	12	7	0.7315	4.95
2019 年 6 月 26 日	3.2148	-0.0576	1	12	7	0.7288	4.95
2019 年 6 月 27 日	6.9718	-0.0576	3	7.5	7	0.3288	7.38
2019 年 6 月 27 日	2.6817	-0.0576	1	12	7	0.726	4.95
2019 年 6 月 28 日	3.249	-0.0576	1	12	7	0.7233	4.95
2019 年 7 月 1 日	6.9677	-0.0576	3	7.5	7	0.3178	7.38
2019 年 7 月 1 日	3.7337	-0.0576	1	12	7	0.7151	4.95
2019 年 7 月 2 日	6.9625	-0.0576	3	7.5	7	0.3151	7.38
2019 年 7 月 2 日	3.1667	-0.0576	2	10	7	0.326	5.5
2019 年 7 月 2 日	3.7368	-0.0576	1	12	7	0.7123	4.95
2019 年 7 月 3 日	7.5844	-0.0576	3	7.5	7	0.3123	7.38
2019 年 7 月 3 日	3.4888	-0.0576	2	5	7	0.3479	5.7
2019 年 8 月 8 日	4.2468	0.0102	1	12	7	0.611	4.95
2019 年 8 月 9 日	3.4119	0.0102	1	10	10	1.61	5.39

续表

日期	Ret.	Δ2yr_Ty	Credit_Risk	$\alpha_{t,m}$	$\alpha_{t,a}$	$\alpha_{t,r}$	$\alpha_{t,c}$
2019 年 8 月 12 日	7.8207	0.0102	3	7.5	7	0.2027	7.38
2019 年 8 月 12 日	3.0371	0.0102	2	10	7	0.2137	5.5
2019 年 8 月 14 日	7.8898	0.0102	3	7.5	7	0.1973	7.38
2019 年 8 月 15 日	8.3454	0.0102	3	7.5	7	0.1945	7.38
2019 年 8 月 15 日	3.1278	0.0102	1	12	7	0.5918	4.95
2019 年 9 月 25 日	7.3225	−0.0184	3	7.5	7	0.0822	7.38
2019 年 9 月 26 日	7.3603	−0.0184	3	7.5	7	0.0795	7.38
2019 年 9 月 26 日	3.4694	−0.0184	2	5	7	0.1151	5.7
2019 年 9 月 26 日	2.4315	−0.0184	1	12	7	0.4767	4.95
2019 年 9 月 27 日	6.661	−0.0184	3	7.5	7	0.0767	7.38
2019 年 9 月 27 日	3.3776	−0.0184	1	12	7	0.474	4.95
2019 年 9 月 30 日	6.6695	−0.0184	3	7.5	7	0.0685	7.38
2019 年 9 月 30 日	3.4455	−0.0184	2	5	7	0.1041	5.7
2019 年 9 月 30 日	0.9625	−0.0184	1	12	7	0.4658	4.95
2019 年 10 月 8 日	7.4942	−0.0184	3	7.5	7	0.0466	7.38
2019 年 10 月 8 日	4.5444	−0.0184	1	12	7	0.4438	4.95
2019 年 10 月 9 日	7.862	−0.0184	3	7.5	7	0.0438	7.38
2019 年 10 月 9 日	2.3226	−0.0184	1	12	7	0.4411	4.95
2019 年 10 月 9 日	3.4981	−0.0184	1	35	6	0.0959	5.95
2019 年 10 月 10 日	8.7125	−0.0184	3	7.5	7	0.0411	7.38
2019 年 10 月 10 日	3.1225	−0.0184	2	10	7	0.0521	5.5
2019 年 10 月 10 日	2.5181	−0.0184	1	12	7	0.4384	4.95
2019 年 10 月 10 日	3.6081	−0.0184	1	35	6	0.0932	5.95
2019 年 11 月 13 日	12.2184	−0.0798	3	8	8	1.11	6.65
2019 年 11 月 13 日	3.1899	−0.0798	1	12	7	0.3452	4.95
2019 年 11 月 14 日	12.2284	−0.0798	3	8	8	1.1	6.65
2019 年 11 月 14 日	3.0823	−0.0798	1	12	7	0.3425	4.95
2019 年 11 月 15 日	12.1385	−0.0798	3	8	8	1.1	6.65
2019 年 11 月 15 日	3.283	−0.0798	1	12	7	0.3397	4.95
2019 年 11 月 18 日	12.1822	−0.0798	3	8	8	1.09	6.65
2019 年 11 月 18 日	3.5154	−0.0798	1	12	7	0.3315	4.95

日期	Ret.	$\Delta 2yr\_Ty$	Credit_Risk	$\alpha_{t,m}$	$\alpha_{t,a}$	$\alpha_{t,r}$	$\alpha_{t,c}$
2019 年 11 月 19 日	12.1968	-0.0798	3	8	8	1.09	6.65
2019 年 11 月 19 日	1.8928	-0.0798	1	12	7	0.3288	4.95
2019 年 11 月 20 日	12.2116	-0.0798	3	8	8	1.09	6.65
2019 年 11 月 20 日	1.6387	-0.0798	1	12	7	0.326	4.95
2019 年 11 月 21 日	12.3051	-0.0798	3	8	8	1.08	6.65
2019 年 11 月 21 日	-0.9335	-0.0798	1	12	7	0.3233	4.95
2019 年 12 月 27 日	3.1018	-0.0001	1	12	7	0.2247	4.95
2019 年 12 月 30 日	3.6295	-0.0001	1	12	7	0.2164	4.95
2019 年 12 月 31 日	0.8928	-0.0001	1	12	7	0.2137	4.95
2020 年 1 月 3 日	0.4673	-0.0001	1	12	7	0.2055	4.95
2020 年 1 月 6 日	-2.893	-0.0001	1	12	7	0.1973	4.95
2020 年 1 月 6 日	5.7246	-0.0001	3	6.5	7	0.3973	6
2020 年 1 月 7 日	2.1495	-0.0001	1	12	7	0.1945	4.95
2020 年 2 月 17 日	11.9455	-0.0246	3	8	8	0.8438	6.65
2020 年 2 月 18 日	11.7345	-0.0246	3	8	8	0.8411	6.65
2020 年 2 月 19 日	11.6187	-0.0246	3	8	8	0.8384	6.65
2020 年 2 月 20 日	2.4741	-0.0246	1	12	7	0.074	4.95
2020 年 2 月 21 日	9.9832	-0.0246	3	8	8	0.8329	6.65
2020 年 2 月 21 日	2.4925	-0.0246	1	12	7	0.0712	4.95
2020 年 2 月 24 日	10.6988	-0.0246	3	8	8	0.8247	6.65
2020 年 2 月 24 日	2.3506	-0.0246	1	12	7	0.063	4.95
2020 年 2 月 25 日	10.9239	-0.0246	3	8	8	0.8219	6.65
2020 年 2 月 25 日	2.4002	-0.0246	1	12	7	0.0603	4.95
2020 年 3 月 25 日	10.5379	-0.1157	3	8	8	0.7425	6.65
2020 年 3 月 26 日	10.3175	-0.1157	3	8	8	0.7397	6.65
2020 年 3 月 27 日	3.4882	-0.1157	1	8	10	2.55	6
2020 年 3 月 27 日	10.119	-0.1157	3	8	8	0.737	6.65
2020 年 3 月 30 日	10.1519	-0.1157	3	8	8	0.7288	6.65
2020 年 3 月 31 日	10.19	-0.1157	3	8	8	0.726	6.65

续表

日期	Ret.	Δ2yr_Ty	Credit_Risk	$\alpha_{t,m}$	$\alpha_{t,a}$	$\alpha_{t,r}$	$\alpha_{t,c}$
2020 年 4 月 1 日	10.1753	−0.1157	3	8	8	0.7233	6.65
2020 年 4 月 2 日	10.9406	−0.1157	3	8	8	0.7205	6.65
2020 年 5 月 6 日	9.2642	0.1307	3	8	8	0.6274	6.65
2020 年 5 月 7 日	8.0079	0.1307	3	8	8	0.6247	6.65
2020 年 5 月 8 日	9.5837	0.1307	3	8	8	0.6219	6.65
2020 年 5 月 11 日	2.7455	0.1307	1	8	10	2.43	6
2020 年 5 月 11 日	8.9916	0.1307	3	8	8	0.6137	6.65
2020 年 5 月 12 日	8.9857	0.1307	3	8	8	0.611	6.65
2020 年 5 月 13 日	9.008	0.1307	3	8	8	0.6082	6.65
2020 年 5 月 14 日	10.7627	0.1307	3	8	8	0.6055	6.65
2020 年 6 月 22 日	9.4727	−0.1178	3	8	8	0.4986	6.65
2020 年 6 月 23 日	10.0688	−0.1178	3	8	8	0.4959	6.65
2020 年 6 月 24 日	9.5037	−0.1178	3	8	8	0.4932	6.65
2020 年 6 月 29 日	9.7849	−0.1178	3	8	8	0.4795	6.65
2020 年 6 月 30 日	10.0815	−0.1178	3	8	8	0.4767	6.65
2020 年 7 月 1 日	9.8218	−0.1178	3	8	8	0.474	6.65
2020 年 7 月 2 日	9.6312	−0.1178	3	8	8	0.4712	6.65
2020 年 8 月 4 日	9.7662	0.1305	3	8	8	0.3808	6.65
2020 年 8 月 5 日	9.5906	0.1305	3	8	8	0.3781	6.65
2020 年 8 月 6 日	9.6765	0.1305	3	8	8	0.3753	6.65
2020 年 8 月 7 日	9.6978	0.1305	3	8	8	0.3726	6.65
2020 年 8 月 10 日	9.9038	0.1305	3	8	8	0.3644	6.65
2020 年 8 月 11 日	9.5102	0.1305	3	8	8	0.3616	6.65
2020 年 9 月 24 日	7.9133	0.1369	3	8	8	0.2411	6.65
2020 年 9 月 29 日	8.0177	0.1369	3	8	8	0.2274	6.65
2020 年 9 月 30 日	7.9697	0.1369	3	8	8	0.2247	6.65
2020 年 10 月 12 日	7.8408	0.1369	3	8	8	0.1918	6.65
2020 年 11 月 24 日	7.4598	−0.0709	3	8	8	0.074	6.65
2020 年 11 月 25 日	11.8354	−0.0709	3	8	8	0.0712	6.65

续表

日期	Ret.	Δ2yr_Ty	Credit_Risk	$\alpha_{t,m}$	$\alpha_{t,a}$	$\alpha_{t,r}$	$\alpha_{t,c}$
2020 年 11 月 26 日	8.8134	− 0.0709	3	8	8	0.0685	6.65
2020 年 11 月 27 日	8.9028	− 0.0709	3	8	8	0.0658	6.65
2020 年 11 月 30 日	10.5285	− 0.0709	3	8	8	0.0575	6.65
2020 年 12 月 1 日	9.4205	− 0.0709	3	8	8	0.0548	6.65
2020 年 12 月 2 日	9.5824	− 0.0709	3	8	8	0.0521	6.65

注：受篇幅所限，所用数据不一一列出。

六、预期管理的社会福利效应研究

1. 社会福利指数构建

社会福利指数构建

年份	x1	x2	x3	x4	x5	x6	x7	x8	x9
2009	17 174.7	5 153.2	12 265	36.5	3 993	41	0.49	32 244	4.30%
2010	19 109.4	5 919	13 471	35.7	4 382	41.1	0.481	36 539	4.10%
2011	21 809.8	6 977.3	15 161	36.3	5 221	40.4	0.477	41 799	4.10%
2012	24 564.7	7 916.6	16 674	36.2	5 908	39.3	0.474	46 769	4.10%
2013	26 467	9 429.6	18 487.5	30.1	7 485.1	34.1	0.473	51 483	4.05%
2014	28 843.9	10 488.9	19 968.1	30	8 382.6	33.5	0.469	56 360	4.09%
2015	31 194.8	11 421.7	21 392.4	29.7	9 222.6	33	0.462	62 029	4.05%
2016	33 616.2	12 363.4	23 078.9	29.3	10 129.8	32.2	0.465	67 569	4.02%
2017	36 396.2	13 432.4	24 445	28.6	10 954.5	31.2	0.467	74 318	3.90%
2018	39 250.8	14 617	26 112.3	27.7	12 124.3	30.1	0.468	82 413	3.80%
2019	42 358.8	16 020.7	28 063.4	27.6	13 327.7	30	0.465	90 501	3.62%
2020	43 833.8	17 131.5	27 007.4	0.292	13 713.4	0.327	0.468	97 379	4.24%

2. SVAR 回归结果

SVAR 回归结果

项目	Coef.	St. Err.	t – value	p – value	[95% Conf Interval]		Sig
Constant	1	.	.	.	.	.	
Constant	0	.	.	.	.	.	

续表

项目	Coef.	St. Err.	t – value	p – value	[95% Conf Interval]		Sig
Constant	0	.	.	.	.	.	
Constant	0.034	0.013	2.54	0.011	0.008	0.059	**
Constant	1	.	.	.	.	.	
Constant	0	.	.	.	.	.	
Constant	− 1.739	0.623	− 2.79	0.005	− 2.961	− 0.517	***
Constant	− 17.201	6.543	− 2.63	0.009	− 30.025	− 4.376	***
Constant	1	.	.	.	.	.	
Constant	0.036	0.004	9.49	0	0.029	0.044	***
Constant	0	.	.	.	.	.	
Constant	0	.	.	.	.	.	
Constant	0.41	0.043	9.49	0	0.325	0.495	***
Constant	0	.	.	.	.	.	
Constant	0	.	.	.	.	.	
Constant	0	.	.	.	.	.	
Constant	0.009	0.001	9.49	0	0.007	0.011	***
Mean dependent var	0.019			SD dependent var		0.462	
Number of obs	45.000			Akaike crit. (AIC)		.	

*** 表示 $p < 0.01$, ** 表示 $p < 0.05$, * 表示 $p < 0.1$

后　记

金融稳定是确保国家金融安全的重要基础。金融的跨期资源配置、风险管理和预期引导等基本功能对于经济保持韧性、提振活力极具重要性。以预期管理为核心的前瞻性指引和市场沟通等宏观经济管理"软实力"是金融现代化的重要指标。回顾金融市场发展史可以发现，如何建立与金融市场的有效沟通机制、金融管理部门如何更加广泛地听取金融市场的声音、金融决策如何更好地发挥专家学者作用、如何更好地稳定市场预期、如何准确地预测和分析经济金融形势并正确决策对于构建科学的经济金融管理体系至关重要。

书中仍有不尽如人意之处，希望此书能够抛砖引玉，就教于方家。本项研究是集体智慧的结晶。本书得到山西省高等教育"1331工程"提质增效建设计划服务转型经济产业创新学科集群建设项目，以及山西省哲学社会科学规划课题"山西省高能耗行业节能降碳市场化路径及政策评估研究"（2022YJ070）的资助。本书的完成要感谢多年的师友和同事，他们是沈沛龙、赵登攀、刘宏雅、易家权、李亚伟、王可帆等。著书立说是在不断探索中，如化石般积累知识的漫长过程，感谢家人长期以来的理解和支持，感谢本书编辑认真细致的审校工作，并提出建设性的宝贵意见。当然，不足和错误之处由作者负责。

人生是一场伟大的旅程，感恩生命中遇到的每个人和每件事。我们深知研究和探索永无止境，本书研究还很初步，存在许多不足有待今后通过进一步的研究加以完善和深化。

王琳

2023 年 4 月